平實導師 著

ISBN 957-30019-0-X

自序

《楞伽阿跋多羅寶經》簡稱《楞伽經》，是大乘佛教中極重要之經典；既是法相唯識宗之根本經典，亦是中國禪宗開悟聖者自我印證及悟後起修之依據經典；故初祖菩提達摩大師以此經典連同佛缽祖衣一併交付二祖慧可大師，以爲傳法印證。禪者可依此經建立正知正見，避免錯悟大師誤導參禪方向，未來證悟可期。

二者禪宗證悟之人，欲求上進而入初地，必讀此經。佛於此經詳述破參者應進修之知見，指示佛子依此升進初地，成眞佛子，是名實義菩薩，是故悟者必讀此經。

然此經典文辭古樸，艱深難會，證悟之人亦多不解，何況未悟錯悟之人？是故古今大師雖然多有註釋，皆類未悟錯悟諸師依文解義，難得佛旨。現代佛子古文造詣粗淺，又兼未曾證悟，不解佛意，以致發心印經之時，斷句錯誤之處極多，讀者轉更難解；有鑑於此，末學乃予重新斷句，依所悟證如來藏之體驗觸證而作白話闡釋。雖遵佛語，不得明說密意，然已巧用方便，隱於字裡行間，佛子若有緣者，或可依此契證。

此《楞伽經詳解》原於民國八十四年（一九九五）八月十一日起，對我正覺同修會之會衆演示，迄八十六年九月廿六日圓滿。講時手持經文直敘，不預繕講稿，亦不參酌他人註釋。後經譚錦生等同修多人，依錄音帶整理成文，歷時年餘方告竣工。然欲付梓時，發覺太過口語，有時兼有語病，不宜付印；乃由末學依諸同修之謄稿，親自重繕；雖稍有文章氣，而較具可讀性。

復次，此經講畢迄今，已歷二年；二年後之今時，因貫通三乘經論，及慧學增長迅速故，亦不能滿意二年前所說之內容，故作許多增刪，期望能對佛子有更大之利益。然亦因此，必須逐冊親自重繕，分期出版，無法一次出齊；又因增述故，雖於每册增加篇幅，可能仍須增爲八至九册，方能圓滿，合並敘明。

此《楞伽經詳解》，不作學術上之科判研究，亦不飾文，唯欲引導佛子大衆直入楞伽寶城，故依經文直解爲主，避免學術研究之繁文考據；亦盡量不引他經以釋此經，令諸佛子直接獲得此經之意趣。

又考慮讀此詳解者，多係年屆不惑之學佛者，視力較弱；爲免傷眼，乃捨棄花俏討喜之仿宋字體，改以平實易讀之明體字，並加大一級；編排上儘量避免擁擠，紙色亦避免太白太暗，以方便年長者長時間連續重複閱讀；此諸貼心之安排，期望對您有所助益。

此套詳解即將陸續出版，於此簡敘出版因緣，普願有緣佛子早見大乘道；見道已，復依此詳解，速入楞伽寶城，貫通三乘佛法；因之造序，述余私心，普願鑑燭。

娑婆菩薩戒子　　蕭平實

時惟西元一九九九年早春序於頑囂居

張序

民國八十四年夏，余師　平實先生承多位明心見性弟子之再三懇託，請師開示悟後起修之法及成就佛道之次第；余師為利益廣大眾生及增益彼等見地計，乃假石牌某精舍及正覺講堂開講《楞伽經》，每週宣講二小時，合計八十七講，前後時間長達一年半。

師宣此經雖有錄音，僅供無暇聽課之同學自修使用。然講述未迄，忽聞師云：「譚錦生師兄已經整理好了十講。」每講約有一萬五千字，此是何等廣大之自動發心！整理講稿，必須逐字逐句反覆聽聞撰寫，工程十分艱鉅，有諸同修甚至必須整月時間方能謄寫一卷帶子。爾後，由於譚師兄之發心感動諸多同修，紛紛響應支援，投入整理行列者約有四、五十位；如此之善緣促成往後《楞伽經詳解》之誕生；亦印證了「菩薩發心，如影隨形；一念慈悲，成就廣大佛事。」

後因余師抬愛，令余先行過目已整理文稿，將講演時之口語去蕪存菁，順成文字稿，並分段落標點，以俟來日整理成冊。

八十七年秋，所有稿件彙總，前後貫串，義理了然，深感佩余師因長年之弘法利生及無盡悲願，修證不斷向上提升，智慧深利，乃能廣演如此深妙之經典。若能成書發行流通於世，必將利益此時後世無量佛子。余師觀察因緣既熟，囑余將已順好之稿子付呈再作潤飾。不意時經二月，余師閱後竟謂余曰：「以前講得太淺了，我打算重寫！」余大驚詫，私心自謂：「阿彌陀佛！如此洋洋灑灑一百三十萬字，如何重寫呢？」內心驚疑：「如此浩大的工程，一人獨自重繕，何年何月方能竣工？」爾後數月，余於弘法之餘，常聞余師講述其重繕之進度。累牘長篇竟然改頭換面，一改口語講述之冗長繁複，轉化成精湛洗鍊之文字；不僅文詞更爲流暢明確，法義之陳述更是深入井然，令人歎爲觀止。不禁感歎：「需要何等的悲心與智慧？方能成就如此大事！」

《楞伽經》之主要宗旨，乃爲佛子詳述八識、五法、三自性、七種第一義、七種性自性、二種無我。細述阿賴耶識與七轉識間之關係及體性、明心後修道之原理與次第、以及如何以所證之如來藏爲根本，漸漸斷除現業流識，地地增上之道理。

佛法知見淺薄如余，詳閱余師重寫後之《楞伽經詳解》，對於一切有情生命之本體──如來藏阿賴耶識、異熟識、無垢識之體性有更深入之瞭解；對於七轉識之流注生滅也有更細膩之體驗，乃至對於可經由修行淨化染污之種子……以及如何邁向初地乃至佛地，在在具足信心與願力。際此末法，亂象叢生、眞僞莫辨之際，《楞伽經詳解》問世，必有力挽狂瀾之效，得以護持宗門正法日益光大，免於斷絕。

於整理文稿過程中，印象最深刻者，乃是其中二十八講全部都在講「妄想自性」，闡述凡愚衆生不明眞如體性，無法證得眞如，每每認空明靈知之意識心爲眞如，不知不見眞如之非一非異於空靈明覺之意識心，墮於一異斷常邊見；故爾反覆演述，鉅細靡遺，可謂老婆至極。

眞實之理，必須可以觸證、可以檢查論辯驗證；若非眞有修證，誰能如此詳實深入演述如來藏圓滿深妙之法義？若非眞有修證，誰能於定慧二門作如此條理分明、義理了然之剖析？佛法修證，決不可能單憑個人一生之意識思惟而得，必須多生累劫永無休止之聽聞熏習、努力修持方可得致。

於《楞伽經詳解》即將陸續出版之際，爲護持余師弘揚正法故，乃不揣淺陋，提筆爲文介紹緣起概略，供養諸方大德；尚祈十方善信大德皆具慧眼，普能揀擇解行並具之眞正善知識，同修第一義諦妙法，同證菩提，共成佛道。

菩薩戒子張正圜　敬序

公元一九九九年初夏於正覺講堂

學佛之目標有二：一為親證解脫果，此應修學二乘菩提之解脫道；二為親證佛菩提，此應修學大乘法之佛菩提道。然大乘之佛菩提道中，已函蓋二乘所修之解脫道，是故直接修證大乘佛菩提道，便可同時證得二乘菩提之解脫道功德；由是緣故，大乘學人只需直接修學大乘佛菩提道，便能達成學佛之真正目標。

佛菩提道之修學，應求大乘般若之見道；見道已，便得次第進修而正式進入初地通達位，然後可入修道位中，次第邁向佛地。大乘般若之見道，即是禪宗之破初參明心——親證本來離念、本性清淨之自心如來藏。欲求親證如來藏者，應依真正之善知識修學。真善知識之助人見道，所言所授之法，必須有明確之次第與確實可行之法，學人方有得悟之可能。若親近假名善知識，雖有大道場、大名聲、廣大徒眾，然所說所授者皆屬似是而非之法，縱使學人以畢生之身口意供養之，所得唯是常見與斷見本質之相似佛法而已，必將浪擲一世於相似佛法上，殊堪扼腕！

爾時大慧菩薩摩訶薩白佛言：「世尊！如世尊說，若男子女人行五無間業，不入無擇地獄。世尊！云何男子女人行五無間業，不入無擇地獄？」佛告大慧：「諦聽！諦聽！善思念之，當爲汝說。」大慧白佛言：「善哉世尊！唯然受教。」

疏：《爾時大慧菩薩摩訶薩白佛言：「世尊！譬如世尊曾說：如果男子女人行五無間業，不入無間地獄。世尊！以何緣故男子女人行五無間之惡業，而不入無間地獄？」佛告訴大慧：「諦聽！諦聽！善思念之，我當爲汝宣說。」大慧菩薩白佛言：「善哉世尊！唯然受教。」》

解：「世尊！云何男子女人行五無間業，不入無擇地獄？」五無間業謂殺父、殺母、殺阿羅漢、破和合僧、出佛身血，皆是世間極重惡業，爲世間惡業之最重者。前二爲世俗人所易犯者，後三爲學佛人之所易犯。

世俗人之殺父殺母者，多因貪瞋而殺；或爲謀奪父母權勢與財富而殺，或爲不能忍於父母之嚴詞管教而殺，此乃三界中最重惡業，故感無間地獄之罪。何以故？因父母生我養我、推乾就溼，劬勞將養，善言教導，其恩深重，故不應殺；復次，父母子女乃世間至親，無過此者，故不應殺；三者，父母爲尊，子女爲卑，如是倫常，衆所共遵，是故不應犯上而殺；由是三緣，若有殺父母者，名爲世間之逆者，世所不容，是故捨壽時必入無間地獄，受苦無間。

修學佛法者，不論何人，皆必不犯殺父母之無間業，唯除難思議菩薩示現因緣。殺阿羅漢、破和合僧、出佛身血者，則易見於修學佛法者間，由貪瞋不斷故造此三惡業。

何故殺阿羅漢？譬如有人樂著境界，不捨「意識不滅」邪見，墮於常見外道見中；因貪世間之恭敬供養及與名聞故，大作宣傳建立名聲，互相高推爲巨聖、大法王、大活佛……等，廣收信徒，多收供養。後因已証解脫之大乘或聲聞阿羅漢，出世弘道說解脫無境界法、無所得法；彼出世弘道之阿羅漢效行舍利弗、富樓那等尊者之摧邪顯正作爲，廣說解脫是無所得法、無境界法，廣說涅槃是斷意識我見我執及斷意根我執，十八界俱滅；並舉彼常見外道種種邪說而破斥之，藉以建立學人正知正見。彼常見外道因此緣故信衆漸失，不復有多信徒恭敬供養，乃因貪起瞋，殺彼阿羅漢（或自手殺、或教他殺）致死，是名學法人因於貪瞋而殺阿羅漢，成就無間地獄重罪。

云何破和合僧？譬如有人於僧團中，挑撥離間，說兩舌語，令僧衆不能依六和敬住，遂分爲二衆三衆，互起諍論或者打撻，不和合住；乃至分裂爲二三僧團，互生敵意，俱名破和合僧。

僧者非唯聲聞凡夫僧，亦含勝義僧。勝義僧有三：初者於聲聞法中分証解脫之三果以下聖人，及滿証解脫之四果聖人，不分在家出家，俱名勝義僧，已証聲聞解脫道之勝義故；次爲於大乘通教中，猶如聲聞人之証初果至四果者，不分在家出家（在家人亦有已証四果者，如《雜阿含經》第三〇二經之阿支羅迦葉，及第三一二經之摩羅迦舅，俱為優婆塞而証四果），俱是勝義僧，已証解脫道之勝義故；三爲大乘勝義僧，謂於大乘別教中，圓成四加行已，成初果人，又復明心証眞，入第七住不退，即成大乘勝義僧，已証大乘法勝義故；乃至漸修一切種智而至初地及諸地，俱名大乘勝義僧，俱已親証唯一佛乘之勝義故，俱皆已証聲聞菩提解脫道及佛菩提智故。

若人於聲聞凡夫僧團中作兩舌之業，或於聲聞僧團及勝義僧團中作兩舌之業，或於大乘出家僧團中作兩舌之業，或於大乘在家菩薩勝義僧團中作兩舌之業，欲令不和合，欲令分裂互諍者，俱名破和合僧，非唯於出家凡夫僧團中兩舌離間、方名破和合僧也。何以故？此謂於勝義僧團中破和合僧者，其罪遠勝於在凡夫僧團中所破者故。若於大乘菩薩勝義僧團（多為在家菩薩）中，作兩舌之業，令菩薩僧團互諍而不和合、乃至分裂者，其罪最重，大乘勝義僧者、法勝義勝故，大乘勝義僧團所住持法乃三乘法之根本故；如是出家在家菩薩和合組成之大乘勝義僧團中，雖多在家菩薩而少出家菩薩，然是末法人間學佛者之最終「法歸依處」，若於其中破和合僧，其罪最重。於聲聞法凡夫僧團中作兩舌之業，令僧不和合者尚墮於無間地獄，何況於大乘勝義僧團中破和合僧？一切學人務必謹愼口業，以免不經意中犯此破和合僧之重罪。

云何出佛身血？謂以惡心害佛，欲令應身佛死，而致佛身出血者，名爲出佛身血，此是無間重罪。若以打佛之心打佛，非欲令應身佛死者，如是出佛身血，唯是地獄罪，非是無間地獄罪，其心非欲害佛令死故。

今時末法亦有善知識主張：燒燬佛經（不含偽經）及佛法正論（如《瑜伽師

地論、成唯識論》及諸真實佛法之論著）者，俱名出佛身血，成無間地獄業。如是主張亦無過失；此謂害父害母尚墮無間地獄，毀壞正法經論者亦必當墮無間地獄，何以故？謂父母乃是報恩田，眞實經法乃是功德田，功德田勝於報恩田故。

亦有善知識主張：殺害眞正明心見性者必墮無間地獄，非唯有間地獄罪。如是之言，亦有正理；謂明心見性者所証是大乘佛菩提道故。初明心者雖唯証本來自性清淨涅槃，未証有餘及無餘涅槃，然其所証涅槃與佛菩提道相應，未來必世世廣益無量衆生故，其法勝故，此大乘功德田勝彼聲聞功德田故。

若有愚人作如是言：「五無間罪，余已犯一，必墮無間地獄，無別更重之地獄報；既如是，餘四無間罪，何妨一一故犯？以遂破壞正法之行、而快我心，一罪五罪俱是罪故。」如是想者，名爲愚人。此謂由一無間罪而墮無間地獄者，身量有定；雖極廣大，然受苦皆有其定數，若犯二三乃至具五者，生無間地獄中，其身益加增長廣大，苦具增多，遍身受大苦，苦受猛利多倍；壽益增長，輪轉十方地獄、而致無量劫受無間大苦，由五逆俱造故。

若造一罪而墮地獄，十劫百劫已嫌太長；若復有人造一無間罪已，復起惡心、更造餘四無間罪，以此因緣更增諸苦、更增大苦時劫至億萬劫，寧非愚人中之至愚者耶？

造五逆罪業之一者，云何必墮無間地獄而非一般地獄？謂如是等人罪極重故，所謂背棄恩養、壞功德田故。背棄恩養及壞功德田，是三界中最重之罪，故墮無間地獄。背棄恩養者謂害父害母，壞功德田者有三：謂殺害聲聞阿羅漢及大乘勝義僧（大乘法中之阿羅漢或有學位之已明心以上菩薩）、出佛身血（誹謗大乘正法）、破和合僧（誹謗證悟之師長，以離間勝義僧團諸菩薩之和睦）。

五無間罪中，何罪最重？如《大毗婆沙論》所說：「破和合僧（其罪最重），壞法身故；次出佛身血，次害阿羅漢，次害母，次害父。母之恩養，於父爲重；德田勢力，於恩田爲勝故。」破大乘和合僧，其罪最重，受報必更慘痛於犯餘四罪者；由如是破大乘勝義和合僧業行故，必令佛法身（此謂佛所遺法）勢力減弱，令眾生於佛法輕賤不信、斷其慧命，乃至令佛正法中斷而不能再起弘揚，故罪最重。**此罪亦是佛門學人最易犯者，往往於不經意間、未經求**

証便亂傳言語，導致勝義僧團成員因誤會而心生嫌隙乃至分裂，而妄傳言語者往往猶不自知已犯破和合僧罪，心無警覺。一切學人務必戒懼，愼勿犯之。

譬如有人因余而悟，後復拔擢彼爲教師，付與度衆之重任、將學人慧命託付之，乃竟起於私心、欲壞同修會成立之規矩；余以正法命脈所在故，必須維護，故婉轉規勸之；彼等竟因不能爲所欲爲，而對余作種種無根誹謗，離間會中諸人，令彼等不睦於余，一如佛世謗佛諸地獄種性者無二；如是類人，於世間法而言，名爲忘恩負義、欺師滅祖，天地皆所不容；於佛法中，名爲壞功德田、破和合僧，成就無間地獄重罪。若不能至誠懺悔而見好相，未來世後果不可思議；乃至已有少數人已開始受諸護法神之處置與警告者（若受護法神之處置與警告者，當起歡喜心，謂護法神認定彼是可救者故；若一直不被警告處置者，則是已被認為不可救藥者，唯待捨壽後再行處置，則未來世必受長劫尤重純苦重報；是故已受護法菩薩之處置者，不應生瞋於護法菩薩，當生歡喜心而受彼苦，免未來世之嚴重果報故）。

無間地獄云何名爲無間？以此地獄異於餘諸地獄故。《長阿含經》有云：生此地獄者有五種無間，一者趣果無間，謂人間極重業衆生死已，即向彼獄逕受果報，無間而生彼，不經中陰身。二者受苦無間，謂無間地獄中衆生至彼獄已，受種種痛苦，無有間歇之時。三者時節無間，謂住獄中受苦，無有放假時節，於一切時節中受苦無間。四者壽命無間，謂惡業衆生生彼地獄已，壽命必至劫盡，無有中夭者，長時受苦無間。五者形無間，謂彼地獄中衆生受極重苦，不能堪忍故死，死已隨有業風吹之，立即生還，復受極重苦，仍以彼身而受，故名形無間。如是地獄亦名無救地獄，無人能救彼故，必受極重苦報故；亦名阿鼻地獄、無擇地獄，生彼獄已，純受極重尤苦，無有選擇故。

如是五無間罪，若犯其一，必墮無間地獄。然佛有時卻云：「若有善男子善女人，行五無間業者而不墮地獄。」乃有衆生益增迷悶，心疑佛語云何顚倒？由是大慧菩薩乃有此問，求佛開示正理，釋衆生疑。

佛告大慧：「云何五無間業？所謂殺父母及害羅漢、破壞衆僧、惡心出佛身血。大慧！云何衆生母？謂愛更受生，貪喜俱，如緣母立；無明爲父，生入處聚落；斷二根本，名害父母。彼諸使不現，如鼠毒發，諸法究竟斷彼，名害羅漢。云何破僧？謂異相諸陰和合積聚，究竟斷彼，名爲破僧。大慧！不覺外自共相自心現量七識身，以三解脫無漏惡想，究竟斷彼七種識佛，名爲惡心出佛身血。若男子女人行此無間事者，名五無間，亦名無間等。」

疏：《佛告訴大慧：「如何是五種無間重罪之業行呢？這是說：殺害父母及害死阿羅漢、破壞衆僧、惡心出佛身血。大慧！如何是衆生之母？這是說：衆生由於貪愛而重新受生，貪愛與受生之喜樂同時不斷，猶如小兒緣母而立；無明是衆生之父，因無明父故，令有情出生於六入處之聚落中；若能斷除如此二種根本煩惱，名爲殺害父母。彼五利使五鈍使不復現行，猶如呑服殺鼠毒藥後，身中鼠毒發作、必不復生，由種種佛法究竟斷彼諸使，令不復生阿羅漢之後世五陰，名爲害阿羅漢。如何是破僧？此說種種法相不同之五陰和合積聚故名爲僧，若能究竟斷彼五陰，不令後世五陰重新積聚，名爲破僧。大慧！不起作意欲覺知外自共相自心現量之七識身存在，而以三解脫之無漏惡想，究竟斷彼七種識之佛，名爲惡心出佛身血。若有男子女人行此五事無間斷者，名爲五無間業，亦名無間等。」》

解：「云何五無間業？所謂殺父、母，及害羅漢、破壞衆僧、惡心出佛身血」：五無間業之毀犯者，多如前段經文所述。以欲界中實有如是種種地獄，乃至說無間地獄（阿鼻地獄）中復分十八地獄，有種種苦；衆生聞已，其貪瞋重者，由畏來世尤重純苦故，不復造新惡業，漸能調柔其心，則可漸成道器，既是世界悉檀，亦是爲人悉檀也。今因大慧之問，欲說異相五無間業，故有如是佛語。

「大慧！云何衆生母？謂愛更受生，貪喜俱，如緣母立；無明爲父，生入處聚落；斷二根本，名害父母」：一切欲界有情總認能生其色身者爲母，而不知母親僅是生此一世色身，悉不知眞正能生有情之母乃是貪愛。

衆生於欲界人間受生者，無非因於欲貪。因於男女欲起貪故，於中陰身位，應受來世女身者，於父起顚倒想，見來世父母和合時，想己與父通，因此而受欲行境界所拘而入胎；應受來世男身者，於母起顚倒想，見來世父母和合時，想己與母通，因此入胎。由貪欲故，見父（母）則喜；乃至生已，稚齡之時見父（母）則喜，見母（父）不悅。如是喜者緣貪而立，與貪俱；如子緣母而立，母若不存，子則不能自立；此亦如是，喜緣貪立，貪若不存，喜亦不立。是故欲界男人見女人則喜，欲界女人見男人則喜；如是喜與貪俱，緣貪而立，如子緣母而立。由如是不斷貪愛故，更受後世生，復有貪喜俱，輪轉於欲界中，故說貪愛是衆生之母，衆生藉此貪愛而受欲界生故。

色界衆生則貪愛色界天身，貪愛初禪至四禪定境，貪愛色界果報及色界中修得或報得之神通；由如是貪愛故，而生初禪乃至四禪天；於色界天中，或執著等至位中定境法塵，或執著等持位中廣大天身，或執色界中種種神通之用，或於四禪位中執著色界身而欲取涅槃故入無想天。如是類人，生色界天已，恒有喜心現前，滿足於所得境；是喜心依於貪愛色界而起，恒與貪愛俱，如子緣母而立，轉更熏習，更受後世生，故說貪愛是衆生之母。

無色界有情貪愛四空定境界，生無色界已，恒有喜心依貪愛而立，謂彼四空天境界既無色身，復無一切極微細念，長時一心不亂、一念不生，謂如是境界爲無餘涅槃，恒有喜心依彼境界之貪愛俱住。如是熏習，貪喜俱生，轉更受生無色界中，唯除定力退者，復墮人間。人間有情若樂定境，貪著四空定境界，以之爲涅槃境，喜貪共俱，遂致捨壽已更受來世無色界生；如是喜者緣貪愛而立，如子緣母而立，故說貪愛是衆生之母。

衆生如是種種貪愛，因何故有？謂由無明不破不斷故有。以無明爲父故，受生於六入處之聚落中。此處無明者偏依一念無明說，然是無始無明所攝。一念無明謂見惑與思惑；見惑謂見一處住地無明，身見我見也，聲聞法中說爲三縛結；思惑謂欲愛、色愛、有愛住地無明，即是貪瞋痴慢疑等修所斷惑也。

我見云何亦名身見？謂欲界中人初生之時，以色身爲我，是故我見通於身見。及至年長，見老人死，或見年少橫死，疑成斷滅；然見同胞兄弟姐妹個性互異，知非唯一世有我，必有往世之各人熏習互異，致有此世同胞兄弟姐妹性情互異，是故改執意識覺知分別者爲我，或執恆而不斷、時時思量作主之意根爲我；雖是我執，而以覺知之我、思量之我爲身，亦名身見。

亦如一分聲聞初果，雖斷欲界色陰身見，斷欲界覺知心我見，而於色界身見未知未証未斷，名爲未斷盡身見者；或有一分已斷色界身見者，未斷色界覺知心我見及意根我見，亦名斷身見而未斷盡我見者。如是聲聞初果，聞善知識如是說已，於閑靜處獨自思維觀察，証實色界覺知心是無常我，是依緣而起，其性是空，則斷色界我見，成三果聖人，色界中人以「覺知心我」爲身故，故說我見亦名身見。色界衆生依禪定力而生色界，由不斷如是身見我見，復未斷盡欲界我見故，成色界天之凡夫，不名爲聖。

無色界有情雖無色陰，然有四陰，依四空定之証持故生於無色界，以四空定中之微細覺知境爲涅槃境，錯以微細意識住於四空定中，自名爲涅槃；如是而欲常住涅槃，名爲外道涅槃，墮於無色界我見故。如是，無色界有情不斷「無色界我」，誤會涅槃，是故不離生死，仍將於四空天捨壽後繼續輪迴。無色界有情以微細意識及非非想定中之極細意識爲「常不壞我」，以「我」爲身，亦名身見。彼若聞善知識語，立斷如是身見我見者，即時成阿羅漢，亦可立時取無餘涅槃。無色界有情以不斷如是我見、復未曾斷欲色界我見故，成無色界凡夫，雖有三界中最高之禪定証量，饒伊具有三界中最廣最大神通，仍是凡夫，不名聖者，始從初禪修至非非想定以來，不曾斷除意識我見故。

如是，一切執著欲界意識覺知心不滅者，俱名凡夫，墮於緣起法中；執著緣起法之意識心爲不滅者，名爲遍計執者——於意識緣起法上起遍計執故。如是身見我見，依無明而有；以無明故，不知「身我」之緣起性空，墮於欲界生死中，故說無明爲衆生之父。因如是無明父故，緣淫欲貪愛母，起於欲界五陰之有；因如是無明父故，緣色界定貪愛母，起於色界五陰之有；因如是無明父故，緣「無色界涅槃」貪愛母，起於無色界四陰之有。

如是，因無明父，緣貪愛母，遂有欲界五陰，導致欲界六入現行，不離六塵，名爲「生於六入處聚落」。聚落者今時亦名村落，六入處有十八界法聚集，猶如村落，故名六入處聚落。因無明父，緣貪愛母，遂有色界五陰，導致色界四入現行，不離四塵，名爲「生於四入處聚落」。因無明父，緣貪愛母，遂有無色界四陰，導致無色界「定境法塵入」現行，或導致色界四入現行（如無色界天人轉入等持位，現色界身至色界天聞佛說法），是名「生於一入處聚落」或「生於四入處聚落」。若人能發大心猛心，斷此無明父之根本及貪愛母之根本，名爲害死父母，是名殺父殺母大逆之罪，而不入無間地獄，逆於世間法故，不順世間流轉法故。

「彼諸使不現，如鼠毒發，諸法究竟斷彼，名害羅漢」：使謂煩惱結，亦名結使。結使有二，各分爲五，名爲五利使與五鈍使。速易斷除，故名利使；遲鈍難斷，故名鈍使。五利使即是無明父，五鈍使即是貪愛母。

五利使謂：我見，邊見，邪見，見取見，戒禁取見。如是五見驅使有情恭敬無明父，永遠心甘情願繫縛於無明父，不願解脫於無明父之掌控。如義雲高、仰諤益西、喜饒根登、釋性圓……等人，悉皆心甘情願自行繫縛於無明父之座下，爲無明父而作種種差使，輪轉生死；余欲救之，故說意識覺知心之虛妄，欲令彼等斷除我見—殺無明父，而彼諸人反於我生瞋，於各大報紙全面詆譭於我；名爲忘恩負義，爲無明父結使所繫者。

五利使已宣說於前數輯中，此處從略。此五種結使，由見道故即能永斷，不必待見道後之修道位中方漸漸斷。聲聞見道位，歷時或三五天，或半年一年不等；大乘見道位，歷時或三年五年，或三十、五十年，乃至或約一大無量數劫不等；聲聞所斷五利使粗淺故，菩薩所斷五利使深細故，菩薩更進斷無始無明見所斷惑故。此五利使，於見道位中永斷，不待修道之長時漸斷，故名爲利，速易斷故。

五鈍使謂：貪、瞋、痴、慢、疑。此五乃是因行者於世間種種事之緣起性空不如實現觀，故令五使不斷，遇境便生貪愛，為「境界受」所驅使，故名為使。此五使難斷，須歷緣對境修除往世熏習所成煩惱障種子習氣，漸漸現起煩惱障種子隨眠，轉易為無漏清淨法種，長時一一修斷；其性遲鈍難斷，故名鈍使。五利使乃因迷理而生，無明父所繫，故見道位中短時能斷；五鈍使則因世間境界貪愛而生，貪愛母所繫，故於修道位中長時艱苦修正身口意行，方能漸斷，故名鈍使。合五利使與五鈍使，名為諸使。

如人置鼠毒於食物中，鼠若食之，漸漸毒遍其身，發作而亡，究竟斷命。佛法解脫道之修行者亦復如是，斷第一根本煩惱五利使已，復由修道中數數勤習，進斷第二根本煩惱五鈍使；以佛所教種種法門，究竟遍斷身中諸使，令永不現，無有根本煩惱之種子隨眠，是名諸法究竟斷彼，名為害死阿羅漢。害死阿羅漢自己，則能成就無餘涅槃，阿羅漢是五陰結使所作故。

「云何破僧？謂異相諸陰和合積聚，究竟斷彼，名為破僧」：一切僧皆五陰所作；若離五陰，尚無有我，何況有僧？僧者謂有情中之修道者，欲求出離三界分斷生死苦故，出家修離欲行、解脫行，依於五陰而作，名爲沙門，亦名爲僧，是故僧乃五陰所作。

諸陰謂五陰，五陰境相互異，是名異相諸陰。五陰中之一一陰，俱不能獨自現行運爲，要須和合積聚，方可現行運爲。譬如行陰，要須色受想識四陰，方能現行運爲；譬如想陰，要須色受識陰等三，方能現行運爲；譬如受陰，要須色陰識陰與如來藏方能現行運爲；譬如識陰，要須色陰與如來藏方能現行運爲；譬如色陰，要須識陰與藏識，方能現行以及運爲。如是五陰聚集，方始名人；若缺一陰，則如人死，雖有如來藏仍存，亦如植物不能動轉，今時名之爲植物人。植物人不得名之爲僧，未具足常人之功能故。

如是五陰一一境相互異，復又和合積聚，故名爲僧——有我有人。若人修行，藉由三乘之見道與修道，能害阿羅漢——斷除我見與我執等二根本煩惱，於捨壽時，究竟斷除異相諸陰之和合積聚——永不復生來世之異相五陰，不令來世異相諸陰和合積聚，則無有僧，以無人無我故；是名破僧——取証無餘涅槃。

「大慧！不覺外自共相自心現量七識身，以三解脫無漏惡想，究竟斷彼七種識佛，名爲惡心出佛身血」：自心現量七識身謂：七轉識之現行乃是自心如來藏識所現之事實，七轉識以了別及執取爲身，故名自心現量七識身。衆生何故名爲衆生？皆因自心現量之七識身現行運作，了別六塵，轉由第七識意根加以執取，恆不欲滅除自我，是故令自心現量之七識身時時現行，覺知萬法而不捨離，有如是性相故名衆生。衆生恆欲保持覺知自心現量七識身之存在，不肯令滅；若聞佛法所說無我見者，悉皆驚怖（如喜饒根登及釋性圓、上平居士……等人之堅執覺知心意識常而不滅，聞余言覺知心是意識，是無常必壞之法，因此心生恐怖），由因不知不証第八識如來藏，深恐否定意識已、必墮斷滅空故；是故，一切凡夫恆欲覺知自心現量七識身之存在，不欲令滅。一切凡夫皆知覺知心於眠熟已，復能於次晨醒覺現行，則無所懼而樂安眠；若眠熟已，不能醒覺復起，則諸有情必定驚懼，尚不肯倚牆小寐，何況上床眠熟？是故一切凡夫恆欲覺知自心現量七識身不滅，無一凡夫能自外於此。

然衆生之覺知自心現量七識身者，要由「外自共相」而見，非可離於外自共相而見。云何「外自相」？謂凡夫衆生非依夢境內相分而覺知自心現量七識身，此是內自相故。於夢境中多分爲見分自証分，而少証自証分故；是故夢境中多分依六塵轉，難得起証自証分而自檢察返觀，故諸衆生常依「外自相」察知自心現量七識身之存在，以自安心；醒時多有「証自証分」故。如是察知，亦多由他人（或旁生道有情）之自心現量七識身而察知，故說衆生依於「外自共相」而覺知自心現量七識身，誤認覺知心常住不壞，誤認覺知心可以不依於他識而於晨朝自己重又現起，由此誤會而知眠熟悶絕……之後不墮斷滅空，依此「常見見」而自安心。

此段經文，《入楞伽經》作如是譯：「大慧！何者出佛身血？謂自相同相見外自心相八種識身，依無漏三解脫門，究竟斷八種識佛，名爲惡心出佛身血。」凡夫衆生及二乘無學，唯能覺知外自共相七識身，而不能覺知七識身乃自心藏識所現之事實，由未親証自心藏識故。是故「覺知外自共相自心現量七識身」者，乃謂已証藏識之別教菩薩，知七識身亦是自心藏識之現量故。然諸未証藏識、復又未聞第八識如來藏法者，悉墮此「常見見」執著，而不知七識身是自心藏識之現量。

今者菩薩証悟已，了知五法三自性……等，了知四種涅槃異同已，不應如凡夫衆生之自我生執（恆欲保持七識身不滅）；而應斷此我執—七識身滅與不滅、俱無罣礙，如是方能証得有餘涅槃。由斯正理，說菩薩証悟通達已，不復起心欲覺知「諸衆生之恆欲覺知外自共相七識身」，乃至恆時不復覺知「外自共相自心現量七識身」，以於「外自共相自心現量七識身」不起執故，以於自心藏識亦不起執故，証知無有任何外力能破壞自己之自心藏識故；已証知如是正理：「不論自己存在與否，自心藏識終將自在無礙，無有能令壞者。自心藏識既恆不壞，則有情之自心現量七識心亦將時時現起，無有他人能永壞之。」由如是証知及斷七識身我執，故於七識身不復生執，亦於自心藏識不復生執，則斷凡夫之「恆內執我」，亦斷地下菩薩所餘之少分內執我，而起三三昧功德受用，初地無生法忍慧即生。

三解脫者謂三三昧門，所謂空、無願、無作三昧。聲聞緣覺之三三昧門，謂諸法及七識身無常故空，空則無所願求，無願求故遠離有爲有作諸法，故得無漏解脫；故聲聞之三解脫門者，乃依現象界中「陰處界及所生諸法緣起性空」而說。別教菩薩三解脫門亦具如是聲聞所証之三三昧，而別有不共二乘者，謂親証「自心藏識於萬法中皆無所得」，以現觀七識心及自心藏識於萬法俱無所得故，七識心則無願求，七識心於諸法無願求故則離有爲有作諸行；若有所思所作，皆爲進修佛道及弘宗演教利益有情，皆是無漏之有爲法，是名別教菩薩不共二乘之三解脫三三昧門。

菩薩依如是三解脫之無漏功德，起大惡之想，誓欲究竟斷盡彼七識心之佛想，名爲惡心出佛身血。云何名「七種識佛」？謂十方過現諸佛皆由七種識作，若無一至七識，即無諸佛；第八識法身非色非像，不能示現佛形佛心與有情見聞故，須由七識心現，故說「七種識佛」。

餘二譯爲「斷八種識佛」，謂佛地之一至八識，異於等覺位以下之必須和合運作，佛地之一一識皆能各起無量心所法，一一心所法皆能獨自運作、隨緣赴感於十方界，無所不至；故佛地眞如非唯五遍行心所法相應，復與五別境及善十一心所法相應，能單獨應現，於十方界與有緣者感應，故佛地眞如應得名佛，非如等覺以下眞如唯與五遍行相應、不與五別境及善十一心所法相應、而不得名之爲佛，故餘二譯「八種識佛」者，亦無錯謬。

如是，菩薩不起想念—不欲覺知「外自共相自心現量七識身」自己，以如是大乘三解脫門之三三昧無漏慧，起大惡心：誓必究竟斷除七種識佛乃至八種識佛—永斷佛想；名爲惡心出佛身血，爲得無住處涅槃故。

「若男子女人行此無間事者，名五無間，亦名無間等。」《入楞伽經》如是譯：「是名內身五種無間；若善男子善女人行此無間，得名無間者；無間者名証如實法故。」如是五無間者，非二乘無學之所能行，何以故？謂二乘無學唯得解脫果之修証故，二乘解脫果唯依蘊處界有間斷法而証故。菩薩行此五無間業者，雙俱解脫果與佛菩提果之修証，佛菩提果之修証，依恆常無間之自心藏識而証故，故名無間。証此五無間者，必証如實法—自心藏識，唯有自心藏識是無間之如實法故。

「復次大慧！有外無間，今當演說；汝及餘菩薩摩訶薩聞是義已，於未來世，不墮愚痴。云何五無間？謂先所說無間；若行此者，於三解脫一一不得無間等法。除此已，餘化神力現無間等：謂聲聞化神力、菩薩化神力、如來化神力。為餘作無間罪者，除疑悔過；為勸發故，神力變化，現無間等。無有一向作無間事，不得無間等；除覺自心現量，離身財妄想，離我我所攝受。或時遇善知識，解脫餘趣相續妄想。」

疏：《復次大慧！有外無間，今當敷演宣說；汝及其餘菩薩摩訶薩們，聞此正義已，於未來世，不墮於愚痴之中。如何是五種外無間業？是謂先前我於諸經所說之五種無間業；若有人作此五種無間業者，於三解脫門中之一一門，皆不能証得無間等法。除此以外，若有造作外門五無間業而証三解脫門者，皆是變化神力所現之無間等：此謂聲聞大阿羅漢所化現神力、大菩薩所化現神力、如來所化現神力。如是化現者，乃是為其餘已作無間罪業者除斷所疑及令悔過；為勸化彼等發起善根故，以神力變化，顯現造作外門五無間等之惡業，非是眞實造作外門五無間等。無有一向造作外門五無間等之重罪事業者，而不得五逆之無間等果報者；唯除覺悟自心現量，離於身見財物虛妄想、離於我與

我所之執著者。或者於未來世他處受生後，有時遭遇善知識，而解脫餘五趣相續受生之虛妄想。》

解：「復次大慧！有外無間，今當演說；汝及餘菩薩摩訶薩聞是義已，於未來世，不墮愚痴」：若人行內門五無間者，是名菩薩摩訶薩，証得慧解脫乃至俱解脫，及証無生法忍。然有菩薩初入見道位，未得通達（未入初地），尚處習種性十住位內者，往往因往昔無量世中貪瞋熏習極重，一時難改，復因貪瞋之故而造外門五逆重罪。如斯類人犯菩薩十重戒已，於未來世必墮無間地獄，展轉十方無間地獄、長時受諸尤重純苦已，依次輪轉於一般地獄、餓鬼道與畜生道，報盡償業後方生於人間，復感得愚痴之報—甫生人間「前五百世」盲聾瘖啞；受盡盲聾瘖啞之報已，初聞了義法時，又復因於執著覺知心故，不忍了義法而復謗之，以是因緣復墮無間地獄，輪轉不息。如是重複而犯事相之五無間罪者，受苦無量，是故佛爲大衆宣說如是外門五無間業。

於大乘見道者，既名菩薩摩訶薩，不應復有外門五無間業繼續造作；然因往昔無量世來之三毒氣分、積極堅固，是故明心見性已，未離習種性（十住）

位前，仍有復犯之可能；是故佛爲大衆說此，令大衆警覺不犯，令知犯者必於未來世墮於愚痴中，何以故？謂犯者必墮三途，善根俱斷，長劫輪轉三途後，雖然復生人中，已成愚痴之人；若聞佛法，復不信受，轉更生謗，又復淪墮，難與般若相應。

此非世尊危言聳聽，觀乎我會前後二次退轉諸人種種行爲，可証佛言不虛：第一次退失諸人，由痴毒故，信自在居士及月溪「法師」名氣，不信彼時默默無聞之余，是故轉信自在居士所弘月溪之常見外道法。第二次退失諸人（元覽居士等人），則有因痴與瞋而退者（如元覽居士），亦有因貪與瞋而退者，亦有因私心而退者（姑隱其名），要皆不離往昔多劫所熏三毒氣分而致。然彼諸人退失已，或有謗佛及不謗佛者，或有謗法及不謗法者，或有謗余及不謗余者；或有於我會中兩舌，欲令我會分裂解散者，或有不造如是業者；如是諸人種種差別不同，皆因往昔累世熏習所致，故名習種性人。若謗佛謗法及謗勝義僧已，即失習種性位，捨壽淪墮，成凡夫性。

若造謗佛謗法謗勝義僧之業者，若爲欲令我會分崩離析而無根謗余者（彼中有人放言：必定令正覺同修會之同修全部離去，必欲令本會瓦解冰消），俱名造作外門五無間業，非唯一般地獄罪業也！何以故？破大乘菩薩僧團之和合故，誹謗破壞正法弘傳者所傳之法，亦名出佛身血故；了義正法即是諸佛之血脈故。如斯等事，於大乘別教初見道人中，仍易犯故；大乘別教法理深廣微妙，非諸初見道人所能具知、所能思議故；大乘見道人若善根福德稍缺者，往往於深廣微妙所未聞法心生驚懼而誹謗故。若有成就如是外門五無間業（特指破和合僧及謗法出佛身血）者，一切善根俱斷，捨壽時現起地獄身分，不經中陰而入於地獄，則此世因余而悟之一切見地悉皆喪失，不復能憶；後世長劫漸次輪轉三惡道已方生人間，必墮愚痴之中，世世生來愚痴無智，若聞「所未曾聞」之深妙法時轉更誹謗，又復淪墮，難入深廣微妙大乘正法；憫諸人故，世尊不請而說，欲令諸菩薩眾悉皆遠離外五無間業，永絕後患。

「云何五無間？謂先所說無間；若行此者，於三解脫一一不得無間等法。」《大乘入楞伽經》作如是譯：「云何外五無間？謂餘教中所說無間；若有作者，於三解脫不能現証。」世尊教示內門五無間業，令諸菩薩修習；復誡令菩薩衆等，皆應遠離外門五無間業—殺世間父母及阿羅漢、破和合僧、出佛身血。如是五無間業，學佛之人於前二必能不犯，父母是世間至親之人故；殺阿羅漢亦難犯之，觀今海峽兩岸及南傳佛法中諸修行者，尚未見有一人已証四果者，見一處住地（三縛結）俱未斷故，欲覓阿羅漢尚不可得，何能殺之？所易犯者唯二：破壞聲聞凡夫僧團（南傳佛法出家僧團）及菩薩僧團（大乘佛法之凡夫僧團與勝義僧團），是今時學人所易犯者，是故學人於諸正法團體及寺院中，愼勿學他人閒言閒語而傳播或轉述之，尤以未向當事人求證之風聞閒事而轉傳之，更宜避免；以免不知不覺中誤犯破和合僧之重業，是無間地獄之長劫重罪故。

其次爲誹謗深妙了義正法，此亦是出佛身血之重罪故，是無間地獄罪，而非一般地獄罪故。是故元覽居士諸人初時謗我法時，余聞不喜；後因《平實書箋》出版，彼等改言：「老師的法沒有問題，是人有問題。」余聞之而稍喜，謂彼等如是改言，已非出佛身血之無間業故，轉成謗勝義僧之有間業故，已離無間地獄罪故，唯墮一般地獄罪故，無間地獄之苦遠甚於一般地獄故；謗佛及無根謗余者，可以是世間「欺師滅祖」之行爲，然已非無間地獄罪故；余見彼等之業轉輕，是故稍喜（然彼諸人迄今不能對余當面舉示「人有問題」之事實所在，悉屬無根誹謗故，唯能以扭曲事實之言語而化名於網站上謗余故）。

若有人造作外門五無間業者，佛說是人於三解脫門（不論是聲聞法之空無願無作，或如來乘之空無願無作），皆一一不得無間等法。此謂願証內門五無間業功德者，須除性障（消伏貪瞋），須集福德（具備親近善知識之資糧），須廣學多聞種種所未聞法（發起慧力）；若未具備如是資糧，縱遇大善知識，亦必於聞所未聞妙法心生驚懼。如是則唯能信受佛門中諸方大師所說通俗之說（譬如：「中觀方是究竟了義，唯識種智非了義法…」等），不信大善知識所說異於諸方之「所未聞法」，故於空、無願、無作三解脫門，隨其一一所修，皆不能成就。一切造作外五無間業者，於三解脫門之一一門皆不可能証得，唯除諸聖神力化現而感召之。

「除此已，餘化神力現無間等：謂聲聞化神力、菩薩化神力、如來化神力。爲餘作無間罪者，除疑悔過；爲勸發故，神力變化，現無間等」：曾造五無間業而証三解脫門者，乃是大聲聞、大菩薩及如來以神力化現：諸聖見弟子中諸已造外門五無間業者應速悔過，爲欲除其疑心，令其悔過、消除重業，故以神通力變化受生於人間，示同凡夫俗人之無智及無神通，示現造作五逆重罪（如《阿含經》之央掘魔羅及薩遮尼犍子等），尋即悔除，入佛法中現証三解脫；以如是方便善巧而示現，令衆生效法學習之。

如是諸聖以神力化現造作外門五無間業而証三解脫門，非眞實造作五無間業，乃是化現者，是故一切學人若有曾造外門五無間業者，當速悔除，以免墮於無間業中，無間地獄時劫長於一般地獄故；受苦無間，其慘痛遠甚於一般地獄故，受無間地獄苦已、尙須次第轉生諸多一般地獄中一一受苦故。

若有人造作破和合僧之業，若有人誹謗菩薩藏（否定如來藏而成一闡提人），當速公開懺悔，永不復作，則可免除無間地獄重罪；尙須極力弘揚如來藏法，護持菩薩藏（菩薩藏法即是如來藏法故），則可免除一般地獄之罪，否則終究難免來世尤重純苦長劫重報。

「無有一向作無間事，不得無間等；除覺自心現量，離身財妄想，離我我所攝受。或時遇善知識，解脫餘趣相續妄想」：世間無有一向作無間事業而不得無間地獄果報者。如印順法師此生，一向造作出佛身血之無間事業（否定四阿含所說第八識如來藏，因此成就破壞菩薩藏之大惡業—斫喪三乘佛法之根本），若欲免除無間地獄重罪，必須儘速公開懺悔，自陳其過，勸人莫隨；而猶有一般地獄之罪，須待其戮力弘傳藏識種智妙法，而後可免；佛說「無有一向作無間事，不得無間等」故。唯除印順法師於捨壽前，得覺悟自心現量（覺悟自心現量者乃初地境界，証實見分相分皆是自心所現故），由是遠離身見妄想（誤以不可知不可證之意識細心為三世因果之主體識），及離世間財妄想，因而遠離我與我所之取著；若不如是，終不能免一般地獄乃至無間地獄重罪也。

譬如婆藪槃豆（世親）菩薩，年少出家，受持聲聞三藏；博學多聞，神才俊朗，世無其匹；然由執著聲聞法而謗大乘故，成就無間地獄罪。後由其兄無著菩薩攝受度化，悟入大乘眞義，証實大乘妙義眞實不虛已，深悔以往誹謗大乘如來藏法之過，欲自割舌謝罪；無著菩薩乃爲彼開示，謂如是謗菩薩藏之無間業，非割舌之行能贖，除須公開懺悔、永不復作之外，必須繼以廣弘大乘之廣大行，專弘甚深微妙之如來藏法，方能免盡重罪。世親菩薩因此於証悟大乘後，以道種智廣弘如來藏法門，廣造衆論，以釋大乘經意：如《百法明門論、唯識二十頌、唯識三十頌、攝大乘論釋、釋金剛論、往生論、遺教經論、法華經論……等》，極力弘傳大乘如來藏種智法門，世所知焉。由是可知：舉凡曾造謗菩薩藏（如來藏一切種智妙義）者，要須公開懺悔後，繼之以証悟初地道種智、或修習初地道種智，轉而全心全意弘傳究竟了義之如來藏種智妙義，方可得滅無間之罪，故勸學佛之人萬勿輕易犯之，萬勿輕易謗無第八識如來藏。

今時彼諸追隨印順法師否定藏識之法師居士，當速改易以往邪謬言行，公開懺悔，以除無間重業；復須速求覺悟自心藏識，速求通達—証知諸法唯是自心如來藏之現量；由是遠離我我所取著，並廣弘所証大乘法，方可免除無間及一般地獄重罪。以一世之虛名，衡之於來世長劫尤重純苦，及報盡業償後之墮於愚痴根性有情之中，方受人身而必重複謗法墮落、受諸大苦難有出期，孰輕孰重，不言可喻，無待末學之饒舌也。

謗無第八識者，若未証得如來藏，絕無可能覺悟初地所証「諸法皆唯自心藏識所現之現量」，則無間及一般地獄之罪，終不能免；是故奉勸印順法師及其徒衆，速速撿取拙著公案拈提（非是彼等所斥之「無頭公案」），求証如來藏；奉勸彼等速入印老所說「中國所傳的野狐禪」中，參禪覓心。若不能証得禪宗所悟之自心如來藏，則無由証得初地之覺悟自心現量境界，永絕於道種智外，更永絕於般若之總相智外，欲如何免除無間之罪？余今思彼種種，難已於言，故反復說之、直言以勸；而彼徒衆，未能惺悟，奈何！奈何！

「或時遇善知識，解脫餘趣相續妄想。」別譯爲：「或於未來世餘處受生，遇善知識，離分別過，方証解脫。」《入楞伽經》譯作：「於無量無邊劫中遇善知識，於異道身離於自心虛妄見過」：此謂外五無間業之造作者，依有限劫數而言，無有可能証得三解脫門；然於未來際無量無邊劫後，仍有証得三解脫門之可能；未來無量無邊劫中，若緣熟時，即可逢遇大善知識故。屆時信受善知識語，如法修行，離我我所見等取著，便得解脫餘五趣相續之虛妄想，世世常住人間自度度他。學人若欲於此世現証三解脫門者，不可造作外門五無間業，方有可能現前親証三解脫門。若已造作破和合僧之無間業者，若有已造謗菩薩藏如來藏之出佛身血無間業者，當依佛言，速謀補救。若尙無如是業行者，務宜時時謹愼戒懼，萬勿輕易犯之。

爾時世尊欲重宣此義，而說偈言：

貪愛名爲母，無明則爲父，覺境識爲佛，諸使爲羅漢；

陰集名爲僧，無間次第斷，謂是五無間，不入無擇獄。

疏：《爾時世尊欲重新宣示五無間業之正義而說偈言：

貪愛自我及三界境界名爲衆生之母，

於法界緣起性空理上之無明、及法界實相上之無明，即是衆生之父；

能覺了境界之七種識則名爲佛，五鈍使與五利使等結使即是羅漢；

五陰聚集成人，名之爲僧；

相續無間地次第斷除此五法，我說這就是五種無間業；

如是造此五無間業者，不入無間地獄。》

解：「貪愛名爲母，無明則爲父」：學人多知應除貪愛，然多唯知除五欲貪，而不知應除「覺知心自我」之貪，是故執著自我，於我起貪；如是等貪，名爲衆生之母；由不滅此貪故，恆不欲令自我滅除，是故死已又復受生，令未來世之「覺知心自我」又復現起，是故輪迴生死。欲斷如是貪，當先斷無明父之命根。無明謂我見—執意識不滅；譬如義雲高、喜饒根登、釋性圓、徐恒志與上平居士及惟覺法師等人，執意識粗心（欲界五塵中之知覺性）爲常不滅者，密宗紅教白教花教黃教諸法王祖師悉皆如是。亦如有人坐入不觸五塵之「深未到地定」或二禪等至位中，執此意識細心爲常不滅者；亦如達賴喇嘛等現代黃教法王活佛之執「不可知之極細意識」爲常不滅心，亦如印順法師主張有「不可知之意識細心」爲常不滅心，俱墮我見；佛於四阿含中說「意、法爲緣，生意識」故，意識是緣起緣滅之法故，佛說一切粗細意識俱是可知之法故。如是執著粗細意識者即是我見，即是衆生之無明父；一切學人當以惡心斷此無明父之命根，永不復生如是無明。

「覺境識爲佛，諸使爲羅漢，陰集名爲僧」：覺知種種境界之七轉識即是佛，究竟佛是佛地之七轉識所作故，因位衆生之自性佛亦由七轉識等所現佛性所作故；若離七識即成無餘涅槃，尚無凡聖有情，何況有究竟佛與衆生之自性佛？由有能覺了境界之七識，故說有佛。

阿羅漢斷諸結使，是故我見我執俱斷，名爲已証有餘涅槃。然世間能有阿羅漢住世者，皆因「執我」之種子隨眠未盡，是故待時而取無餘涅槃（俱解脫之聲聞羅漢亦多待捨壽時至方取涅槃，多未早入涅槃），此謂結使之隨眠尚未斷盡，唯斷根本煩惱結使現行，尚有根本煩惱之隨眠種子結使餘存，故令阿羅漢証解脫果已，尚能住世，故說諸使爲羅漢。

世間人貪著色身者，乃因貪著受想行陰，於諸境界能覺受故；尚不曾聞識陰之名，云何能知識陰虛妄？乃至久學之人已聞識陰虛妄，而不能知識陰之實質意涵，故有種種虛妄之想，妄執意識之種種變相爲常不壞心；乃至更執恆審思量之意根爲常不壞我，故以種種開示，令其徒衆：「死時應能作主」，則成執著末那作主心者，墮於我執之中。而不知求斷我見我執（不認覺知心為常不壞我、不認作主之心為涅槃心）之後，死時方能「作主」——無所拘繫，隨意依願受生人間或取無餘涅槃。如是衆生不斷五陰我見，令五陰世世恆現在前，不得解脫，故說「陰集名爲僧」。

「無間次第斷，謂是五無間，不入無擇獄」：若人能害無明貪愛父母，殺結使羅漢，出「了境佛」身血，壞五陰僧，如是次第斷而無間，名爲成就內門五無間業，如是菩薩盡未來際不入無擇地獄。

聲聞所証三解脫果，是有間法，非無間法，依陰處界之緣起性空觀而斷結使故，陰處界法是有間法故。菩薩所証三解脫門，是無間法，依自心藏識而証法界實相，現觀自心藏識於一切境悉無所得、悉無所失，而此實相藏識無間無斷不壞，是無間法，故名無間；然後返觀陰處界之緣起性空—暫有所得終歸於壞，復証聲聞有間三解脫門。如是証已，不妨發受生願—故意留一分煩惱障隨眠永不斷盡，以之潤未來世生：世世示同凡夫現有人間五陰煩惱，然實已斷分段生死，是名菩薩留惑潤生，返身再來人間自度度他乃至成佛。如是之人不論有無五通，俱是內五無間之修証者，盡未來際不入無擇地獄。

爾時大慧菩薩復白佛言：「世尊！唯願爲說佛之知覺。世尊！何等是佛之知覺？」佛告大慧：「覺人法無我，了知二障，離二種死，斷二煩惱，是名佛之知覺；聲聞緣覺得此法者，亦名為佛；以是因緣故，我說一乘。」爾時世尊欲重宣此義，而說偈言：

善知二無我，二障煩惱斷，永離二種死，是名佛知覺。

疏：《爾時大慧菩薩復向佛稟白說：「世尊！唯願世尊為大眾說明佛之知覺。世尊！如何是佛之知覺？」佛告訴大慧菩薩：「覺証人無我與法無我，了知煩惱障與所知障，遠離二種生死，斷盡二種煩惱，如是境界名為佛之知覺；聲聞緣覺人中，若有人証得此法者，亦名為佛，以此因緣故，我說唯有一乘。」爾時世尊欲重新宣示此眞實義，而說偈曰：

善於証知二種無我法，二種障之煩惱全部斷盡，

永遠捨離分段死與變易死，如是境界名為佛之知覺。》

解：「佛之知覺」：謂究竟佛地之証知、証見、証覺，及其証知証覺後所住境界也。一切初地菩薩皆知佛之知覺，唯不能証爾；若有人証悟藏識實相已，應當速入初地，了知佛地之証知証見証覺境界，了知佛之所住境界。由是

緣故，大慧菩薩作如是問。

佛告大慧：「覺人法無我，了知二障，離二種死，斷二煩惱，是名佛之知覺」：二乘無學聖人唯能覺悟人無我，不能覺悟法無我。此謂二乘無學聖人依陰處界觀察無我法，唯是有情無我性法，是名人無我。二乘無學三法印中固有「諸法無我」一印，然此諸法無我，唯在五陰十二處十八界中印証諸法無我，非如菩薩俱証八識心王之諸法無我也。五陰之諸法無我者，唯是菩薩所証虛妄唯識門之諸法無我；然菩薩尚証法界實相如來藏之眞實唯識門所說諸法無我，函蓋二乘之諸法無我覺証，是名法無我，超越陰處界之有情諸法無我故，藏識法非是有情之人我故。菩薩具証二乘人無我法已，不入無餘涅槃，復入一切種智中修學，漸至佛地，具足法無我之証量，名爲佛地覺証人無我與法無我。

二障謂煩惱障與所知障。爲三界煩惱所繫縛，障礙出離三界生死，名爲煩惱障；此謂二乘法中所說三縛結及五下五上分結也，即是大乘法中所說一念無明四種住地煩惱─所謂見一處住地、欲界愛住地、色界愛住地、有愛住地等四種煩惱也。此四住地煩惱，詳見拙著結緣書《正法眼藏─護法集》中詳述，今不重述。煩惱障之四種煩惱，障礙學人証解脫果，令諸學人不証三解脫門，故名煩惱障。

所知障謂：於諸法實相懵無所知，不曉一切法界之實相，障礙一切種智之成就，令人不得成佛，故名爲障。此謂菩薩於法界實相一切種智所知不具足，是故成障，不能成佛；非如無智著定之人所謂：「所知太多、障礙一心不亂，故不能成佛」。所知障唯障大乘有學無學不能成佛，不障出離三界輪迴，是故二乘無學未破所知障，而能出離三界生死，但不能成佛。

菩薩七住位中，証得法界實相心已，起實相般若，進修一切種智，至初地、三地、乃至六地，斷除四住地煩惱障，而留一分煩惱障隨眠不斷，潤來世生，進續修學一切種智，即是漸斷所知障；如是漸修、至佛地已，方究竟斷盡所知障。於此過程中，俱名修習法無我，非如二乘之純依七轉識人無我而証諸法無我也。是名所知障。

菩薩了知煩惱障及所知障已，漸修增上慧學—諸地無生法忍—乃至佛地；由已斷盡煩惱障根本煩惱故，離三界分段生死；由已永斷煩惱障之隨煩惱種子隨眠故，永遠不復感業酬果。如佛十業受報者，乃是神力示現，以警衆生，非眞受報也，一切煩惱障隨眠俱已斷盡故，非如二乘無學唯斷根本煩惱現行而未斷種子隨眠也。依如是正理，說佛永斷分段生死，說二乘無學仍未斷盡分段生死；此謂二乘無學迴心大乘後，於三界中行菩薩行時，仍有感業異熟果報，非如佛之不感異熟果報，唯是純粹示現因果不虛，以警示衆生也。

復次，一切因位菩薩（等覺以下）之第八識中，由於無始無明過恆沙數上煩惱（亦名塵沙惑）未斷盡故，一切佛地所應得法未能具得，故其第八識中仍有種子可受熏習轉易；以尚有種子變易故，名爲變易生死。至佛地已，無始無明恆沙上煩惱已經斷盡，所應証法已究竟証得，於三界一切世出世間法，已無應修應証者，故其第八識眞如所含一切種子不受新熏，唯帶舊種，永不變易，是名諸佛已斷盡變易生死。

由已究竟覺悟人無我與法無我，究竟了知煩惱障與所知障，究竟捨離分段死與變易死，究竟斷盡一念無明起煩惱與無始無明上煩惱，故生四智圓明之大智慧，故証無住處涅槃──不住生死亦不住涅槃，圓成四種涅槃，具足四種圓寂；如是境界，名爲佛之知覺；諸地菩薩知之，而不能具足証得，是故初地以上菩薩將一切行迴向一切種智，是故八地以上菩薩念念迴向一切種智。

「聲聞緣覺得此法者，亦名爲佛；以是因緣故，我說一乘」：聲聞緣覺謂不迴心大乘之人，捨壽必取無餘涅槃，名爲決定性二乘，或名定性二乘人。若聞大乘妙法，心生喜樂，迴入大乘，即成六住位菩薩，然須補修初住至六住所應修之六度資糧，而後能悟般若，方入七住不退。若能依別教法，証覺人法二種無我，了知煩惱障與所知障，至究竟地而離分段死與變易死，斷盡起煩惱與恆沙數上煩惱，亦名成就佛之知覺。聲聞緣覺乘人迴心大乘後，若具足証得此法者，亦名爲佛，所証同於究竟佛故。以是因緣故，佛說唯有一佛乘，聲聞緣覺法亦是大乘所攝故。

「爾時世尊欲重宣此義而說偈言：善知二無我，二障煩惱斷，永離二種死，是名佛知覺」：學佛者必須善知人無我與法無我，若不善於了知此二無我之異同，必將誤信印順法師與達賴喇嘛等應成派中觀師之邪見—外於如來藏而說緣起性空，外於如來藏而說般若是一切法空，是故一切學佛者必須先行了知人無我與法無我之異同，而後能知學佛修行之方向。

二障之煩惱亦應了知，而後方知斷除之道。若知二障及二煩惱者，即知欲修解脫道者應了知煩惱障，知煩惱障內容已，即知應斷一念無明四種住地煩惱，即知何人爲眞善知識而從之受學；亦知欲修佛菩提道者應了知所知障，了知所知障已，即知應斷無始過恆沙數上煩惱，即知何人爲眞善知識而從之受學。由如是了知故，漸証漸斷二障之煩惱，乃至究竟斷盡二障一切煩惱而永離分段死與變易死，如是方名佛之知覺。

斷煩惱障者，乃依二乘菩提及大乘通教菩提，於陰處界萬法中，現觀陰處界及其所生萬法之性空唯名—蘊處界等一切法皆依如來藏及無明而緣起，其性無常故空，唯是受想行識（名）相應之法爾；如是依如來藏而言蘊處界諸法緣起性空—性空唯名。菩薩如是依如來藏而現觀蘊處界空，因而斷除意識我見、五陰我見，斷意識我執及意根我執，成就有餘涅槃，捨壽則能入無餘涅槃而不取証，是名煩惱障斷，實証人無我。若人認定意識覺知心性爲常不壞心，則墮我見；我見不斷者，不能斷我執，則不能証解脫果，名爲未破煩惱障者，不能斷煩惱障。

二乘無學斷盡煩惱障之六根本煩惱現行已（仍有隨煩惱之種子隨眠未盡），捨壽時能入涅槃；然必於捨壽前深思：「入涅槃已，十八界俱滅──意識意根滅盡，無我、無人、無一切法，是否成爲斷滅空？如是佛法與斷見外道論有何所異？」以此問佛，佛乃謂涅槃有本際，非同斷滅；本際即是因緣法中所說「識緣名色，名色緣識」之識──於名（六識心及意根末那）之外，別有一心與名等七識知覺性同在，離見聞覺知而不思不審，不受生死；是故二乘所証涅槃非是斷滅。是故佛與諸大阿羅漢，不許弟子衆等說「阿羅漢涅槃後無，阿羅漢涅槃後有」，入涅槃後有本際第八識恆常寂靜不滅不斷故，十八界俱滅而無三界有故。

然阿羅漢尚有隨煩惱之種子隨眠未曾斷盡，是故不能成佛；尚有所知障未破未斷盡，是故不能成佛，此乃佛菩提道所應修者。修此道者，必須具備菩薩福德資糧，非如解脫道之一心修行及遇正師便可得証。佛菩提道之修証，首在見道，見道之要則是禪宗之明心──解証第八識如來藏。証自心藏識已，領受其體性，即知其「中道性」，即通般若系諸經，即知般若系諸經乃是依如來藏而說蘊處界等一切法緣起性空，即知不許外於如來藏而言一切法緣起性空；如是証已，漸修第三轉法輪諸唯識經，漸可成就道種智。此須二大阿僧祇劫之修行，方能圓成一切種智而成佛。於此漫長時劫之修証過程中，隨緣了舊業、及斷煩惱障中隨煩惱一切隨眠種子，乃至佛地斷盡隨眠。如是佛地眞如一切種子純淨無漏，不復變易，永離變易生死，永斷二種死，是名佛知覺。

若人自謂証悟二乘菩提解脫果，而墮於意識覺知心（含意識之細心及極細心、及不可知之意識細心）者，俱名未破煩惱障者，未入聲聞見道位中，尚未預入聖流—不入初果位。若人自謂已証佛菩提果之見道或修道位者，而其所悟眞心爲意識覺知心（含意識之種種變相境界心、知覺性等），俱名未破所知障者，不入別教見道位，分別我見未斷故，執意識之體性常住不滅者名爲常見外道見故。如是知見，一切學人皆應了知，否則不免隨諸大名聲之假名善知識認妄爲眞，皆成認賊爲子、劫自家法財，乃至墮於大妄語業中。一切學人務必明辨法義，先求不墮邪路，而後方能進道也。以下說「依義不依語」：

爾時大慧菩薩白佛言：「世尊！何故世尊於大衆中唱如是言：『我是過去一切佛』，及種種受生：『我爾時作曼陀轉輪聖王、六牙大象，及鸚鵡鳥、釋提桓因、善眼仙人』，如是等百千生經說？」佛告大慧：「以四等故，如來應供等正覺，於大衆中唱如是言：『我爾時作拘留孫、拘那含牟尼、迦葉佛。』云何四等？謂字等、語等、法等、身等，是名四等。以四種等故，如來應供等正覺，於大衆中唱如是言。」

疏：《爾時大慧菩薩白佛言：「世尊！以何緣故世尊於大衆中高唱如是言語：『我是過去一切佛』，及種種受生：『我爾時作曼陀轉輪聖王、六牙大象，及作鸚鵡鳥、釋提桓因、善眼仙人』，如是等百千生如諸經所說？」佛告訴大慧菩薩：「我以四種平等故，以如來應供等正覺身份，於大衆之中高聲作如是言語：『我爾時作拘留孫佛、拘那含牟尼佛、迦葉佛。』如何是四種平等呢？就是字平等、語平等、法平等、身平等，這就是四種平等。以此四種平等之故，如來應供等正覺，於大衆中高唱如是言語。』》

解：「何故世尊於大眾中唱如是言：『我是過去一切佛』？及種種受生：『我爾時作曼陀轉輪聖王、六牙大象，及鸚鵡鳥、釋提桓因、善眼仙人』，如是等百千生經說？」如是世尊於過去世無量生中，廣行六度等，詳見大藏經本緣部及阿含四部，其中所述種種行處，於此不錄。「我是過去一切佛」者，謂假名我之自心藏識也，隨後經文自說，勿勞先解。

佛告大慧：「以四等故，如來應供等正覺，於大眾中唱如是言：『我爾時作拘留孫、拘那含牟尼、迦葉佛。』云何四等？謂字等、語等、法等、身等，是名四等。以此四種等故，如來應供等正覺，於大眾中唱如是言」：此謂諸佛有四種平等，是故世尊有如是言。文白易解，不勞詳述。

「云何字等？若字稱『我』為佛，彼字亦稱一切諸佛；彼字自性無有差別，是名字等。云何語等？謂我六十四種梵音言語相生，彼諸如來應供等正覺，亦如是六十四種梵音言語相生，無增無減，無有差別，迦陵頻伽梵音聲性。云何身等？謂我與諸佛法身及色身相好，無有差別；除為調伏彼彼諸趣差別衆生故，示現種種差別色身，是名身等。云何法等？謂我及彼佛，得三十七菩提分法：略說佛法無障礙智。是名四等，是故如來應供等正覺，於大衆中唱如是言。」

疏：《「如何是字平等呢？如果有一個字稱『我』，以那個『我』字自稱爲佛，那個『我』字亦可用來稱呼一切佛；那個『我』字的自性，對於每一尊佛都無差別，就稱之爲字平等。如何是語平等？這是說我釋迦牟尼以六十四種梵音言語相，出生種種佛法爲衆生說；彼諸如來應供等正覺，亦如是以六十四種梵音言語相而出生種種佛法爲衆生宣說，前佛後佛所說無增無減、無有差別，皆是迦陵頻伽梵音聲性。如何是身平等？是說我與諸佛之法身，及色身之相好，無有差別；除爲調伏各個五趣差別衆生的緣故，而示現種種差別之色身，如是名爲身平等。如何是法平等？是說我及彼一切佛，皆具足証得三十七菩提分法：大略而說即是佛法無障礙智。如是有四種平等，以是緣故如來應供等正覺，於大衆中唱如是言。」》

解：「云何字等？若字稱『我』爲佛，彼字亦稱一切諸佛；彼字自性無有差別，是名字等」：由字平等故，佛於大衆中唱言：「我是過去一切佛。」有時唱言：「我爾時作拘留孫佛、作拘那含牟尼佛、作迦葉佛。」凡此皆以『我』字而說，如是『我』字，乃是假名我—方便說我，迥異常見外道之我；何以故？謂常見外道之我是意識與意根，此假名我是如來藏。然此如來藏與常見「我」有極大差異，學人未証解之前，莫依印順法師邪見而謗如來藏法。

譬如印順法師云：《……如來藏說，著重於如來的大般涅槃、常樂我淨，從如來常住說到一切衆生有如來藏，『大般涅槃經』前分十卷，就是這樣。『勝鬘』與『不增不減經』，進而說到如來藏（或「界」）爲依，成立一切法—生死與涅槃、衆生與（佛）法身。以眞實常住的如來（界）藏爲依止，與以虛妄生滅的阿賴耶識爲依止，恰好對立。……生死雜染與清淨涅槃，佛法本是依緣起以成立一切的，『瑜伽論』也還是依緣起的。》（摘自印順著《印度佛教思想史》頁一六六、一六七）

然如來藏法門，並非著重如來之大般涅槃常樂我淨，而是將如來之大般涅槃常樂我淨境界，懸爲鵠的，作爲一切學人之終極目標；由因菩薩衆中有極多人不解「大般涅槃之常樂我淨、何處異於二乘涅槃之蘊處界無常苦空無我」？欲令大眾知曉佛地大般涅槃之勝妙實相境界，故佛於入滅前宣說《大般涅槃經》，此是最後說—後於一切如來藏系諸經—從因地如來藏而說到究竟佛地眞如大般涅槃之常樂我淨。非如印老前後顚倒所說：由如來眞如的大般涅槃……而說到一切衆生有如來藏。不可唯觀此經說眞實法之方便度衆，而完全忽略此經前之諸經所說如來藏法，而作如是不符事實之斷言。

復次，《勝鬘經、不增不減經》乃於《大般涅槃經》前宣說，非於後說，故不應列之於後，使用「進而說到」字樣，何以故？謂此二經所說「如來藏爲依，成立一切法—生死與涅槃」之旨，已於四阿含中密意說故，印老不知不見，故作如是不符事實之說。此容未來著作《阿含正義》時別舉，暫置不論。

印老所說「以眞實常住的如來藏爲依止，與以虛妄生滅的阿賴耶識爲依止，恰好對立」，有大病焉，顯示印老之未能貫通三乘經旨也。謂「如來藏名」攝因地一切果証之第八識，始從五趣異生凡夫，中及初見道與初地心，末至等覺位，如是因地之第八識，不論名爲阿賴耶識、心、阿陀那、所知依、藏識、菴摩羅識、異熟識，俱是如來藏名所攝，不可如印老之將阿賴耶識與如來藏視為二心，而妄謂如來藏與阿賴耶識二法對立也。

譬如九十餘年前出世，尚在襁褓之印老，有一乳名；入學已，別立學名；年長出家已，則有法名；收証嚴法師為徒已，則有師父之名；証嚴法師收徒已，印老則有師公之名；如是多名非一非異，於不同時期有種種異名，然皆是印順之名所攝，不可謂非同一名也，亦不可謂為同一名也，異時而生身心有別之現象故，非是二異之人之名故。藏識亦如是，不可與阿賴耶識立為二心，無別異故，性無別故；何以故？謂如來藏眞實常住，阿賴耶識亦眞實常住，無量劫來未嘗剎那暫斷，云何可謂為虛妄生滅者？如來藏雖眞實常住，然蘊藏生滅雜染種子，要至究竟佛地方始滅盡；阿賴耶識之性與之無異，無二無別，阿賴耶識心體即是如來藏故，阿賴耶識名亦是如來藏名所攝故；三乘諸經所說此第八識之理，法無異味，一向如是宣說，印老不解佛之隨器別說，自生邪見，而謂如來藏與阿賴耶識體性對立，而將阿賴耶識與如來藏立為二心，而謂諸經為法義對立，其謬大焉！

依生死雜染與清淨涅槃，而現觀佛法者，皆不得外於如來藏而有緣起佛法，不可如印老妄謂「佛法本是依緣起以成立一切的」，何以故？若無如來藏者，十八界緣起性空之法，依何因緣而有緣起？豈如無因論外道所說無因有緣而能起？若然，則死已斷滅，唯能一世修學佛道，一世成佛已仍歸斷滅，十八界緣起法不能自生自存故，爾印老復不許有第八識持此世所修無漏法種去至後世故，無異斷見外道；自言所弘中觀不是斷見，本質卻是外道無因論之斷見。

是故，生死雜染與清淨涅槃所顯佛法，皆依如來藏成立一切法，非依緣起成立一切法；緣起法須依眞實常住之如來藏方能有緣起法故，緣起法須依眞實常住之阿賴耶識所藏虛妄生滅的有漏及有爲法種，方能有緣起法現行故，緣起法先無後有故，先無之法不能於斷滅後自生故，必須依本有常住因及種種緣，而後可有種種緣起法故；《瑜伽師地論》之所說法義亦復如是，宣說緣起法依自心藏識而緣起緣滅，絕非如印老之外於自心藏識而說緣起法也。

如來藏一向無我；佛地眞如方可名之爲「我」，此我亦是假名，分段生死及變易生死俱已盡故，尚無變易生死之極微細我執，焉得名我？爲衆生說故，假名爲我。

復次，衆生說我，謂覺知心之意識我，及謂思量作主之意根我；如是等我，非自己能存在者，依於他法（詳見拙著《真實如來藏》所述），如是衆生所知之七識心我，非有自在不壞之性，故名無我。如來藏阿賴耶識，體恆不滅，無始劫來不依他有，而能藉緣生起三界一切有法；一切緣起法、一切佛法依之而起，故如來藏是恆自在者；然因所藏種子有變易故，不得謂爲眞實不壞我；修至佛地已，究竟清淨，所含種子永不變易，遠離二種死，方得名之爲「我」。如是說之爲「我」，有何過失？如是眞正之如，佛說是常、是樂、是我、是淨，有何過失？爾印老何得以常見外道之第六識斷滅我，比類佛地離變易死之第八識常樂我？及比類菩薩所証常住不斷之第八識無我性如來藏？六識易起易斷之我性，迥異第八識常住而不暫斷之無我性，性類亦復差別迥異，云何爾印老可以相提並論、視爲同一識？此理不通也！是故，佛依佛地眞如之絕對清淨及與大用（與別境五及善十一相應），而假名說「我」，以如是「我」，說「我」是一切佛，說「我」爾時作拘留孫佛，

「我」爾時作拘那含牟尼佛，「我」爾時作迦葉佛，皆依如是密意而說也，然印順法師完全誤解，不知佛意，反而妄言最究竟法之如來藏爲外道神我梵我。

譬如印順法師云：《衆生、菩薩、如來、雖有三名，其實只是一法身，也就是如來藏我。如來藏就是如來界，所以經中說一界。「佛法」說無我，而現在極力說如來藏我，到底我是什麼？『大般涅槃經』說：「何者是我？若法是實、是眞、是常、是主、是依，性不變易者，是名爲我。」這與奧義書所說的我，是常、是樂、是知，似乎相差不遠。但『大般涅槃經』以爲：我，是過去佛所說的，由於傳說久遠，神教說得似是而非了；爲了遮止外道的誤傳，所以說無我；現在才闡明我的眞相。》（摘自印順《印度佛教思想史》頁一六九、一七〇）

印老不是胡人，不應胡言亂語，所以者何？謂諸經皆不說如來藏是我，唯有《大般涅槃經》說佛地眞如法身是我，異於凡夫無常無我之六識我故，終不說等覺以下之法身第八識是我故，云何印老諸書句句誣稱「如來藏我」？不應正理、居心可議！又復於經隨意斷章取義、乃至斷句取義（詳拙著《宗通與說通》第八章第二節）及曲解佛意，爲害佛教了義正法大焉！

衆生、菩薩、如來，皆由各自第八識所生，同名法身，然非皆名如來藏也，佛地第八識不名如來藏故，獨名無垢識眞如故—眞實如故；唯有因地名爲如來藏，如來藏皆是無我性，而皆非如印老處處所誣之「如來藏我」。

復次，如印老言：「如來藏就是如來界，所以經中說一界」，並註明是阿含《央掘魔羅經》所說。然彼經所說一界，非謂如來界，乃說衆生界之如來藏也：《文殊師利白佛言：「世尊！以一切衆生界是一界故，諸佛離殺生耶？」佛言：「如是，世間殺生，如人自殺，殺自界故。」》印老所註引卷三他段經文，則說一道是一界，非如印老所說「如來藏就是如來界，所以經中說一界」也：《云何爲一道？一乘及一歸，一諦與一依，一界亦一生。一色謂如來，是故說一乘；唯一究竟乘，餘悉是方便。》所以一界是說如來藏；一切衆生、一切乘、一切所歸、一切諦、一切依、一切界、一切有生之法，皆唯是如來藏，是名一道—一乘道，故說一乘一歸……乃至一生，要未曾說「如來藏就是如來界」，印老不可隨於自意而作邪解也！

阿含「佛法」所說無我，乃是說衆生所執之「意識不滅我」，是無常性，是依他起—意法爲緣生意識—非有自在性，非常、不實、是假、是客、是能依，性恆變易者，故名無我；亦即是常見外道義雲高、喜饒根登、釋性圓、上平居士、徐恒志…等人所執意識「覺知性不滅」之第六識「常見我」。《大般涅槃經》所說之「我」，非是意識，非是因地眞如，乃是究竟佛地之第八識眞如，其法是實、是眞、是常、是主、是一切法所依，性不變易，如是方得名之爲「我」；未超等覺地之因地眞如不得名「我」，所含種子尚有變易故，未離變易死故，非是實、常、眞、主……故，是故，名爲無我如來藏，一向不名如來藏我，印老不應將佛地眞如妄名爲「如來藏我」，誣謂三轉法輪究竟了義經典所說「我」爲「同於外道神我，說如來藏我」，如來藏與眞如有異有同、非一非異故。

《大般涅槃經》所說我，乃是與別境及善十一相應之佛地眞如；釋迦及過去佛曾說眞如之「假名我」，乃是佛地第八識眞如之常樂我淨，方是眞我，非是外道所說之第六意識覺知性我也。佛於四阿含諸經中有時也說「我」，然而此「我」乃說第八識—常住不壞之「名色所緣識」，由此識常住不壞故，相對於衆生所說「常不壞我」意識心之無眞實我，故說此第八識爲「我」。外道《奧義書》所說的我，雖然也說「是常、是樂、是知，似乎相差不遠」，但他們卻墮於意識界，以意識爲常、樂、知，而找不到因地眞如—無我如來藏之假名我—何況能成就佛地眞如之常樂我淨？所以，如印老所說：「大般涅槃經以爲：我，是過去佛所說的，由於傳說久遠，神教說得似是而非了；爲了遮止外道的誤傳，所以說無我；現在才闡明『我』的眞相。」此是正說，何以故？謂過去佛所說「我」，乃是佛地第八識，非等覺以下之第八識，更非《奧義書》所說之意識我。爲遮止外道對於過去佛所說法之誤傳，故說十八界（含意識界）是無我，是緣起緣滅法，以破外道，而四阿含諸經中處處隱說第八識心。以阿含諸經佛法破外道已，漸漸引入大乘。引入大乘之後，不可便說大般涅槃之常樂我淨，以免外道及學人誤會，乃先說般若空性，以別於外道之意識我；証悟般若以後，已知已解第八識「我」之異於外道「常不壞我」之差別，然後再說無我如來藏，含攝八識心王一切法及一切種智，仍是無我法；此時仍不可說佛地眞如之常樂我淨，以免混淆。逮至佛入滅前，已有弟子証得道種智，了知八識心王之五位百法明門、二種無我法……之後，已能解了佛地眞如「假名我、眞我」之常樂我淨異於因地之第八識—無我如來藏，然後方可宣說《大般涅槃經》，講述佛地眞如「我」之常樂我淨；佛地眞如永離種子生滅變易故，佛地眞如得與別境及善十一心所法相應而起故，故說爲常、樂、主、依，性不變易。

若有一法，是恆、是常、是不變易、是一切法所依、能令自己永遠不墮二種死，究竟清淨安樂寂靜，如是心法，不名爲「我」，難道名之爲「無我」？無我者，謂十八界法是無常，是能依，是客（來已死去，不能常住），無常故苦；知故不住寂寞，永不能入住無餘涅槃之中，如是之法焉得名我？故名無我。二乘菩提之三法印，依此第八識涅槃本際以印陰處界法；大乘菩提因地所証，亦是依此如來藏以印陰處界法空。如是正理，印老聰明睿智之人，尚不能知，橫生謬解；彼諸徒衆等而下之，亦可知矣！今因此經佛說：「若字稱『我』爲佛，彼字亦稱一切諸佛。」迺作此段法義辨正，令世尊所說正義，彰顯於世，此後不墮印老「如來藏我」邪見，遠離印老所建立「不可知、不可證之意識細心」我見；今以印老之邪見而作如是辨正，亦令初地二地乃至三地菩薩，遠離微細愚痴，速易轉進諸地，不可謂印老邪說之緣爲完全無功也！

如是，如佛所言：「若字稱『我』爲佛，彼字亦稱一切諸佛；彼字自性無有差別，是名字等。」此佛彼佛皆此「我」故，此我彼我、無別異故，故說彼「我」字自性無有差別，是名字等。

「云何語等？謂我六十四種梵音言語相生，彼諸如來應供等正覺，亦如是六十四種梵音言語相生，無增無減，無有差別，迦陵頻伽梵音聲性」：語等者，謂諸佛如來法語，皆具六十四種梵音聲相，由如是梵音聲性而說。梵者清淨義，謂如來法音如從虛空而生，非如世間音聲由某定點向四週擴散，並具有六十四種清淨殊勝微妙相，名爲如來不可思議語密。

六十四種梵音聲謂：流澤聲，柔軟聲，悅意聲，可樂聲，清淨聲，離垢聲，明亮聲，甘美聲，樂聞聲，無劣聲，圓具聲，調順聲，無澀聲，無惡聲，善柔聲，悅耳聲，適身聲，心生勇銳聲，心喜聲，悅樂聲，無熱惱聲，如教令聲，善了知聲，分明聲，善愛聲，令生歡喜聲，使他如教令聲，令他善了知聲，如理聲，利益聲，離重複過失聲，如獅子音聲，如龍音聲，如雲雷吼聲，如龍王聲，如緊那羅妙歌聲，如迦陵頻伽聲，如梵王聲，如共命鳥聲，如帝釋美妙聲，如振鼓聲，不高聲，不下聲，隨入一切音聲，無缺減聲，無破壞聲，無染污聲，無希取聲，具足聲，莊嚴聲，顯示聲，圓滿一切音聲，諸根適悅聲，無譏毀聲，無輕轉聲，無動搖聲，隨入一切衆會聲，諸相具足聲，令衆生心意歡喜聲，說衆生心行聲，入衆生心意聲，隨衆生信解聲，聞者無分量聲，衆生不能思維稱量聲。是名六十四種梵音聲相。

一切諸佛法語，同以如是六十四種梵音聲相而生，如是爲衆生說法，無增無減，無有差別，故名語平等。由是語等故，佛於衆中唱如是言：「我是過去一切佛。」皆由語等，顯示佛地無二功德，証實其爲佛故。

「云何身等？謂我與諸佛法身及色身相好，無有差別；除爲調伏彼彼諸趣差別衆生故，示現種種差別色身，是名身等」：身平等者，謂一切佛法身與所現色身之相好及隨形好，俱無差別，故名身等。法身者有自性法身與自受用法身二種，自性法身謂佛地眞如純淨無瑕，第八識中唯持舊種，不受新熏，不復有種子變易生滅，永斷二障一切煩惱種子隨眠，一切佛之自性法身悉皆如是，故名身等。

如彌陀讚云：「阿彌陀佛身金色，相好光明無等倫；白毫宛轉五須彌，紺目澄清四大海；光中化佛無數億，化菩薩衆亦無邊。」彌陀如是，一切佛之自受用身悉皆如是；同具圓滿之三十二相，同有八十種隨形好，一一好中復有無量好，是名諸佛自受用法身；依佛地究竟圓滿功德法而現起，故名法身。一切佛之自性法身及自受用功德法身，如是平等具足，圓滿無別，故名身等；由如是身平等故，世尊說「我即是過去一切佛」。

由如是理，知佛法身迥異外道之眞我，境界懸遠，體亦大異故。然諸未悟之人如印老者，自恃世間聰明，不解佛意，橫生妄計；乃至唯依自意錯會，妄引諸經而作評論。如印順法師妄評佛地第八識法身眞如爲外道所說之眞我（第六意識）：《而且，如來是佛的德號，也是**世俗神我的異名**，如『大智度論』說：「或以佛名名爲如來，或以衆生名爲如來」。與法界不二的我界與如來界，可能被解說爲眞我，如『清淨毘尼廣經』說：「器雖種種，其（虛）空無異。如是一法性界，一（真）如，一實際，然諸衆生種種形相各取生處，彼自體變百千億種形色別異」。》（摘自印順著《印度佛教思想史》頁一六一）

然佛所說「一法性、一眞如、一實際」者，乃是第八識—《阿含經》所說識緣名色之第八識—與外道所說眞我第六識迥異。何故余如是說？謂佛處處說外道眞我（意識覺知心）由因緣生—意法爲緣生意識，處處破斥外道之「意識眞我」是生滅法、緣起法，尚不能去至來世入胎，何況能變百千億種形色別異？無是理也！印老如是李代桃僵、移花接木，曲解經典，謂「如來界、我界、佛界」之第八識即是外道眞我之意識界，其謬大矣！如是虛妄錯引《大智度論》之文，朋比己意，殊屬不當，論意迥異印老之意故。

印順法師復云：《「自體變百千億種形色別異」，異譯『寂調意所問經』作：「我分化成若干千色」。自體—我，與法界不二，而變現爲地獄色、……佛色，這顯然是世俗所傳流轉與還滅（十法界）中的自我了！大乘法的眞如、法界等，本是涅槃的異名。在無二無別中，漸著重於佛果，更引用爲「佛法」

所否定的眞我，早已滲入「大般若經初分」—十萬頌的『般若經』。》（摘自同書同頁）

然而佛說「我分化成若干千色」，這個自體—我，與法界不二，而變現爲地獄色乃至佛色以度衆生者，絕非印老妄說之「世俗所傳流轉與還滅中的自我第六識」，而是第八識—佛地眞如；絕非印老誤會之流轉還滅法中之外道眞我—第六意識覺知心。

大乘法中之法界與涅槃，本是第八識眞如之異名，法界（三界一切法之功能差別界限）及涅槃（滅盡十八界之寂靜境界），皆依眞如而生而顯故；若離第八識，即無能生諸法界者故，即無能顯異於斷滅之涅槃者故。法界與涅槃既依第八識眞如而生而顯，則應言：「無餘涅槃本是大乘法眞如法界的異名」，云何印老可以顚倒其說曰「大乘法的眞如法界等，本是涅槃之異名」？如是顚倒其說，不應正理也！顯見印老於阿含佛法眞是外行，豈唯外行於大乘法耶？

佛子既証自心如來藏已，已知實相，入於大乘見道位中，當令通達，進求佛果；是故「在無二無別中，漸著重於佛果」，但絕非如印老所說「更引用阿含佛法所否定的眞我」，而是三乘佛法所說同一自心如來藏也。印老不知不解佛說如來藏理，復又不知不解阿含經中涅槃密意，而一味信受月稱之應成派中觀，一味否定第八識，不知如來藏之迥異外道眞我處，誣謂「大般若經初分」——十萬頌的「般若經」所說之心爲外道眞我，如是南轅北轍之虛妄推求判斷，與事實完全相背，可信受乎！阿含佛法所斥之外道眞我是第六識覺知心故，大乘法所說眞如是第八識如來藏故；涅槃乃是依眞如之離染而立名故；涅槃性空唯名、依第八識眞如之清淨性以立名故，涅槃非是實體法故；十萬頌般若經已斥外道眞我之第六識故，所說乃是第八識之中道性故。如是印老所說之旨，與佛旨南轅北轍，大異其趣；根本既異，流意必別，悖違佛旨，如是亂語云何可信！淺如阿含佛法所述二乘菩提之無餘涅槃、十二因緣法，印老尚且錯會，云何能知阿含四部衆經所隱藏之大乘法義？乃竟否定三乘佛法之根本心，誣指第八識如來藏非有，誣謂大乘經中所說如來藏爲外道神我眞我，而妄誣「外道眞我邪見已滲入大般若經初分」之中。如是謗菩薩藏已，一切善根悉斷，已成不証涅槃之種性——一闡提人（詳第三輯中佛說）。如是李代桃僵、張冠李戴，而否定大乘第八識如來藏法之種種邪見論者研究考証，其所造之種種著作可信之乎！

是故，如來有色者，謂彼諸如來所現種種色身（地獄色乃至佛色），皆由如來之第八識眞如所變，隨種種衆生緣，示現同類，攝受衆生而入佛法；絕非外道所說之「身色我」是如來也，云何爾印老誣謂衆生之「色身我」即是如來？不應正理也。

三轉法輪諸唯識經說解脫色是佛，絕非世間俗人或無想天人欲以色身入涅槃；乃是說明成佛之後永不入滅，由純淨之第八識眞如隨意化現種種形色（從地獄身乃至佛身），入諸世界有情之中隨緣引渡，而不受分段生死及變易生死所繫；如是解脫色者即是如來。二乘解脫則滅盡色法，永入無餘涅槃—不復受生而永無前七識心，空洞冥漠、無覺無知，永不再利衆生，永不再以第八識變現一切身，是故《大般涅槃經》說：

《「世尊！何等名涅槃？」「善男子！夫涅槃者名爲解脫。」迦葉復言：「所言解脫，爲是色耶？爲非色乎？」佛言：「或有是色，或非是色。言非色者，即是聲聞緣覺解脫；言是色者，即是諸佛如來解脫。善男子！是故解脫亦色、非色，如來爲諸聲聞弟子說爲非色。」》如是經文即是余所說意，謂若由藏識恆處無餘涅槃位，說之爲非色解脫，即是二乘涅槃；由佛地眞如斷盡分段生死與變易生死，而不住生死亦不住涅槃，恆於十方三界變現虛空色乃至同於凡夫生老病死之色身，以度衆生，永不取滅，唯除衆生已經度盡，是名佛地解脫色，非唯二乘寂滅無用之非色解脫也；阿含經中之《央掘魔羅經》所說「如來解脫色」者即此意也：《《如來眞解脫，不空亦如是，出離一切過，故說解脫空。如來實不空，離一切煩惱、及諸天人陰，是故說名空。》》然印順法師懵不知此，妄謂如來色同於凡夫色，妄謂如來藏有色，而說此如來藏法違背阿含佛法，妄謂如來藏說同於外道神我眞我。

譬如印順法師云：《如來藏是有色相的，等到離一切煩惱，當然不是二乘那樣的灰身泯智，而是色相莊嚴的，如『經』上說：1、「涅槃者，名爲解脫。……言非色者，即是聲聞緣覺解脫；言是色者，即是諸佛如來解脫」。2、「常解脫非名，妙色湛然住，非聲聞緣覺、菩薩之境界」。3、「虛空色是佛，非色是二乘。解脫色是佛，非色是二乘」。4、「一切諸如來，解脫有妙色」。5、「如來妙色身，世間無與等。……如來色無盡，智慧亦復然」。（平實按：印老未註明出處。經查此乃印老依次序引自《大般涅槃經》卷五、《大法鼓經》卷上、《央掘魔羅經》卷二、卷三、《大寶積經勝鬘夫人會》）「初期大乘」經，重於甚深智証的，如『般若經』，與文殊有關的聖典，觀佛如觀虛空；佛是不能於色聲相好中見的，被稱爲「法身無色說」。以如來藏佛性爲主流的「後期大乘」經，可說是繼承大衆部「如來色身無有邊際」的信仰而來；受到重信的念佛三昧所啓發，形成「法身有色說」。法身相好莊嚴，因位本有的如來藏與佛性，當然也是有色了。》（摘自印順著《佛教印度思想史》頁一七〇、一七一）

如是所謂佛教思想史者，曝露印老於佛教思想之無知；以無知之邪思而作佛教史，如是則非正史，應名野史外史，背於正史眞義而說故。《般若經》（初期大乘）所說：「若以色見我，以音聲求我，是人行邪道，不能見如來。」此依如來藏總相而說，令人於色聲中覓彼非色非聲之如來藏——一切有情俱有之第八識。若不能親証此色聲中非色非聲之如來藏，則尚不能發起般若慧之總相智，何能解知佛說般若慧之別相智及種智？印老不解此理，妄謂般若爲性空唯名之學，爲說一切法空，大謬也！同於斷見故，般若經中所說主旨爲第八識「非心心、無心相心、不念心」故。然第八識能變生六凡法界之凡夫身（如人入胎藉母血而變生色身），亦能變生四聖解脫身，不受分段生死所繫故。如是解脫身，名有餘涅槃；定性二乘証已，捨壽必入無餘涅槃，滅盡十八界法，故說非色是二乘；菩薩証已，不取滅度，發願受生，直至成佛，斷盡分段死與變易死，隨意受生或現化身以度衆生，如是而有之凡夫色及虛空色，俱皆不受生死繫縛，故說「解脫色是佛，非色是二乘；虛空色是佛，非色是二乘。」

如是解脫乃是眞常，永離識種變易故，非聲聞緣覺菩薩所証境界，故說「常解脫非名，妙色湛然住，非聲聞緣覺、菩薩之境界。」聲聞緣覺菩薩俱未離變易生死故。如是如來眞如所現自受用法身及諸虛空色與應化身色，非諸等覺菩薩所知，故說「如來妙色身，世間無與等。」如是一切如來依初地所發十無盡願，盡未來際隨緣度衆，永無盡期；所說般若亦無窮盡，故說「如來色無盡，智慧亦復然。」

第八識能現自受用法身，相好莊嚴，乃是佛地功德所顯，非因地（等覺以下）所能具顯；然實因地藏識已俱含藏如是功德，唯因塵沙上煩惱所障，故未能盡顯爾，故於卷二說：「如來藏自性清淨，轉三十二相，入於衆生身中，如大價寶，垢衣所纏。」（詳見第三輯疏解）。是故藏識能生種種色，而非即種種色；藏識於究竟位，雖能生如來妙色身、解脫身、虛空身（如自受用法身），然印老不應因此而誣說如來藏有色，而誣說三轉法輪如來藏系諸經所說如來藏法違於文殊所說諸經。

如印順法師云：《如來藏是「我」，「有色」而外，不空是一重要意義。「初期大乘」，特別是『般若經』的發展，說一切法如幻化，也就是一切法空，空也不可得。在一切法本性空中，如來、菩提、涅槃，都是空如幻化。這一甚深空義，是一般人所難以信解的；信受的，也不免誤解而流入歧途。「中本般若」（俗稱大品）末了，已注意到這點，所以『摩訶般若波羅密經』卷二十六說：「若新發意菩薩，聞是一切法皆畢竟性空，乃至涅槃亦皆如化，心則驚怖。爲是新發意菩薩故，分別（說）生滅者如化，不生不滅者不如化」。適應初學者，說「若有法生滅相者，皆是變化。……無誑相涅槃，是法非變化」這與如來藏不空說相當。但如來常住不空說者，倒過來說：「諸不了義空相應經」；「一切空經是有餘說」。以文殊為說一切空者的代表，加以訶責、譏刺，與文殊過去訶責釋尊的諸大弟子的作風，完全一樣。》（摘自印順《印度佛教思想史》頁一七一、一七二）

如是之言，顯示印老不解「後期大乘」三轉法輪唯識諸經，嚴重誤會第八識體性故；亦乃不解「初期大乘」二轉法輪般若諸經，誤會般若經為說一切法空故，不解般若經乃是說第八識空性法故，不解般若經乃依第八識非心心而說蘊處界等一切法空故；乃至不解「阿含佛法」諸經，誤會涅槃是一切法滅故，不知阿含即是「不了義之空相應經」故，阿含偏顯無餘涅槃而隱覆密意說實相、未顯說實相故。印老又誤會第三轉法輪所說「諸不了義空相應經」是般若系諸經，而不知是謂阿含偏顯無餘涅槃所說之蘊處界空等經故。

《般若經》既說「不生不滅者不如化」，當知有法從來不生，是故不滅。絕非無始劫來一向空無而說不生、復以如是空無不生說為不滅；若依一向空無而說不生不滅者，則有大病故，無關十方法界之實相故，純是戲論故，與生命之實相完全無關故，與究竟成佛之眞如心完全無關故。

如來藏不空者，謂如來藏是一切有情之根本心；無始劫來不曾有生，以其未曾滅故，無始劫來本自有故。如來藏不空者，謂如來藏雖空無形色，而含藏一切種子，含藏有情能世世受生之種子，能依業緣而變生一切五趣身乃至佛身解脫色與虛空色，有眞實變生諸法之體性，故說不空，以對治今時印老一類惡取空及古時諸惡取空者。

如來藏不空者，謂此心恆具本來性、自性性、清淨性、涅槃性等體性，能由一切大乘別教諸見道者（如禪宗之証悟者）所現前體驗領受，非是一切法空之空無頑空也；涅槃依如來藏之遠離生死而施設故—涅槃性空唯名，唯是依如來藏遠離三界生死之境界而立名故，以如來藏所顯遠離生死境界爲體故。《般若經》等所說，皆是此理；第三法輪諸經所說，亦皆是此理，云何可謂第三法輪諸經曾說《般若經》爲「諸不了義空相應經」？阿含方是唯識諸經所說不了義空相應經，偏顯二乘涅槃虛相法故，二乘涅槃非是了義說故。

阿含諸經偏顯二乘涅槃，而說五陰十二處十八界及衍生之一切法空，名爲「空相應經」，乃是虛相法；於般若唯識之眞實義，皆隱其密義而未顯說，未顯了義法，而說蘊處界一切法空，故名「不了義空相應經」。第三轉法輪唯識諸經，皆未曾說般若諸經爲「不了義空相應經」，印老不得如是妄說。然而如是說爲「不了義之空相應經」者，乃爲未悟之人而方便說，是爲人悉檀也，非是第一義悉檀；央掘魔羅於阿含經中斥責文殊菩薩爲惡取空者，乃是由文殊故意以惡取空邪見而問央掘魔羅，文殊何曾墮於惡取空中？只是二人合演一齣破斥惡取空之無生戲而已，並非破斥二轉法輪之般若經也，央掘魔羅自始至終未曾說般若經虛妄故。於諸別教中已起法眼之菩薩而觀之，阿含諸經已處處密意顯示般若及唯識種智正理，是故阿含諸經於具法眼者觀之，非不了義。爲諸未悟初悟之人，方說二乘涅槃非了義、非究竟，方便說爲不了義經；阿含所說二乘涅槃所証爲陰處界空，不証涅槃本際之第八識阿賴耶，不與如實不空之涅槃本際第八識相應，故說爲空相應經，乃方便說也；若究其實，阿含之中已具如實不空之如來藏法，焉得名爲不了義之空相應經？但爲未具法眼之人，應說爲不了義之空相應經，以免誤會。印老於如是正義不知不見，依於密宗之應成派中觀邪見及智光論師邪見，而作如是佛教思想史者，非如實理，故其所造之佛教思想史，絕非眞正之佛教思想史也。

是故，如來藏非色非相非聲，而能變生廣大自受用法身（唯是影像而非色質，非諸菩薩所能得見），亦能變生諸地菩薩所見相好莊嚴身。亦能變生凡夫二乘所見肉質欲界身，現有生老病死及入涅槃，及變生地獄身乃至等覺菩薩身，凡此皆爲調伏彼彼諸趣差別衆生故，示現種種差別色身，與衆生同事，方便攝化。是故如來藏無色無聲，而能隨緣變生種種色身，出一切音聲而度衆生。一切究竟佛地諸佛，悉皆如是具此功德，其自受用法身等無差別，等具三十二種究竟圓滿之大人相及諸隨形好，能變生三界種種身之功德性亦無差別，故名身平等。由如是身平等故，世尊於大衆中唱如是言：「我是過去一切佛。我於爾時作拘留孫佛、拘那含牟尼佛、迦葉佛。」皆由佛地眞如「常我」悉具如是身平等法故。是故淨土宗人讚佛曰：「阿彌陀佛身金色，相好光明無等倫，白毫宛轉五須彌，紺目澄清四大海」者，其實無過；過在印順法師自己不解如來之第八識能生如來之解脫色及虛空色，自生誤會，乃成謗佛毀法之說，已成一闡提人。

「云何法等？謂我及彼佛，得三十七菩提分法：略說佛法無障礙智。是名四等；是故如來應供等正覺，於大衆中唱如是言」：三十七菩提分即三十七覺支，謂四念處、四正勤、四如意足、五根、五力、七覺支、八正道分、合名三十七菩提分。二乘與大乘之三十七菩提分，有異有同，同者謂解脫果之三十七覺支，異者謂佛菩提果之三十七覺支爲二乘所無。諸佛於三十七菩提分法究竟圓滿，故有四無所畏、十力、十八不共法等，略說即是佛法無障礙智。諸佛俱得如是佛法無障礙智，是故悉皆成就一切種智，四智圓明，故說一切佛所証佛法平等平等，無增無減；以法平等故，世尊以字等、語等、身等、法等，於大衆中唱如是言：「我是過去一切佛。我爾時作拘留孫佛、拘那含牟尼佛、迦葉佛。」

爾時世尊欲重宣此義，而說偈言：

迦葉拘留孫，拘那含是「我」；
以此四種等，我爲佛子說。

疏：《爾時世尊欲重新宣示此眞實義，而說偈言：迦葉佛、拘留孫佛、拘那含牟尼佛都是「我」；以此字等、語等、身等、法等故，我爲佛子如是說。》

解：迦葉佛、拘留孫佛、拘那含牟尼佛，及與今時佛教教主釋迦牟尼佛，都是「我」所作；若離此「我」，即無諸佛。十方三世諸佛，悉皆如是。

如來藏名，唯攝佛地以下一切有情；修至究竟佛地，其第八識唯名爲無垢識眞如，離如來藏名。如來藏者，謂有情第八識中含藏未來成就究竟佛果之功德，究竟佛果之功德由未成就顯發，藏於第八識中，是故此第八識名爲如來藏。若至究竟佛地，如來一切功德已經具顯，眞實是如，不得名藏，改名眞如，是故佛地第八識唯名無垢識—眞如，不名異熟識—如來藏。

如來藏於一切時中，皆是無我性，無始劫來恆常如是不改其性，恆離六塵中之見聞覺知故，恆時隨緣任運故，恆時不起思量性故，是故一切三乘經典皆說如來藏是無我性，未曾有一經典說「如來藏」是衆生我。修至佛地時，由煩惱障中之極微細隨眠（極細習氣種子）斷盡，及所知障之過恆河沙數上煩惱隨眠斷盡，究竟清淨，是故具足佛果一切功德，是常、是樂、是我、是淨，永不變易，故名爲「我」。

外道所說眞我常我，悉墮意識覺知心境界中，尚不能証因地如來藏，云何能証佛地眞如之「我」？如四川義雲高、仰諤益西、釋性圓…及桃園喜饒根登等常見外道，俱是民間信仰層次者，否定自心阿賴耶識故，不能得証；亦不知此阿賴耶識即是如來藏心，教令大衆外於第八識阿賴耶，欲証佛地眞如，是名心外求法之外道也。及至觀其所証「佛地眞如」，則是保持一念不生時之覺知心也，此是第六意識心，非是佛地第八識眞如也。

如是佛地第八識眞如假名爲「我」，與別境五及善十一相應故。因地（等覺以下）之第八識如來藏，有時名之爲「我」，皆是方便說我，其實不得名之爲眞正之「我」，是無我性心故，此第八識無始劫來未曾與善十一及別境五相應故。一切有情之意識覺知心，不論於定中一念不生，抑於定外妄想不斷，皆不得名「我」，是緣起性空之法故，於眠熟等五位中必暫斷故；意識覺知心既是眠熟已斷之法，必須依於第八識及末那識方能再起；既是依於他識方能再起之法，則是依他起性之法，斷已之無法必不能自行再現起故。既是依他而起，則是無常法，依他而有故，於眠熟等五位悉斷故，無有眞實不壞之我性，由是故說意識覺知心爲無常法，不得名之爲眞實不壞法。意識覺知心既非眞實不壞之法，云何可名爲「我」？當名之爲無我。由此緣故、阿含諸經破斥常見外道如是覺知心之「常我、神我、梵我」虛謬，說名無我；是五陰、十二處、十八界所攝故，無常終壞之法，無有眞實不壞之性，故實無我；如是之言，乃是蘊處界虛妄之法，所說乃是虛相法，非屬實相法。

如是正理，莫道義雲高、釋性圓……等人悉不能知，乃至當代全球佛學泰斗之印順法師亦不能知，故有如是種種謬論：

《佛經說：外道所說的我，是從佛法中來的；事關過去佛所說，只可以信仰，而不能從歷史去証明。反之，在現實世界中，印度神教先說有我，釋尊否定他們，建立無我的宗教；**到西元二、三世紀，佛教才宣說如來藏我，卻是歷**

史的事實。所以『大般涅槃經』的比喻與解說，只能說是信仰而已。『楞伽經』說：「開引計我諸外道故，說如來藏」。佛教爲了適應印度神教文化，爲了誘化主張有我的外道們，使他們漸入佛法，所以方便的宣說如來藏我，這也許更符合佛教方便適應的事實！》（摘自印順著《如來藏之研究》頁一三九）

外道說有我，是必然會如是推斷的，現見意識覺知心易起易斷故；既於眠熟已斷，即成無法；意識覺知心既是眠熟後斷滅空無之法，次晨必不能無因自起，是故必定別有恆存常住不滅之法，如是之法異於「斷滅、非常、無我」之意識覺知心，故說名我，即是藏識。譬如今時因佛所傳，諸佛子們証得藏識，雖名無我，於外道言，亦可謂「我」，體恆不斷不滅故。如是傳至末法萬年之後，湮沒不傳，佛法永滅，唯餘經典無人能曉。忽遇冰河時期、洪水、火災……等大天災，人類幾乎滅盡，一切經典悉皆毀滅不存，唯餘諸善根者從傳說中（或定中從天神聞），知過去有釋迦佛曾如是說：「有常不滅我，名爲如來。」雖無歷史可証，非定虛妄。

現實世界中，二千五百年前之印度，証得四禪八定及神通之人多如牛毛，欲從天神聞知過去佛曾說有「眞實我」者，並非難事，亦屬平常。然彼印度神教諸人雖說有我，實則誤以易起易斷之意識覺知心之變相狀態爲我，非是佛地之眞常我樂第八識眞如；易起易斷之法，不得名「我」故，是故建立阿含時期「無我的宗教」，即是第一轉法輪之聲聞教法。

然而如來藏說，於《長阿含經、中阿含、增一阿含、雜阿含》諸經中皆已曾說，謂爲「涅槃之本際、實際」，「識緣名色」之識，「五種子識」，「五陰非我、非異我、不相在」之「我」，於《雜阿含》中更直說「如來藏」名，說無我如來藏，非如印老所謂「如來藏我」也。最初之《長阿含、中阿含》諸經中，既已處處可見佛說第八識，則爾印老所說：「到西元二三世紀，佛教才宣說如來藏，卻是歷史的事實」，則爲妄說；歷史的事實已於《阿含經》中顯示：佛於最早之初轉法輪經中，已處處宣說第八識如來藏故。由此可見印老不懂阿含佛法，由此可見印老未曾眞知佛教思想史，則印老所說**到西元二、三世紀，佛教才宣說如來藏我，卻是歷史的事實**等語，實是誹謗釋迦世尊之言，非是法師之身所應爲者；身爲佛教法師，而作如是扭曲事實之謗佛謗法之言，將三乘法根本之第八識如來藏法從根挖除，令佛法墮於性空唯名之斷見戲論中，眞乃欺師滅祖之行爲，何可謂彼非是魔所派來「穿如來衣、住如來家、食如來食、說如來法而破如來法者」？

復次，若因佛之「誘引主張有我之外道，而宣說如來藏法」，便可斷定如來藏法是方便宣說，故無如來藏者；則世尊爲「誘化主張斷滅無我之外道，而宣說無我之二乘無餘涅槃法」，亦應二乘無我之無餘涅槃法是方便說，則無我法應非眞實佛法，則《阿含佛法》亦應非是眞實佛法。然耶？非耶？彼若如是，此亦應如是故。請問印老：然耶？非耶？

由斯正理，《大般涅槃經》所說第八識「我」，乃是佛地眞如（第八識）之假名我，非是外道世俗神我之意識「我」也，我見我執斷已，復又斷盡煩惱障之種子隨眠故；佛地眞如界性純淨至極，所知障隨眠亦悉斷盡無餘，云何可名之爲「世間我、外道神我」？故說印老之言虛妄，不應正理。如是佛所說「我」，亦非因地菩薩之無我如來藏，乃是究竟佛地之無垢識眞如——永離二種生死之「常樂我淨」之我也。由如是「我」之功德性，依於「我」字平等及語平等、身平等、法平等，故說「我是過去一切佛」。

大慧復白佛言：「如世尊所說，我從某夜得最正覺，乃至某夜入般涅槃，於其中間乃至不說一字；亦不已說當說，不說是佛說。世尊！如來應供等正覺，何因說言：不說是佛說？」佛告大慧：「我因二法故，作如是說。云何二法？謂緣自得法，及本住法，是名二法；因此二法故，我如是說。」

疏：《大慧復向佛稟白說：「譬如世尊所說：我從某夜証得最正覺，乃至某夜入般涅槃，於其中間雖說種種法，其實無所說法，乃至未曾說著一字；亦非以往曾說、未來當說，亦不說諸法是佛說。世尊！如來應供等正覺，以何緣故如是說言：不說諸法是佛說？」佛告訴大慧：「我因二法之緣故，而作如是言說。云何是此二法？此謂緣於自得法及本住法，是名二法；因為此二法故，我如是說。」》

「云何緣自得法？若彼如來所得，我亦得之，無增無減。緣自得法究竟境界，離言說妄想，離字二趣。云何本住法？謂古先聖道，如金銀等性，法界常住；若如來出世，若不出世，法界常住。如趣彼城道—譬如士夫行曠野中，見向古城平坦正道，即隨入城，受如意樂；大慧！於意云何：彼士夫作是道及城中種種樂耶？」答言：「不也！」佛告大慧：「我及過去一切諸佛，法界常住亦復如是；是故說言：我從某夜得最正覺，乃至某夜入般涅槃，於其中間不說一字，亦不已說當說。」

疏：《「如何是緣於自得法呢？猶如彼諸如來所証得法，我亦具足証得，無增無減。如是所緣自得法之究竟境界，遠離言說相及妄想分別相，離文字相及文字妄想分別相。如何是本住法？此謂古時先已曾有之聖人所行法道，猶如金銀等性，早已常住於法界中；如是古聖法道，不論如來出世宣說，或不出世宣說，一向皆於一切法界中常住不壞。猶如前往彼大城之道路—譬如有一世間俗人，行於廣闊原野之中，看見直向古城之平坦正道，即隨此路行入古城，享受種種如意之樂；大慧！於你的意思究竟如何呢？是那個人創作了那條大道及城中種種享樂之物嗎？」大慧答言：「不是這樣的。」佛告訴大慧：「我及過去一切諸佛，也一樣是這個道理—常住於法界；由於這個緣故，所以我說：我從某夜証得無上正覺時，乃至某夜入般涅槃爲止，於此二時中間，不曾說過一個字；也不曾在以前說過，未來也不宣說。」》

解：「云何緣自得法？若彼如來所得，我亦得之，無增無減。緣自得法究竟境界，離言說妄想，離字二趣」：緣自得法者，謂所証得一切佛法，皆由自心眞如而得，非如種種外道，外於自心眞如而求一切佛法。

如義雲高、仰諤益西、喜饒根登、釋性圓……等人，外於自心第八識，而求佛地眞如者，情有可原；彼等是附佛教之民間信仰外道故，不須苛責彼等諸人。然佛門中之大小法師居士，大多於意識覺知心相應法中以求佛法，則應加以警覺，回歸正法；譬如河北上平居士，隨於徐恒志居士之常見見，堅持覺知心一念不生時即是眞如，墮於四阿含所破之常見外道見中。乃至密宗應成派中觀師（如藏密黃教達賴喇嘛及顯教印順法師），否定自心第七八識，外於自心藏識而求佛法，披佛教法服，而行破壞佛法根本之行，一切佛門弟子皆應予以譴責，不共往來；不可原宥故，佛說應擯除於教外故，佛於《楞伽經》中說如是諸人名爲一闡提人—謗菩薩藏（謗三轉法輪諸唯識經為不了義說）故，名爲斷善根人，一切善根悉斷。

三乘菩提、唯一佛乘，乃至佛地常樂我淨之大般涅槃究竟功德法，皆悉緣於自心藏識而証得之；所証一切佛法悉皆由自心藏識而生，非由外得，名爲緣自得法；切勿外於自心藏識而墮意識心中以求佛法之修証，否則即是心外求法之外道也。

世尊緣於自心眞如所得一切法之究竟境界，離一切言說，亦離虛妄想—是究竟實義故。如是，世尊依自心眞如所証得究竟圓滿佛法，與彼十方過去現在一切諸佛所証得法，無增無減，無有差別。如是緣於佛地自心眞如所証得法之究竟境界，遠離言說及虛妄想，亦遠離文字及虛妄想。

如《金剛經》中佛云：《「須菩提！佛說般若波羅蜜，即非般若波羅蜜，是名般若波羅蜜。須菩提！於意云何？如來有所說法不？」須菩提白佛言：「世尊！如來無所說。」》若人說般若波羅蜜，所說即非般若波羅蜜；依所說之般若波羅蜜所指示之意涵，而証得自心藏識，因之能親領受自心藏識之空有性、中道性、涅槃性，如是破除所知障，方是般若波羅蜜。是故諸佛所說般若即非般若，如是知証，方名般若，非以無因論之一切法空之斷滅空、而可認為般若也。

般若之究竟，即是一切種智——四智圓明。然不論是般若之總相智別相智乃至一切種智，般若一向離言說。

般若慧之根源乃自心藏識；由藏識所生七識心返照自心藏識，能親領受自心藏識時，般若慧即生，自能通達般若諸經。悟後依三轉法輪諸唯識經修學種智，亦是般若，唯更深細爾。然般若智本離言說相與妄想相。云何離言說相？謂般若本是自心明智，本無言說故。譬如吾人欲有言說表示己意令人知時，乃於心中先有如是於境了別之慧，先已離於言說而觀察分別某事某物，已經了知；此時之觀察慧本無言說，逮至欲令人知自己所觀時，方於覺知心中現起言說，經由約定俗成之語業而表其義。世間別境慧如是，出世間之無漏慧亦如是，於親領受及了知藏識之自性時，實無言說；領納了知已，方於覺知心起於言說；或欲為人宣說時，方於語業中以言說表示。是故般若——諸佛所緣自得法，本無言說相，何況印順等人聞之不解、隨後而起之言說分別妄想？云何可謂之爲般若？

未証藏識之人，聞佛宣說藏識體性，佛說聞已之後証知此者名之爲般若慧；聞者熏聞後，欲覓藏識而一時未能得証，乃於覺知心中起諸言說妄想，思欲了知，此即言說妄想也，言說所想非如實故。若有如是二人乃至衆人，依於聞說，共同論究，思欲証之，互相言說分別，往復討論，亦名言說妄想，言說所說非如實故。若人誤認覺知心之變相（如蓮花生之保持一心不亂作為佛地真如，如佛門學人証入二禪等至之不觸五塵而覺知了了，如人於四禪中滅除覺知心而入無想定、自謂為能所雙亡……等），以如是種種意識變相爲証悟般若，轉爲人說者；乃至聞者與其往復討論酬答者，俱名分別妄想；所分別者俱是虛妄想，是名「成妄想」，彼等種種分別，悉皆不離我與我所之想故，如是執爲決定不易之論，故名成妄想，所想及所分別者不如實故。

如經中言：「大通智勝佛，十劫坐道場，佛法不現前，不得成佛道。」即是宣說諸佛緣自得法之離於言語妄想相也。如佛明心見性已，於菩提樹下七日而坐，無言諦觀，佛法不現前；大通智勝佛悟後，十劫坐於菩提場，諦觀諸法，離言說相，皆是住於諸佛緣自得法之究竟境界。於未起言說相前，何嘗有佛法現前？佛法既未現前，云何而言已成佛道？

初悟藏識之人亦復如是，住於所悟藏識境界，緣自得法，反復體驗領受法性，彼時皆離言說妄想。直至體驗領納法性已，欲爲人說，方於心中起於言說，思惟如何爲人宣說，方名佛法現前；既已生起演說藏識之言語，即名言說妄想。逮至爲人說時，衆人聞之，皆言所說諸語即是般若波羅蜜；彼証悟人欲令諸人離彼所說言語妄想，直証藏識法性，乃爲說云：「我說般若，即非般若，是名般若。」謂般若言說所示自心藏識種種法性，方是眞實般若，非以描述藏識法性之言說爲般若也。

如是般若而言能說能示者，無有是處；所說已非般若故，言說非即般若故；要須依言尋義，依義而証自心第八識之法性而領受之，方眞般若也。而此般若本際非言說相，藏識始終離言說故，無始劫來一向離言說故。如是一切諸佛所說般若，皆未顯示般若實際，要待學人親証自心之法性已，方知般若實際；如是，如來在世四十九年所說，實無所說，諸言說中未曾顯示眞實佛法故—四十九年之言說中，並無自心藏識故。故說如來無所說，不可說佛法是佛所說也。佛法在各學人自心中也。

佛於四十九年之言說如是，後人記錄佛語，載以成册，成文字相，名爲佛經，亦復如是，皆非佛法。若人執言佛經即是佛法者，是人不解佛法。乃至有諸寺院比丘，將佛經高供於經櫥，每日三時禮拜上香供養，而不許人請閱研讀，以佛經爲佛法；是人名爲魔比丘，不解佛法，著文字魔故，墮於文字妄想相故。

若人有智，將彼佛經日日研讀，探究其義，依文字指，望向明月；忽然見月，則知月之盈虧虛實種種法相，俱是明月。若自己無慧無力，則持之請益眞善知識；善知識隨以言說指，示彼文字指，令學人依彼文字指與言說指，而見明月；見月已，即離文字妄想與分別妄想，即得照見般若生於自心；從此能緣自得法之見道境界，生起般若慧，如是比丘，名爲破惡者—破惡見煩惱故；名爲怖魔者—能度魔衆眷屬入佛法中，未來世將空諸魔宮，令魔王恐怖故。如是比丘名爲乞士—從此方能上乞種智故。如是比丘，名眞比丘也。

由斯正理，說一切諸佛所緣自得法之究竟境界，離文字趣，離言說妄想趣—離此二趣。離此二趣故，說佛始自成道，終至入般涅槃，於其中間不說一字，亦不已說當說。

云何佛不說法？如上所述，一切佛所說皆非佛法，言句之中不顯眞實義；唯有依佛所說言句而証自心藏識者，方顯佛所說義，故說諸佛一切言說文字未曾說法。

復次，諸佛法身乃至十方世界一切初見道者之自性法身（自心真如藏識），一向離諸言說文字，云何而言諸佛有所說法？七轉識方能作佛、方能說法故，而七轉識非眞佛故。是故經言佛未說法：「若言如來有所說法，即爲謗佛，不能解我所說故。須菩提！無法可說，是名說法。」由是故說佛不說法。是故佛說：「我從某夜得最正覺，乃至某夜入般涅槃，於其中間乃至不說一字；亦不已說當說，不說是佛說。」

然於一切証悟者言之，十方三世諸佛，皆是不說而說；一切諸佛以其七識顯示成佛，以其七識宣說無量無邊法義，顯示解脫智與佛菩提智，欲令人人知証；所說言語及諸文字雖非眞實佛法，而能令人依之証入；彼彼諸經，猶如指月之指，能令有福有慧之人循指得月。然如世尊住世說法四十九年，其眞如法身雖不說法，離於語言文字，卻是不說而說，所說眞是佛法，不假言說文字之指，令人逕証般若，生起般若波羅蜜功德；如迦葉尊者之依世尊拈花微笑而証，如外道之依世尊據座無言而入，是名不說而說也。由是正理，《金剛經》中說「法無定法」，不可執定佛無所說，亦不可執定佛有所說。若人依於言說指及文字指，親証自心如來藏，能親領受其空性及其有性，自能出生般若慧，非唯洞見實相般若，亦見二乘虛相菩提，不爲文字言說之所障也。

「云何本住法？謂古先聖道，如金銀等性，法界常住」：古先聖道，或譯作古仙人道。傳說古有仙人，令人修練仙道—練氣服餌、採陰補陽；如密宗之修練氣功提降，陽莖能吸取女陰淫液入於自身，以拙火化之，謂此能增益自身，以求延年益壽、長生久視。如是之法，現今天竺尚有修練成就之人，偶於電視上演示其眞實証量，非爲子虛烏有。亦如中國道家之房中術、黃帝素女經等。如是修練成就者，於世俗法中名爲聖者、得道者，楞嚴中說之爲精行仙；修練之道，即名古先聖道，亦名古仙人道。如是古仙人道，非是一二人之所發明；其道於無始劫來，本已存在於欲界有情法界之中，非是彼一二已証之人所作之法，彼等唯是發現其道爾。亦如金銀等性，非是人之所作，唯是有福之人偶爾覓得，知其性已，爲人宣說展示；金銀等性實於無始劫來已自存在，非由人工神力所造。

亦如佛出人間以前，古印度有種種外道，証得四禪八定及五神通，而爲世人之所恭敬供養，稱爲聖人。佛於彼時爲度此諸外道故受生人間，隱其威神力，示同凡夫，於王宮中捨欲出家；出家已，遍學外道法，乃至四禪八定具足，知此猶未解脫生死，亦不能生起佛菩提智，知非究竟，是故學已、一一捨去。悉達多太子復觀彼諸外道有四禪八定及五神通者，皆非解脫，亦無解脫之智慧，故不修其神通，捨之而去，獨一靜處思惟解脫道及佛道，後始自証自悟，成人天導師。成佛已，乃度彼諸外道成阿羅漢。

彼目犍蓮、迦葉三兄弟……等，成阿羅漢前，皆已具足四禪八定及五神通，然終不能悟入二乘菩提—解脫道，何況能悟大乘菩提—佛菩提道？待佛說法而後悟入，成阿羅漢，由悟二乘菩提，方了分段生死。如是，彼諸大阿羅漢入佛門証悟之前，由四禪八定及五神通故，能坐脫立亡而不得解脫生死，能現神通令衆信服而不能解脫生死；然彼諸人未見佛前，皆自以爲已解脫生死，以聖人自居；一切衆生亦認爲彼等能坐脫立亡及具五神通故，必是解脫生死之聖人。由如是故，說彼等諸人所修所証之道爲古先聖道，或名古仙人道。而彼等所修所証之古仙人道—四禪八定及五神通，並非彼等所造，乃是法界常住之法，隨有衆生所在之處，於衆生法界之中本已有之，非彼所作，故名法界常住，有情之心即是法界故，一切法界皆依有情之八識心王而有故。是名古仙人道—古先聖道，衆生以之爲聖道故。

佛法之中亦有古先聖道，謂先佛所傳解脫道與佛菩提道。「古」者謂法自無始劫來已有，「先」謂先佛，「聖」謂超脫俗染，「道」謂修行之法。如是無始劫來已有之先佛所傳聖道，是本住法；如金銀性於世界中本有，非人工神力所創造之；此本住法，非由先佛今佛所創造，乃是法界中本有之法，常住於法界，先佛唯是發現此本住法，親証領受，轉爲人說，劫劫相傳令不中斷；故說「如來出世或不出世，此本住法、法界常住。」

法界謂有情法界，略分四聖六凡二十五有。十方三世一切國土，若有有情，隨彼有情所在之處即有如是八識心王等本住法；無始劫來十方世界國土有情，生死流轉，相續不斷，常住世間一切法界，是故八識心王本住法常住世間，於一切法界常住。若人究竟証悟如是八識心王本住法，即名爲佛。

如是古先聖道—究竟成佛之解脫道與大菩提道—由有情常住世間一切法界故，常住於十方法界。古仙聖道既依有情八識心王而有，有情之八識心王恆以如來藏爲主，依如來藏故有八識心王而有解脫道與大菩提道；而此如來藏於十方有情法界常住，故說古先聖道於法界常住，不因無佛出世而無此道，不因有佛出世方有此道。

「如趣彼城道—譬如士夫行曠野中，見向古城平坦正道，即隨入城，受如意樂；大慧！於意云何：彼士夫作是道及城中種種樂耶？」答言：「不也！」佛告大慧：「我及過去一切諸佛，法界常住亦復如是。是故說言：我從某夜得最正覺，乃至某夜入般涅槃，於其中間不說一字，亦不已說當說。」猶如前往彼城之大道，非彼入城之人先造彼道及彼城與城中種種樂具，唯是發現彼城及入城之道，隨道入城受種種樂爾。古先聖道—解脫道與大菩提道—乃是本住法，隨有情法界所在之處，於法界常住，非是古佛今佛之所創造，非因佛說而有，非因佛不說而無，由是之故，佛說：「我從某夜得最正覺，乃至某夜入般涅槃，於其中間不說一字，亦不已說當說。」

爾時世尊欲重宣此義，而說偈言：

我某夜成道，至某夜涅槃，於此二中間，我都無所說。緣自得法住，故我作是說；彼佛及與我，悉無有差別。

疏：《爾時世尊欲重新宣說此正義，而說偈言：

我於某夜成就佛道，至某夜捨壽而入涅槃，於此二時中間之四十九年，我都無有所說。緣於自心眞如所得法及法界本住法，所以我作如是說；

彼十方諸佛所說及我所說，完全沒有差別。》

爾時大慧菩薩復請世尊：「惟願為說一切法有無有相，令我及餘菩薩摩訶薩離有無有相，疾得阿耨多羅三藐三菩提。」佛告大慧：「諦聽！諦聽！善思念之，當為汝說。」大慧白佛言：「善哉世尊！唯然受教。」

疏：《爾時大慧菩薩復請求世尊：「惟願世尊為衆菩薩說一切法有、與一切法無有之相，令我及其餘菩薩摩訶薩遠離有與無有之相，迅疾証得無上正等正覺。」佛告訴大慧：「詳細地聽我說吧！並且要善於思惟憶持，我當為汝等宣說。」大慧菩薩白佛言：「善哉！世尊！唯然受教。」》

解：凡夫墮有無見，終難捨離，唯除眞正之見道。譬如印順法師以禪定之無所有處空，及《中阿含—大拘絺羅經》所說無想定（印老解為無相心定，其實是非想定，依無所有處空而証，非依四禪而証故），而研究考証「空、無願、無相」三昧法聚之演變（詳印順著《空之探究》頁六〇至六四），即是墮於有無相者。何以故？謂「空、無願、無相」異義異文，然非依禪定証量而建立，與諸經（如

《雜阿含經》之空、無所有、無相三昧）等三三昧之如何合爲一聚法，皆無交涉，純依二乘菩提之解脫慧而言故，不應依諸經中有說此禪定或無說彼禪定，而作爲研究考証其演變之依據，應依諸經所說異義異文而直接探究之；然印老不知如是事實，而作考証研究之事，云何能知二乘菩提三三昧之本旨？

何故如是說？謂印老以禪定之無所有處於阿含彼彼經中曾否被述及，而斷言：「但到底爲了什麼，三三昧中，略去無所有而增入無願呢？這可能：無所有已成爲無所有處與空相通的意義，漸漸的被忽略了。」（詳《空之探究》頁六〇、六一）然實《雜阿含經》之「空、無所有、無相」三昧，與《中阿含經—大拘絺羅經》所說「空、無願、無相」三昧，與禪定之無所有處定完全無關，經文中不如是說故；若如印順所說「無所有處定與証『二乘空』有關」，則應外道証無所有處定已，應與二乘菩提之「空、無願、無相」三三昧有一分相應，然四阿含諸經皆不作如是說，皆說證得無所處定者與解脫之三三昧無關，須斷我見我執方與解脫之三三昧有關，是故印老不應作如是扭曲佛旨之語，是故印老如是考證完全違背事實。

復次，《大拘絺羅經》亦顯示無所有處定以上之無想定（應譯為非想非非想定，非是四禪後之無想定故），與滅盡定有其差異。如是顯示：四禪八定依定而有，非想非非想定不能外之；滅盡定固依非非想定爲基礎而証，然實因斷我見我執之盡智之慧而証，非因「非想非非想定」之定力而証也。是故，諸經不以禪定—特別是四空定—之有無而論述三三昧，印老不應以彼彼經之有無述及某一禪定，而作爲考証此三三昧與彼三三昧之演變之依據；彼三三昧與此三三昧異義異文，有異處故，非完全相同故；非是由一三三昧演變而有二三三昧故。印老之所以有如是謬論者，咎在墮於「有、無」故生；若不捨離「如來藏非眞實有，佛唯說六識」之無見，終不能入三乘見道位中，永墮有無邪見。

云何不捨無見者必墮有無見中？謂墮如是無見者，恐人譏彼爲斷滅見者，必定轉執意識不滅，故墮於有見之中。然因佛於三乘諸經中，皆一再說明意識乃因緣生，非常住法，故彼應成派諸中觀師必須別立他法爲常住不壞法，以免他人之譏彼爲斷滅見者；如印老之建立「不可知不可證之意識細心」爲能連繫三世因果者，亦如達賴喇嘛及創古仁波切之建立「不可知不可證之意識極細心」爲貫通三世者；然而十方法界中，其實並無不可知不可證之意識細心或極細心，佛說一切粗細意識皆是意法因緣生、皆是可證知者故，由是說印順及達賴之建立「不可知不可證之意識細心、極細心」者，悉是墮於無者。亦如惟覺法師及義雲高、仰諤益西、釋性圓、徐恒志、上平居士…等人之執意識粗心（五塵中之離念覺知心）爲不滅者，悉墮有見之中。此諸人等未證第八識如來藏，唯恐否定覺知心後墮於斷滅故，是故堅持離念時之覺知心爲眞如、而墮於「三界有」中，覺知心是意識有故。由如是印順、達賴、徐恒志、義雲高…等人現成之實例，故說不捨「如來藏非眞實有」邪見者，必墮有無之見中，不離有無邪見，如是諸人不能親見「不離離相」。

佛告大慧：「此世間依有二種：謂依有及無。墮性非性，欲見不離離相。大慧！云何世間依有？謂有世間因緣生，非不有；從有生，非無有生；大慧！彼如是說者，是說世間無因。大慧！云何世間依無？謂受貪恚癡性已，然後妄想計著貪恚癡性非性。」

疏：《佛告訴大慧菩薩：「此欲界人間之世間依，共有二種：此是說依有及依無。墮於有法及無法中，而欲親見不離而離之實相。大慧！如何是我所說之世間依於有呢？這是說：『確實有世間依於因緣而生，非無世間依因緣生；從有法而生五陰世間，非無有法而生世間』；大慧！他們像這樣說的人，是在說世間無因而生。大慧！如何是我所說世間依無？此是說：有人受貪瞋痴性已，然後起虛妄想，誤計及執著『貪瞋痴性無有眞實法性』―其性是空。」

解：佛告大慧：「此『世間依』有二種：謂依有及無。墮性非性，欲見『不離離相』」：學人每聞「大善知識」說深妙法―謂大乘法能令悟者於一切有爲法中不離而離，實相深妙，非空非不空……等。然若學人有智，檢查彼「大善知識」之言論及著作，往往大失所望，謂彼大師或墮有見、或墮無見；如是不離有無邊見，而欲見「不離而離」之實相。

如天竺密宗之月稱、帝洛巴、那洛巴、薩拉哈……等人皆墮有中，而自謂已離一切有漏有爲法。亦如「大成就者黎拉巴―享欲之王」，一心受持喜金剛修法（男女雙身修法），與諸后妃宮女合修喜金剛法；於淫觸遍身後，體會樂空雙運，謂已証得大圓滿、大手印成就。密宗行者如是迷信：《這是因爲上師的口訣和自己努力修持，以及往昔所集聚之善業福德爲因，以這三者，即使不捨棄妙欲的享受，也能得到解脫。》若究其實，彼等所証如是「佛地眞如」、皆是意識心，不離常見外道邪見，不離三界中層次最低之欲界有；三乘見道俱無其分，而謂已見已証「不離離相」，狂言「不捨五欲而証解脫」。藏密之四大派古今一切法王亦悉如是，未離欲界五欲法，未証自心如來藏，以欲界之粗意識心認作佛地眞如，未斷我見，而言已經知見「不離離相」，皆名大妄語人也。

當知「不離離相」者，謂佛子親証自心如來藏已，現見意識覺知心自己雖處三界六塵有漏有爲法中，而自己之眞實心—如來藏阿賴耶識—卻本自住於遠離之中。此謂藏識恆與外五塵俱在，恆生六塵內相分，而不起六塵中之見聞覺知，不於六塵起一絲一毫分別，無始以來本如是性，恆常如是無住而住；如是知、如是証者，無妨意識覺知心不離六塵、而現見自心第八識恆離六塵，始能令覺知心不再執著六塵萬法，如是知証者，方名已知「不離離相」，於三界有漏有爲法不離而離。今觀天竺密宗祖師及藏密四大派祖師，悉以意識處於淫樂覺受中一心受樂而一念不生之境，謂爲已証佛地眞如，墮於「三界有」層次最低之欲界有中，而反嘲笑貶抑顯宗之証悟者修証低劣、尚在因地；然彼密宗諸祖之所謂究竟成佛之果地修証，悉墮有見之中，尚未能入見道位，不起七住菩薩之般若正觀，云何能見「不離離相」？皆是誤會佛法、虛張聲勢、籠罩他人之大妄語者也。

「大慧！云何世間依有？謂有世間因緣生，非不有；從有生，非無有生；大慧！彼如是說者，是說世間無因」：解脫道及大菩提道，皆是無所得法、無境界法。解脫道乃二乘菩提，是無所有法；所證涅槃若有所有、有境界、有意識有，即非解脫道。如是之理，莫道民間信仰之義雲高、仰諤益西、喜饒根登、釋性圓……等人所不能知，乃至印順「導師」亦不能知，俱皆依於三界有之意識有故。

云何說義雲高、仰諤益西、喜饒根登……等民間信仰者依有？謂彼諸人著於欲界有故，求於欲界之有爲法故—求欲界之氣功、神通、甘露漿等，悉名求有之徒。以欲界法之証得，作爲佛法上之証量，尚不能知解二乘菩提中之基本法義，竟敢貶抑諸方，妄自尊大，與密宗爭正統，與顯宗爭正統；究其本質，乃是民間信仰之外道，廣爲吸收佛教法師、利用諸佛教法師之形象，大作廣告，誑惑初機學人，令人誤以爲彼等眞是密宗正統、顯教正統。

當知最淺之二乘菩提中諸未見道凡夫，尚且摒棄欲界天之甘露漿有爲法，而義雲高、喜饒根登、釋性圓…等民間信仰之外道，竟以能求得欲界天甘露而沾沾自喜、大作廣告，謂爲佛法之修証，自曝其短；而諸愚人迷之信之，謂彼有漏有爲法爲佛法，哀哉！

二乘菩提之慧解脫阿羅漢，捨壽前固須修証四禪八定及滅盡定，然僅欲藉之提升爲俱解脫境界，非以禪定爲所欲之目的。乃至已具五神通之大阿羅漢入涅槃時，尚須滅除自我（意識覺知心及作主之意根等我悉滅），何況意識之相應法（禪定及神通）而不棄捨？如是歸於究竟無所有中，十八界俱滅，是名已出三界者——入無餘涅槃。出三界已，唯餘第八識不復入胎，尚無覺知心自我存在，尚無阿羅漢名，何況仍有神通及甘露漿……等？如是無所有法，方是解脫道之証量；豈是民間信仰之義雲高及喜饒根登、釋性圓…等外道者所能知之？彼等諸人以依「意識有」故，執意識不滅，故有世世五陰世間現行；五陰世間壞已，又復受生出胎，永淪生死有海。

云何謂印順法師亦依於有？如印順法師云：《……文殊所說的彼土佛法，代表了印度（東南）新起的大乘；此土以緣合爲第一，當然是固有的、釋迦佛以來的傳統佛法。這兩大不同類型的佛法，在方法上是對立的。》（摘自印順著《空之探究》頁一四九）

然而文殊所說彼土（印度東南）「新起」之大乘法般若，與阿含所說二乘菩提固有異處，卻絕非是對立法，般若之旨已密意含於阿含經法之中故；唯因古時天竺二乘中之凡夫行者，猶如印順法師一般，不會世尊隱藏於阿含諸經之般若密意，故有謬見，謂爲「兩大不同類型的佛法」，謂爲「在方法上是對立的」。印老有如是過者，咎在未証十八界空之聲聞菩提，及未証般若經所說之第八識空性，所以致此。

印順法師續云：《如『阿含經』從生滅無常下手：「無常故苦，苦故無我」—空。甚至說：「若人壽百歲，不觀生滅法；不如一日中，而解生滅法」。如實知生滅無常的重要性，可想而知！**但『般若經』嚴厲的批評了無常的觀慧**，如『小品般若波羅蜜經』卷三說：「當來世有比丘，欲說般若波羅蜜而說相似般若波羅蜜。……諸比丘說言：色是無常，……受想行識是無常，若如是求，是爲行般若波羅蜜。憍尸迦！是名說相似般若波羅蜜」。以生滅無常觀爲相似般若，不生滅（不壞）觀爲眞般若，雖可說對某些部派說，但在文字上，顯然是不滿傳統的『阿含經』。**『阿含』與『般若』等大乘經的對立**，應該說是佛法的不幸！》（摘自同書一四九、一五〇頁）

然而阿含經旨與般若經旨實無對立，唯是層次淺深差別爾；印老不解，謂爲對立，**「應該說是印老及其隨學者的不幸！『不』應該說是佛法的不幸！」**何以故？此謂印老正是《小品般若波羅蜜經》卷三所說之**當來世比丘**也。彼印老者，一向以「無常苦空無我、緣起性空故一切法空」，而解釋般若波羅蜜，教人如是求般若波羅蜜，謂之爲行般若波羅蜜，此即佛所說之「當來世比丘說相似般若波羅蜜」。不料二千餘年後之印老及其隨學者仍墮其中，俱成「說相似般若者」。然彼等諸人皆不承認是「說相似般若者」，乃依其邪見、翻誣佛說般若經爲「與阿含經對立」。

何以故？謂五陰無常生滅之觀行，乃是二乘菩提，乃是解脫道之修法，非是佛菩提道之修法，皆依世俗法（陰處界）之無常觀而說故，皆是虛相法（陰處界相虛妄）而非實相法（如來藏真實常住，是一切法界之實相），非眞般若，故世尊說之爲相似般若；以不生不滅之「空性心」中道觀實証作爲中心思想、而說陰處界空，方是眞正般若，是實相法而非虛相法故；二乘菩提蘊處界空相之虛相觀，與大乘菩提般若「非心心」之法界中道實相觀，二觀實無衝突之處，唯是層次深淺差別，絕無對立。

譬如小學三四年級學生之學加減乘除，至五六年級則學應用算術；三四年級所學者，乃是爲後來五六年級所學者預作準備；五六年級所學者須以三四年級所學者爲基礎。然六年級生可說三年級生所學爲非究竟法，三年級生卻不可起而反對六年級生所說之理，何以故？理本如是故，並無衝突故，唯是層次深淺差別故。

阿含與般若法亦如是，若人不曉阿含基本佛法（如印老之否定第七識意根，否定涅槃之本際—識緣名色之識），復又錯會般若根本義（如印老之主張般若為一切法空之虛相法），否定般若中道實相之體—第八識如來藏，墮於惡取空中，便對阿含與般若之主旨，起諸謬解邪見，妄謂為互相對立者。末法學人不知印老之盲點與大過，隨於印老而作種種妄說，破壞三乘佛法之根本，這才眞正是**「應該說是佛法的不幸」**！

復次，印老所說：「以生滅無常觀為相似般若，不生滅觀為眞般若」，如是二語亦是誤會《小品般若波羅蜜經》卷三佛意。佛意乃說：「以生滅無常觀，為人解釋般若者，名為相似般若」，非「以生滅無常觀為相似般若」也；佛意乃說：「以不生滅觀，為人解釋般若者為眞般若」，非謂「不生滅觀為眞般若」也。此中意義大有差別，不應混淆。此謂佛意：以蘊處界緣起性空而說般若者，乃是生滅觀、乃是虛相法、乃是世俗諦，依世俗之蘊處界而言緣起性空故，緣起性空是三界世俗之眞諦故；如是依世俗蘊處界之生滅無常觀而為他人說般若者，不能言及眞實之理—法界實相之如來藏識，是故佛於《般若經》

中說此名爲「相似般若」，所言非是般若眞旨故。若人依於不生不滅之第八識，宣說第八識心不生不滅之中道體性、及第八識所生之「蘊處界緣起性空」等生滅體性，如是以第八識之不生不滅體性爲中心主旨而爲人宣說般若者，方是「眞般若」也。佛意如是，印順法師完全誤會，故對《般若經》中佛語起諸排擯之言語，名爲謗佛謗法之人也。

印老續言：《『般若』等大乘經，發菩提心，修菩薩行，圓滿佛果而外，甚深義——一切法空，法法皆如的闡揚，都是涅槃別名，這應該是依『阿含』思想引發而來，**怎麼會到達這樣的對立呢？**傳統者指新興的大乘爲非佛說，大乘者稱『阿含』等爲小乘，尖銳的對立，能不說是**佛法的可悲現象**嗎！》（摘自印順同書一五〇頁）

然《般若經》所說不生不滅等中道之甚深義，絕非「一切法空之法法皆如」，而是「自心如來藏於法法中皆如」之甚深義；何以故？謂一切法空是斷滅無、是虛相法，虛相之斷滅無法云何能於法法中皆如？無斯理也！

又：印老不應主張「一切法空、法法皆如是涅槃之別名」，一切法空不應是如故；斷滅空法乃施設之無，如是無者不應是涅槃之別名，必致涅槃墮於斷滅及戲論故，佛於《阿含經》中不許比丘誤認涅槃為空無故，焰摩迦比丘以誤說無餘涅槃為一切法空之無而受佛之訶責故。

阿含偏說陰處界空相、而密意說如來藏，般若偏說如來藏空性心、而兼說蘊處界一切法空，皆依第八識如來藏為本而偏說解脫道及偏說佛菩提道，法之根本實無異味、而有解脫道或佛菩提道之偏重，印老不應主張「般若等大乘經應說是依阿含思想引發而來」，所說異故（阿含依蘊處界空相說應斷煩惱障，偏顯虛相法而令人實証無餘涅槃解脫道；般若依自心真如之不生不滅而說應斷所知障，偏顯實相法而令人實証佛菩提之智慧及解脫道。根本無異而欲說之修證境界有異，故法有異味）。印老如是妄說者，乃因不解阿含主旨、不會般若主旨，故生如是邪見，造作種種研究謬論，云何可信？

於二乘無學等不知不証第八識空性心者而言，往往因於誤會，故覺得大乘般若諸經似與阿含對立，是故大乘經中常有聲聞羅漢聞佛宣說般若時茫然不知之敘述，印老等未証阿含所說十八界空、未証聲聞初果者益加如是；然於已証

《大般涅槃經》所說中道空性心之菩薩而觀，無有絲毫對立之感，唯是法道淺深之別爾。是故小乘行者雖稱大乘爲非佛說，大乘之已悟行者卻只稱聲聞行者爲小乘，不誣蔑小乘法爲非佛說。亦不說《阿含經》法爲小乘，唯說之爲聲聞乘；依佛而聞故，已見阿含諸經中具說大乘故，亦見《阿含經》中已密意說般若故。可悲者爲大乘中未悟二乘菩提及未悟大乘般若之凡夫（如印順、達賴…等應成派中觀師），依文解義而生誤會、心有所執故生嫌隙，執此非彼，互起諍論；如是現象，愈近法滅之期、愈爲嚴重，是故余須舉示印順法師等人爲例，具說其理，令衆週知，而免覆轍。

如印順法師所云：《從不拘宗派的超然立場來說，傳統佛教—部派佛教與大乘行人，都有些偏頗了！》確實如此，印老亦不免極端偏頗之病；然非一切人皆偏頗也，世世代代皆有少數菩薩出現人間，示同凡夫而自証悟，惟非必留下文字記錄爾。

云何言印老亦不免極端偏頗之病？如彼言：《『阿含經』的中心思想，是緣起；緣起是：「此有故彼有，此生故彼生，……純大苦聚集。此無故彼無，此滅故彼滅，……純大苦聚滅。」依緣起的相依性—依之而有，說明生死的集，有爲法；也依緣起的相依性—依之而無，說明生死的滅，無爲法。有爲與無爲，依同一原則而闡明。但傳統佛教界，似乎少有能完滿的把握緣起；不是以緣起爲生滅邊事（有為的），就推想爲不變的理性（無為的）。》（摘自印順同書一五〇頁）

印老如是責人，正應責己，謂印老自身亦未能「完滿的把握緣起」。莫道印老不能，乃至阿難尊者未悟祖師禪以前，亦未能到，悟後方到。凡此皆因未曾了知空相與空性之別，故生邪謬；印老由是外於自心藏識而說因緣法，墮於「世間無因」邪見中。《阿含經》之中心思想固然是緣起，然絕非如印老所說唯是「此有故彼有，此滅故彼滅」之十二支互爲因緣而生而滅。

印老外於《阿含經》中「名色緣識」之識（第八識），而主張有五陰世間依於十二因緣生，非無五陰世間從十二有支生，故說印老是主張「世間依有」者—依三界有之意識細心而有五陰世間。佛說如是主張者，是說世間無因生、無因滅，墮於外道無因論中；何以故？此謂意識細心仍是意識，仍然不能外於

「意法爲緣而生意識」之聖言量及世間眞諦故，是故意識細心仍是世間有；印老既主張五陰依意識細心而連續三世因果，則是「五陰世間依有者」，不能自外於此段經文佛語所斥也。

佛說十二因緣與聲聞法之解脫道時，必說「識緣名色、名色緣識」，配合解脫道之聲聞法與因緣法，絕不外於此「名色俱之第八識」而說因緣法聲聞法。色謂色身世間，名謂七轉識（六識與意根）及受想行陰世間，緣此名色之識者，當知必是第八識也，名色已經具足十八界故，十八界中之六識加上意根已有七識故。滅盡七識五陰世間後之無餘涅槃，當知即是此第八識也，絕非如印老以斷滅空（滅盡十八界後成為一切法空）爲涅槃；必須是以第八識存而不滅，空盡五陰十八界世間方名無餘涅槃也。是故一切學人學因緣法者，當知空相與空性之分際，當知「空」攝空性與諸法空相；空相謂五陰世間空、貪欲空、三毒空、貪瞋痴永滅，我我所永滅——一切法空，是名阿含所說緣起性空之空，乃是諸法空相；空性謂因緣法十二有支之所依根本識——名色緣識之識，依於此不生不滅之第八識，佛於阿含諸經中，表顯涅槃與十二因緣所說「陰處界一切法空相」，不可如印老外於第八識而說一切法空，不可如印老外於第八識而說「實有五陰世間依因緣生，非不有」，否則即墮外道無因論，陰處界不能外於第八識心而自起自滅故。佛於此段楞伽經文中，斥之爲：「彼如是說者，是說世間無因」，意識細心是想像所得之子虛烏有之無法故。是故學佛法者，首要之務在於明辨「空」與「空性」之分際—空含攝諸法空相與法界空性。若不能明辨者，必隨印順法師之謬論邪見而入歧途，於三乘菩提一一乘中，俱無見道因緣，乃至終成一闡提人，墮於外道無因論中、而謗菩薩藏根本之第八識故。

印順法師於阿含緣起正義，見有偏邪、故生錯解者，咎在初始即已認同密宗應成派中觀之邪見，以此先入爲主之邪見爲圭臬、而解說一切經典，故生種種邪見謬論。乃至彼所信受之《中阿含—小空經》中，佛說有不空之空性，印老則認爲是佛之「一項新的解說」，而無視於《長阿含、雜阿含、增一阿含》種種經典中所說涅槃之本際及「名色緣識」之識、皆是同一不空之空性；凡此皆由印老不了空相與空性之眞義所致，故墮外道所說「世間無因」論中。

譬如印順法師云：《先說『小空經』。以佛曾經爲阿難說：「我多行空」

（住）爲緣起；以三世如來都「行此眞實空，不顚倒，謂漏盡、無漏、無爲心解脫」而作結。這是一切佛所多住的，所以成佛之道的大乘法，特別舉揚空性的修証，是可以從此而得到線索的。依『小空經』說：空，不是什麼都沒有，而是空其所空，有其所有的。如說「鹿子母堂空」，這是說鹿子母堂中，空無牛羊人物，而鹿子母堂是有—不空的。依於這一解說，後來瑜伽大乘說：「謂由於此，彼無所有，即由彼故正觀爲空。復由於此，餘實是有，即由餘故如實知有：如是名爲悟入空性，如實無倒」。所以，「若觀諸法所有自性畢竟皆空，是名於空顚倒趣入」，成爲大乘有宗的根本義。『小空經』所說的空（性），是依名釋義的；提出不空，作空與不空的對立說明，**實是一項新的解說。**》（摘自印順著《空之探究》頁四十七）

當知：印老所舉《中阿含經—小空經》中，佛說佛法非一切法空，乃謂有所應空及有所不空；所應空者，彼經中說、學人應當次第空如是法：當空村想，念無事想；復空無事想，念一地想；復空地想，念無量空處想；復空無量空處想，念無量識處想；復空無量識處想，念無所有處想；復空無所有處想，念無想心定（非有想非無想定）。如是次第空已，佛說：「彼作是念：『我本無想心定，本所行，本所思；若本所行、本所思者，我不樂彼、不求彼，不應住彼。』如是知、如是見，欲漏心解脫，有漏無明漏心解脫，解脫已便知解脫：生已盡，梵行已立，所作已辦，不更受有，知如眞。彼如是知：『空欲漏，空有漏，空無明漏；然有不空——唯此我身六處命存。若有疲勞，因欲漏故，我無是也；若有疲勞，因有漏無明漏故，我亦無是。唯有疲勞——因此我身六處命存故。若彼中無者，以此故、彼見是空。若**彼有餘者，彼見真實有**，阿難！是謂行空眞實空、不顚倒也；謂漏盡、無漏，**無為心**解脫。』」

如是佛說：空彼無明漏——我見，空彼有漏——欲界愛、色界愛、無色界愛；欲漏（欲界男女欲之愛）、有漏（色界有之愛）、無明漏（非有想非無想定中之極細意識心）皆空已，有如實不空者，謂涅槃之本際——名色緣識之識，即是第八識如來藏也。如是空盡五陰十八界已，尚有餘者——名色緣識之識；彼阿羅漢見此尚「有餘者——第八識」，非如印老之否定第八識如來藏——一切法空；如是知、如是見，方是佛說之「行眞實空，不顚倒」；如是空盡十八界已，「**無為心**解脫」—由本來無爲之第八識無爲心入涅槃解脫，非如印老之涅槃後一切皆空。若否定第八識如來藏，而說五陰十八界自性畢竟皆空—一切法空者，世尊已斥責在先：「若觀諸法所有自性畢竟皆空，是名於空顛倒趣入。」即是破斥印老之一切法空爲「於空顛倒趣入」也。印老既服膺四阿含，則當印順四阿含，不宜違背《阿含經》，故當依四阿含而修正邪見，方是智者也。

是故，一切學人效法印老否定第八識如來藏，而單說五陰世間依因緣生、隨因緣滅者，俱名「於空顛倒趣入」，佛說「彼如是說者，是說世間無因」；謂印老所說者乃是唯由虛空或無法中、忽生無明及欲漏有漏而入母胎，不須由各人之自心藏識持無明種等入胎故，則成無因論故。密宗覺囊派先德，主張空去無明及諸煩惱，而不空自心眞如—空他而不空自心眞如，是名他空見；謂諸煩惱等乃由無始來之外法熏習不斷及我見熏習不斷所生，是客塵、是他，修行者皆應空他，而非空自心藏識，故名他空見。如是見地符合三乘佛法，乃黃教法王達賴五世，竟以其政治勢力假借薩迦與達布之手，打殺覺囊派信衆，並曲解覺囊派他空見之眞旨而廣說之，以消滅其教法，令悉改宗黃教應成派中觀之邪見—空卻自心藏識，不承認有自心藏識。與今印老完全相同，俱是惡取空者，皆是於空顚倒趣入，墮於無因論中。

「大慧！云何世間依無？謂受貪恚痴性已，然後妄想計著貪恚痴性非性」：此如密宗之勝樂金剛、喜金剛、密集、時輪、父續、母續、不二續、無上約噶（無上瑜伽）、黑嚕嘎、大樂光明…等，皆是異名同法，大同小異，皆是以欲界男女淫欲之貪欲爲道；復如密宗《一切如來眞實攝大乘現証三昧大教王經》所說瞋恚爲道等，亦復如是，故有忿怒相及佛慢等法種種邪見生焉。且舉彼經所述貪欲爲道片羽，令讀者易於了知密宗行人之「依無」而有五陰世間—受貪恚痴性已，然後妄想計著貪恚痴性非性，則易了知此段經文之意。

彼經卷四：《（觀想）才出一切如來心時，即出大金剛印具德持金剛者；於是金剛印門中，成一切世界極微塵量等如來像；復聚爲一體，出現金剛嬉戲大明妃像（行淫之明妃像），如金剛薩埵身相無異，具種種形色妙好威儀，衆莊嚴具而爲莊嚴，總攝一切如來部金剛薩埵明妃，於世尊阿閦如來曼陀羅左月輪中如理而住。說此頌曰：大哉我有無等比，諸佛上妙之供養；由知欲樂供養故，乃能轉彼諸供養。》此乃觀想絕妙好色之金剛明妃，觀想以此金剛明妃行淫之女欲淫觸供養於佛，以爲上妙之供養。彼密宗行者認爲貪欲淫樂本身清淨，無染汙性，是故觀想金剛嬉戲大明妃於自慰而達淫樂遍身時，觀想諸佛受此欲樂之供養。

復如卷八：《復次教授祕密印智：彼一切身悉和合，自然妙樂成供養；以此奉獻速能獲，金剛薩埵等無異。眞實妙愛相應故，隨應所向樂觸生；以此奉獻於諸佛，得金剛寶等無異。堅固、喜樂、常相續，隨觸隨應勝樂生；以此奉獻於諸佛，得金剛法等無異。金剛蓮華、杵相合，相應妙樂遍一切；以此奉獻作供養，得金剛業等無異。》此乃上師與異性弟子合修雙身修法，以淫欲之樂觸供養於佛。偈中之意，讀者自惟可知，不須末學作解，以免誨淫之嫌。

卷十八云：《……阿闍黎所應施作：如是教敕、如是三昧印、如是自部灌頂法儀、執持蓮華、自蓮華名、蓮華鉤等自部事業，一一如應依法作已；如羯磨印大士成就法，此亦如是作成就事，然後依法將引蓮華弟子（女弟子）入曼陀羅，先爲弟子授誓誡言：「今此所作，是即蓮華薩埵自部祕密，汝不應以此秘密法輒爲人說，無令返招殃咎，身壞命終墮大地獄。」然後令結三昧印，……次令著以白衣，白繒覆面，依法引入曼陀羅中，授是大明曰：……。彼弟子言：「何等是彼蓮華（女陰）法性？」時阿闍黎以頌答言：此蓮華性即貪性，而彼種性本無染，觀想一切清淨因，罪性亦然本無染。》

卷二十四云：《……復次金剛手菩薩摩訶薩，宣說蓮華部最上成就教理：先說大印最上成就教理：貪法本來性清淨，外事畢竟無所有；此中離貪法亦無，是即大乘中成就。……貪法自性本清淨，此教最初作是說，貪波羅蜜得圓成，刹那獲成菩薩位。……貪染清淨無復上，是中常施諸法樂；此如來部妙法門，竭磨成就最上作。》

卷二十六云：《……祕密供養四種法，此說供養秘密門；或己身等奉獻時，隨作供養皆成就。……觀察貪性本清淨，譬彼蓮華正開敷，此中若染若愛時，如應調伏作敬愛。》

以上所舉密宗創作之經典所說，乃是欲貪部份；瞋恚及痴亦復如是，皆是先受貪恚痴性已，然後起虛妄想，計著貪等非有貪等性，以爲貪等雖有實無。

是故無妨多至八九位明妃（亦名佛母、度母，母姨及姊妹等皆可成為共修之佛母），一一與之合修貪欲法，而自謂貪欲性本清淨，自謂貪欲性空—雖有實無。如是諸人，名爲世間依無。此謂先受貪瞋痴性已，而後說言貪瞋痴性空，然實無此解脫之正理，故名依無者。

等而上之，則如印順法師之誤執「般若是性空唯名—一切法空」，亦名世間依無。譬如印順法師云：《……『般若經』所說的「一切法空」，到底表示了什麼內容呢？……『般若經』說：一、……「我不說一切法空耶？世尊！說耳。須菩提！若空即是無盡，若空即是無量。……如來所說無盡、無量、空、無相、無作、無起、無生、無滅、無所有、無染、涅槃，但以名字方便故說。……一切法皆不可說。須菩提！一切法空相不可得說。」二、……「我不常說一切法空耶？須菩提言：世尊！佛說一切法空。世尊！諸法空即是不可盡、無有數、無量、無邊。……佛以方便力故分別說，所謂不可盡、無數、無量、無邊。無著、空、無相、無作、無起、無生、無滅、無染、涅槃，佛種種因緣以方便力說。……一切法不可說，一切法不可說相即是空，是空不可說」。三、……。上列三則經文，第二段是：接著說：如菩薩思惟修習，不離甚深般若，得無量無數功德。什麼是無量、無數？是超越數量的空義。所以說：「我不常說一切法空耶？」法空相，如來說爲空、無相、寂滅、涅槃、眞如、實際等。一切法性是不可說的，「一切法不可說相即是空，是空不可說」。空性也是不可說的，說爲涅槃眞如等，都不過是如來的的方便假說而已。這段文中，空與涅槃，都是其中的一名，而歸於一切法空，這是以一切法空性爲主題的。》（摘自印順著《空之探究》頁一四三～一四五）

然而般若絕非是一切法空，一切法空僅是《般若經》中佛說十八空之一爾。十八空者，皆在說明蘊處界相應之一切法空；此十八空皆依自心眞如而起—依自心眞如所顯蘊處界及相應一切法之空相而說，非眞實不壞法，乃是虛相法；不應以十八空所攝之一切法空，用來否定十八空之根本所依—自心第八識眞如；十八空法依自心眞如而起、而顯故。

十八空非是般若，一切法空亦非般若，是生滅法故，是虛相法故；欲証般若者，須証不生不滅之自心眞如，由所証眞如以証驗十八空（含一切法空），方得名爲般若。如是甚深般若，非印老未悟自心眞如者所能知之也。何故作是言耶？謂般若所說者，乃是一切法之本際、實際、實相，一切法之本際實際實相者，謂衆生之自心眞如也。如印順法師上文所引《小品般若波羅蜜經》之經文，印老每每斷章取義，用以附和己說，非是佛之眞意也。斷章取義則且置，且舉《小品般若波羅蜜經》之經文，以証明彼經以自心眞如爲根本，依之敷演十八空及三十七道品，非如印老所說之「唯說一切法空」也。彼經開宗明義曰：

《如是我聞：一時佛在王舍城耆闍堀山中，與大比丘僧千二百五十人俱；皆是阿羅漢，諸漏已盡如調象王，所作已辦、捨於重擔，逮得己利，盡諸有結，正智解脫，心得自在；唯除阿難。爾時佛告須菩提：「汝樂說者，爲諸菩薩說所應成就般若波羅蜜。」舍利弗即作是念：「須菩提以自力說？爲承佛神力？」須菩提知舍利弗心所念，語舍利弗言：「佛諸弟子敢有所說，皆是佛力；所以者何？佛所說法，於中學者，能証諸法相；証已有所言說，皆與法相不相違背，以法相力故。」爾時須菩提白佛言：「世尊！佛使我爲諸菩薩說所應成就般若波羅蜜，世尊！所言菩薩，菩薩者何等法義？是菩薩、我不見有法名為菩薩；世尊！我不見菩薩、不得菩薩，亦不見不得般若波羅蜜，當教何等菩薩般若波羅蜜？若菩薩聞作是說，不驚不怖不沒不退，如所說行，是名教菩薩般若波羅蜜。」》

須菩提尊者如是說者，一切未悟錯悟之人，悉皆錯會其義，乃謂尊者如是說者，意在遣除法相執著，而不知尊者乃依自心眞如之性而說也；証知自心眞如之性者，方能起般若波羅蜜、成就般若波羅蜜故。學人當知：自心眞如離見聞覺知，恆住涅槃境中，而起五陰十八界及一切法性，雖可思議，唯悟乃知，未悟之人悉不能思議。自心眞如——一切有情之第八識——不見有法名為菩薩；須菩提尊者依自心眞如而觀，作如是言。自心眞如不見菩薩、不得菩薩，亦不見不得般若波羅蜜，當教化何等菩薩成就般若波羅蜜？若有菩薩聞如是說而能証之，不驚不怖不沒不退，如說而行，方得名為「教授菩薩成就般若波羅蜜」也。非謂遣除一切法已，復將遣除亦遣之也。

須菩提尊者隨即續說般若實相心云：「復次世尊！菩薩行般若波羅蜜時，

應如是學：『不念，是菩薩心』，所以者何？是心非心，心相本淨故。」爾時舍利弗語須菩提：「有此非心心不？」須菩提語舍利弗：「非心心，可得若有若無不？」舍利弗言：「不也。」須菩提語舍利弗：「若非心心，不可得有無者，應作是言：『有心無心耶？』」舍利弗言：「何法為非心？」須菩提言：「不壞，不分別。菩薩聞作是說，不驚不怖不沒不退，當知是菩薩不離般若波羅蜜行，……。」

《小品摩訶般若經》開宗明義即示此實相心，謂此方是菩薩心，非如常見外道及佛門內之錯悟者以覺知心為實相心也。須菩提尊者言：「不念，是菩薩心」，凡夫之意識覺知心一向念持諸法，乃至住於定境之中亦念持定法，夢中亦念五欲法及佛法；菩薩精進修行，乃至夢中亦念持種智、念持定法；然菩薩不以此心為實相涅槃心，菩薩以「一向不念萬法」之心為實相涅槃心，此即《小品摩訶般若經》所說之「不念心、非心心」也。

然而是心難尋，唯利根之再來菩薩能自參自悟自証自領受，非諸常見外道及佛門中未悟大乘者之所能知也，何以故？謂「是心非心，心相本淨故」。須菩提尊者如是二語眞乃誠實語也，謂此菩薩所悟之眞心，非似衆生所知之心——離見聞覺知、一向不念六塵萬法——從來不似心，故說非心；此乃禪宗眞悟者之所親證法，非是臆想之無法也。以如是非心之心，不應言是心，離見聞覺知故，非如七轉識是三界有故，一向不念諸法故，一向不憎不厭三界五欲六塵萬法故，故言此心是非心之心。無始劫來一向如是而不變易其性，故說是心之心相本淨。如是之心，離於有無，不應言有，不可言無；不應言有者，謂非是三界有之意識覺知心故，一向離見聞覺知故，一向不念萬法故，一向離分別性故；不應言無者，謂是心自無始以來不壞不斷而有眞實體性故，見聞覺知心及有情一切法皆依之而起故。

如是之心，不應言有，不應言無，故名「非心心」。如是非心之心，從來不壞，從來不起分別，從來不念諸法；菩薩若聞善知識作如是說，聞已心不驚怖、亦不退沒者，當知是菩薩不離般若波羅蜜行。以上略釋《小品般若波羅蜜經》開宗明義之主旨——非心心是菩薩心、無始劫來一向不念萬法者是菩薩心。

彼經既於初始即揭櫫此心，並言「菩薩聞是說者不驚怖不退沒，方是住於般若波羅蜜之行」者，即知般若波羅蜜所說主旨乃是此菩薩實相心─非心之心。以此心爲主旨，而敷演十八空及三十七道品，圓成《小品般若波羅蜜經》之主旨；印順所說一切法空，只是彼經中非心心所生十八空之一空爾，云何可說一切法空即是般若之主旨？無斯理也。依此非心心之般若實相心，而說蘊處界等一切法空，方是般若眞旨；不可如印順法師之顚倒其說─以一切法空而否定一切法空所依之般若實相心；般若實相心是一切法空之所依故，一切法空乃是說蘊處界等一切法皆空幻不實故，蘊處界等一切法之有相及其空相，皆依非心心之般若實相心而有故。

由斯正理，印老說般若即是一切法空者，名爲逐末忘本，《般若經》以實相心爲本故，一切法空是實相心般若之末故。如是，印老否定《般若經》所說之實相心─非心心，而主張一切法空─貪恚痴性空，乃至主張一切法空─阿賴耶識亦空無，名爲「世間依有」者，誤認一切有情皆由意識有而受生故，非由自己之第八識所持業種有漏種無明種而受生故，導致一切有情受生之業種有漏種及無明種皆是無因而憑空忽生故，意識是易起易斷之虛妄空無之法故。如是非以有情各自之實相心所持種而受生者，名為「世間依有」，世間有情皆依「世間有」之法而生故；佛說：「彼如是說者，是說世間無因」，不須自心眞如所持無明等種子為因故，憑空而忽生無明等種為因緣故。是故印老及其繼承人以一切法空為般若正義者，名為邪見顚倒。

「大慧！若不取有性者，性相寂靜；故謂諸如來聲聞緣覺，不取貪恚痴性為有為無。大慧！此中何等為壞者？」大慧白佛言：「世尊！若彼取貪恚痴性，後不復取。」佛告大慧：「善哉！善哉！汝如是解。大慧！非但貪恚痴性非性為壞者，於聲聞緣覺及佛亦是壞者；所以者何？謂內外不可得故，煩惱性異不異故。大慧！貪恚痴若內若外不可得，貪恚痴性無身故，無取故，非佛聲聞緣覺是壞者；佛聲聞緣覺自性解脫故，縛與縛因非性故。大慧！若有縛者，應有縛是縛因故。大慧！如是說壞者，是名無有相。大慧！因是故，我說『寧取人見如須彌山，不起無所有增上慢空見』。大慧！無所有增上慢者，是名為壞，墮自共相見希望，不知自心現量；見外性無常，剎那展轉壞；陰界入相續流注變滅，離文字相妄想，是名壞者。」—

疏：《「大慧！若不取因緣法實有之自性者，則住於空性之寂靜相；所以說諸如來聲聞緣覺乘人，不取『貪恚痴性爲有』之邪見，亦不取『貪恚痴性爲無』之邪見。大慧！在『世間依有』與『世間依無』之二種人中，何等人爲壞法者？」大慧白佛言：「世尊！如果彼人先取貪恚痴性實有，受貪恚痴性已，而後妄想貪恚痴性非有，此種人名爲壞佛法者。」佛告訴大慧：「善哉！善哉！你能如是瞭解我所說義。大慧！非但彼妄想貪恚痴性無實性者爲壞法者，他們於聲聞乘、緣覺乘、佛乘中，亦是壞法者，所以者何？內法外法皆不可得，唯是自心現量故，煩惱性與自心非一非異故。大慧！貪恚痴於內法外法皆不可得，貪恚痴之體性無實體故，不可取故，並非佛乘聲聞乘緣覺乘人是壞貪恚痴者；佛乘聲聞乘緣覺乘人是自性解脫故，能縛與所縛之因非有實性故。大慧！如果有繫縛者，應該有能縛是繫縛之因故。大慧！如是說壞法者——一切法因緣生故其性是空——是名無有相。大慧！因此正理故，我說『寧可誤取我見人見如須彌山之大，不應起無所有增上慢空見如芥子之小』。大慧！無所有增上慢空見者，是名爲壞三乘法者，墮於陰處界自共相邪見而生錯誤之希望，不能証知自心現量；他們看見外法體性無常，刹那刹那展轉變壞；他們認爲陰界入是相續流注而轉變壞滅的，如是遠離文字言說及相妄想，以爲即是三乘法，是名爲三乘法之破壞者。」》

解：「大慧！若不取有性者，性相寂靜；故謂諸如來聲聞緣覺，不取貪恚痴性爲有爲無。大慧！此中何等爲壞者？」修學佛法者，最忌諱之事，乃是否定第八識如來藏而取因緣法爲實有。如是類人，外於如來藏而執取緣起性空之法性實有，謂一切法緣起性空即是般若，謂一切法空爲般若，是名取有之人，墮於有性。如人見牛有角，觀察故言兔無角，謂此兔無角法爲實相、爲實際、爲眞如、爲涅槃。此等誤取「一切法空」爲般若空之三乘學人亦復如是，見陰處界有，觀察故言陰處界緣起性空，觀察故言一切法緣起性空，以如是一切法空爲般若，謂外於如來藏之緣起性空爲涅槃、本際、實際、眞如，取一切法空爲實有法，則墮不寂靜相中，不捨意識界故。「一切法緣起性空」乃是依外法「陰處界有」而有故，如是名爲取著有法之性。

說貪恚痴性爲無者，即是取貪恚痴性爲有之人；口中言貪恚痴性空、言貪恚痴性本淨，卻不知自身如是知、如是見者，乃是取貪恚痴性有者；何以故？謂貪恚痴性空者乃依貪恚痴性之有法而假施設故。若人証得陰處界俱之如來藏，親自領受自心如來藏之寂靜性與涅槃相者、親自領受如來藏於貪恚痴法中不受諸受者，則不復執取貪恚痴性爲有爲無。

聲聞緣覺乘人，雖未實証自心如來藏識，然聞佛說「名色緣識、識緣名色」，聞佛宣說無明業種悉依彼根本識有，聞佛開示陰處界無我、非我所，斷我見我執而得解脫，証解脫果，亦不於貪恚痴性之有無上用心，故不取貪恚痴性爲有爲無。若人修學密宗喜金剛……等雙身修法，而言貪恚痴性無性，而言貪欲本來自性清淨者，即名破壞三乘法者。何以故？大慧向佛稟白說：「世尊！若彼等人取著貪恚痴性實有，然後妄想貪恚痴性非有、本自清淨，即是破壞三乘法者。」佛聞大慧說已，便印可云：「善哉！善哉！汝如是解。」故說密宗主張淫欲之樂受本性清淨者，乃是「受貪恚痴性已，後言貪恚痴性空」者，乃是破壞佛法者。

「大慧！非但貪恚痴性非性爲壞者，於聲聞緣覺及佛亦是壞者；所以者何？謂內外不可得故，煩惱性異不異故」：密宗各派行者所修，初始行門容有小異，其實中心思想及最後階段法門皆同，唯是喜金剛、無上瑜伽、大樂光明……等「俱生樂」之雙身修法。以此淫觸之樂，觀想供養於佛，是名執貪性實有者；於後樂受之中雖觀貪性本空、本淨，以此解釋「於貪欲中觀貪欲空、於貪欲中不染貪欲」，則復墮於貪恚痴性無，如是亦名爲壞佛法者。

然壞佛法者，非唯密宗行人之「取有取無」爲壞法者；若有人於聲聞乘、緣覺乘、佛乘中，主張貪恚痴性是有是無者，亦是壞佛法者，不應分別貪恚痴性是有是無故。何以故？內法外法皆不可得故，內法外法皆唯是自心現量故，煩惱性異不異自心現量故，當從證知自心如來藏而入手故。

分別貪恚痴性之若有若無，而作長篇累牘之言者，皆與解脫道及佛菩提道無關。謂貪恚痴性於內法外法中，欲尋其實體性實不可得故，唯是七轉識之分別執著故；若人斷盡我見我執，成就解脫道者，我尚不有，何處有貪瞋痴性之若有若無而可議論分別？

貪恚痴性者，皆是自心如來藏所藏無明種及業愛種之現行，故令意與意識之貪恚痴不斷，輪轉三有；若人親見貪恚痴性非有眞實不壞自性，唯是自心如來藏之種子現行之事實，則知不應於貪恚痴性起於有無分別，但除我見我執，即証解脫果，如是之人不名壞佛法者。

貪恚痴名爲煩惱：貪是渴愛煩惱，恚是業種煩惱，痴是無明煩惱—於陰處界起虛妄想故。如是煩惱無實自性，與自心如來藏非一非異故。云何非一？謂貪恚痴由自心如來藏所含七識心種子而出生現行已，唯與意及意識相應，不與如來藏識相應，藏識恆離見聞覺知、亦離思量執取性故。云何非異？謂貪恚痴性皆由如來藏所持種子而現行故，非離如來藏而可得有貪恚痴性故。由是故說煩惱性與自心如來藏「異不異」。

若有人言貪恚痴性實有實無者，彼人是名壞三乘法者，謂貪恚痴性之實有實無等理，俱與解脫無關故，俱與佛菩提道無關故；二乘解脫道以斷除意與意識之我見我執而証得故，佛菩提道以証知自心如來藏而起般若慧故，皆非由彼分別貪恚痴性有無而得故。是故若有大師外於我見我執之斷除，而說貪恚痴性之有無者，如是不名佛法解脫道，是名戲論破法者；若有大師外於自心如來藏、於貪恚痴性說一切法緣起性空，以此緣起性空謂爲一切法空之般若者，如是不名佛菩提道之般若，名爲戲論破壞佛菩提法者。

「大慧！貪恚痴若內若外不可得，貪恚痴性無身故，無取故，非佛、聲聞、緣覺是壞者；佛、聲聞、緣覺自性解脫故，縛與縛因非性故」：貪恚痴性於內法不可得，於外法亦不可得，無身故—依如來藏所含之意與意識相應種子而起故，依意與意識而熏習故，貪恚痴性自身無取故。

以貪爲例，恚痴相類自可知也。凡俗異生有情，因於外法故，起於貪欲（如貪外財及異性欲貪等）；然此外法貪欲之熏習，不得離於內法—意與意識之種子與現行，若於外法而求貪性，則不可得。外法如是，於內法求貪性者亦不可得，內法須合外法方起貪性故。

貪性無身，何以故？非有自體法故，依於意與意識方起貪性故。貪性自身亦不取諸法，由意與意識起貪性故，方取諸法，故名貪恚痴性無取。佛乘、聲聞乘、緣覺乘人，皆非由於壞貪恚痴性而得解脫，乃由斷壞我見我執而得解脫；佛乘、聲聞乘、緣覺乘人，由斷我見我執故，自性清淨而得解脫；我尚不執，何有「我相應法」之貪恚痴而令彼三乘聖者生執者？若貪恚痴是能縛之因，方可說有情為貪恚痴所縛；然以貪恚痴為能縛之因，及說有情是所縛者，此能縛之貪恚痴因，及所縛之有情，俱非有其實性—無實有不壞性，故不應說內法外法之貪恚痴性是有情生死繫縛之因。是故解脫道之修行，當以斷除我見我執為因；佛菩提道之修行，當以証知及領受自心現量為因；此二甘露法門皆非以斷貪恚痴性為因也，以貪恚痴為能縛所縛之因者非有實性故。

「大慧！若有縛者，應有縛是縛因故。大慧！如是說壞者，是名無有相；大慧！因是故，我說『寧取人見如須彌山，不起無所有增上慢空見』，大慧！無所有增上慢者，是名為壞，墮自共相見希望，不知自心現量」：若貪恚痴性是能繫縛眾生輪迴於三界內之能縛者，則應更有能縛是此貪恚痴性縛之因，而能縛因復更應有其因，如是便有展轉無窮之過。

三毒如是，十二有支之無明亦復如是，只是眾生輪迴之助因爾。如是助因，須有正因，謂三毒所依之心、無明所依之心—自心眞如。何以故？此謂眾生之貪愛種子、善惡業種子、一念無明種子，雖唯與七識相應，然卻悉皆隨眠於各各有情之自心第八識中，由此第八識所持；此第八識體所蘊我見我執種子方是輪迴之正因，貪瞋及無明只是輪迴之助因爾。若無此第八識，尚無貪愛種、善惡業種、無明種及七識種，何能有衆生之入胎受生？何能有衆生依禪定業而生色界？何能有衆生依淨業而生諸佛淨土？何能有菩薩乘願再來？何以故？悉無所修善惡業種被執持保存而去至來世故。

若三毒是縛者，此縛復應別有縛因，展轉無窮，則一切人修解脫道，皆無了期，永不能証涅槃；是故三毒乃衆生繫縛於三界之助因，而非正因。若人主張斷除三毒後，即成一切法空—滅盡一切法而入涅槃，是人不解佛所說法，墮於「世間依有」邪見—唯依因緣法而有五陰世間—外於自心如來藏而說因緣法，如是之人名爲惡取空者。如是說者名爲壞法者，墮於無所有相中，佛所不許。

譬如印順法師云：《「原始般若」本是體悟甚深法相性的修行者，從証出教（不是從教義的探索而來）直率地表示自悟的境地，用來化導信衆，所以說：

「以眞法性爲定量故」。在般若法門的開展中，空是表示甚深法性的一個名詞。在一切法不生，一切法清淨，一切法（遠）離，一切法寂滅靜，一切法空，一切法無所有，一切法不可得，一切法無所依，一切法不可思議……這一類詞語中，「空」是更適合於即一切法而示如實相的。「空」在『般若經』中廣泛應用，終於成爲『般若經』的特色。般若法門是重實踐的，直觀一切法本空（空是同義異名之一），但法流人間，聞思修習，應有善巧的施設。》（摘自印順著《空之探究》頁二五四）

佛法自身不應有「原始、發展、終極」之分，佛說三乘法圓滿已，即不應有如是「原始、發展、終極」之分，已具足圓滿故；因於學人修証佛法之時代演變現象，方有原始、發展、終極之分。此謂阿含系統諸經已含攝二三轉法輪諸經之主旨，然唯說般若之總相爾；既仍有般若之別相及種智未敷演，則合續於阿含期後宣說般若之別相智及與種智，勢所必然，故阿含之後必有般若諸經，般若後必有唯識系諸如來藏經。故佛說法四十九年間，已具足宣說三乘法義，方取滅度，本已圓滿，本無「原始、發展、終極」之分。若佛未宣說般若之別相智及種智，方可說言般若及唯識種智爲佛滅後方有之經法，方可如印老之言「佛法有原始、發展、終極」之分。若如印老所言「佛法有原始、發展、終極之分」者，則印老之意即是主張「般若、唯識如來藏諸經皆非是佛說，皆是佛滅後之弟子所杜撰者」。依如是言，則是佛於入滅之前未曾宣說般若之別相智及種智（未曾宣說第二轉法輪及第三轉法輪諸經），則是化度之緣尚未圓滿具足，則佛不應取滅度。今見佛已於說法四十九年後取滅度，則應於此四十九年中，已曾具足宣說成佛之道—函蓋三轉法輪之三乘佛法。既已於四十九年中具足宣說三乘法義而取滅度，則三乘佛法俱是佛所宣說之原始佛法，云何印老可將般若與唯識種智排除於原始佛法之外？不應正理也！

既然三乘佛法俱於四十九年中說已，則不應將三乘諸經作「部派佛法、初期大乘佛法、後期大乘佛法」之分，不應有「原始、發展、終極」之分，俱於四十九年中宣說之故。若謂非於四十九年中宣說完畢，而有佛滅後之般若經唯識經正確宣說微妙法、如印老之所研究考証者，則釋迦牟尼佛應非是佛，其慧遠不及後世創造般若唯識系列經典之弟子故。若不爾者，則諸般若及唯識經，既已於四十九年中宣說完畢，化緣滿足而取滅度，則應三乘諸經一切佛法俱是佛說、俱是原始佛法，不應如印老之區分「原始般若經、後期般若經……」等。至若後人創造之僞經如密教部之多數經典者，本非佛說，不應如印老諸書中所說：將之列入後期佛法之中。密宗之本質絕非佛教故，密宗之經典，除楞嚴外，皆是密宗祖師之長期合力創作結集而成者故，所說俱違三乘諸經故。

三乘佛法俱是佛說，本不應分原始後期之說。惟因佛滅度後，學人根器漸劣，正法修証者日減，於大乘唯識種智之修証者漸趨稀有，終至滅沒不繼，遂有部派分裂，各執一法而非議他宗他部之法，抑他揚己，乃有部派佛教之分裂現象；此乃「佛教弘傳」之現象，而非「佛法演變」之現象，三乘佛法妙義已於四十九年中具足宣說敷演完成故，佛法不可能再有演變故，已至究極圓滿之地步故；唯有後世修習者之証量差異不全，而由後來之菩薩再行補述諸論，以闡揚及彌補之，是故唯有「佛教弘傳」演變之現象，而無「佛法演變」之現象；印順不知不証阿含眞旨，亦復不知不證般若及種智，唯依「佛教弘傳」之現象，而妄言爲「佛法演變」，如是誤導衆生，非如實語也。

然菩薩於佛世悟得般若總相智後不取滅度，世世修學佛法於人間，歷經部派佛教之分裂過程後，終能世世超越，於十百千世後証得道種智，出而弘揚般若唯識種智，如龍樹、提婆、如來賢、無著、世親、玄奘、窺基、克勤、大慧……等人，不絕如縷，至於今世；亦將延續至法滅之日，而後始絕於人間。是故，佛教之演變現象，不應附會於三乘佛法、而言之爲佛法之演變，而將般若及唯識種智二三轉法輪經典附會爲後期佛教演化而有之法，有種種過失故。是故天竺佛教可以有種種發展演變，乃至最後滅於密宗之手；佛所說法，則始自阿含、末至唯識如來藏諸經，始終如是具足三乘法義，絲縷不絕於人間，不應說有原始般若、後期般若之別也。

然般若所說，非如印老妄謂之「性空唯名、一切法空」也。「空」有空相空性之分，不可如印老之魯魚亥豕不分也。是故學人於經中所說「空」，於論中所說「空」，當探究彼空是空相？抑是空性？空相謂陰處界一切法空之空，空性謂一切法空及緣起性空之根源—自心如來藏。如前所舉《小品般若波羅蜜經》卷一，開宗明義而說般若經之主旨—菩薩心、不念心、非心心。其後種種法句，皆是依於此心而敷演此空性心及此心所生一切法之空相—緣起性空、一切法空等十八空。而此空性心，已於四阿含諸經中，處處隱覆密意而說，非未曾說。

阿含諸經雖然偏顯二乘涅槃，然已密意而說般若與唯識，非未曾說也；末學於未來註解阿含諸經而造《阿含正義》時，將側重阿含與唯識之關係，如實顯示阿含四部中之唯識密義。印老於阿含經典密意不能証解，自生誤會；復隨密宗應成派中觀之邪見邪說，參酌不懂佛法之外國學者教授研究佛學之謬論，於三乘法生諸邪解，故說印老是佛教研究者，不是佛法之修証者；故說印順法師於三乘佛法並無絲毫証量可言，乃至最基本之聲聞初果證量亦無，執意識細心常住不壞、爲三世因果之連繫者故，如是印老顯然未斷我見，絕無聲聞初果之證量也。

如印老之所自言：「般若本是體悟甚深空性的修行者，由証空性而生般若，出以教化衆生」，但印老卻否定空性（如來藏），不證空性而墮於諸法空相中，以意識思惟而墮諸法空相之中，如是之人不可謂之爲証道者也。所以，

「空性是更適合於即一切法而示如實相的，空相是更適合於即一切法而示緣起性空的」，印老應改作如是說，方是「從証出教」的修行者，方能顯示印老之「証量」「不是從教義文字的研究探索而來」；所以者何？此謂「般若法門是重實踐的」，必須直觀一切法中之空性如來藏，由此一切法中之空性第八識而觀一切法之空相，如是始名般若之証量。若如印老之否定般若經所說「菩薩非心心」者，即非於般若有實踐証量者。印老如是，達賴喇嘛亦復如是；乃至歷代達賴喇嘛、黃教祖師宗喀巴，上溯阿底峽、寂天、月稱等人，莫非如是，彼等悉皆否定《小品般若波羅蜜經》所說主旨之「菩薩不念心、非心心」故，是故彼等於般若慧皆是非有所修證之人也。

等而上之，一切尚未親証「菩薩非心心」者，皆是於般若未曾實踐者，未能顯發般若慧故，般若慧即是一切法空性及一切法空相之証知所生慧故。是故印老不應言「般若即是性空唯名」，「一切法空相處」有不空之菩薩非心心故。印老不解如是意，遂於龍樹菩薩之《中論》偈意橫生誤解，妄作解釋，誤導衆生。如彼所說：

《……空性也是無自性的，所以『中論』說：「實無不空法，何得有空法」？無自性空，是涅槃異名，在聖智通達中，脫落一切名、相、分別，是一切不可說的。『般若經』說：「一切法不可說，一切法不可說相即是空，是空不可說」。「是法不可說，佛以方便力故分別說」。不可說而不得不說，彼世俗假名說，名爲空（性），名爲眞如等，這是不能依名著相的，所以『中論』說：「空則不可說，非空不可說，共、不共叵說，但以假名說」。一切不可說，爲什麼要說是「空」呢？當然是「但爲引導衆生故以假名說」。引導衆生的意趣，如『中論』卷二說：「大聖說空法，爲離諸見故；若復見有空，諸佛所不化」。這一頌，是依『大寶積經』—「一切諸見，以空得脫；若起空見，則不可除」而說的。衆生迷著—無明，根本是我我所見。從『阿含經』以來，我我所空。薩迦耶見爲一切煩惱的上首，離我我所見，即離一切見而得解脫。爲了離見而說空，如取著於空，那是如以藥治病，藥又成病，就難以治癒了。》（摘自印順著《空之探究》頁二五二）

上舉印順法師之文，顯示印老昧於空相與空性心，不知其分際，猶舉經論中斥責惡取空之語句而說，其實正應以之責己，自墮惡取空故。如《中論》偈：「實無不空法，何得有空法」？乃說諸行空；於諸行空中，有非空非不空之如來藏，非如印老誤會而說之「空性也是無自性」。茲列舉龍樹彼偈之前數偈以連貫之，則龍樹之意可明也，則知印老之誤解及斷章取義也：

諸法若無性，云何說嬰兒，乃至於老年，而有種種異？
若諸法有性，云何而得異？若諸法無性，云何而有異？
是法則無異，異法亦無異；如壯不作老，老亦不作壯。
若是法即異，乳應即是酪；離乳有何法，而能作於酪？
若有不空法，則應有空法；實無不空法，何得有空法？
大聖說空法，爲離諸見故；若復見有空，諸佛所不化。

（摘自《中論》卷二觀行品第十三）

如是偈意，謂諸行空；於諸行空中，有空性心示現其自性之作用；並謂空性心之自性，不得離陰處界，與諸行非一非異，不許外於諸行而有空性之自性心可以證得，故令衆生有始自嬰兒，乃至壯年老年之變異，猶如世人不得離乳求酪也。若人聞已，不解諸行空相中之空性心自性，橫生計度，妄執「諸行空」之法是實有不空—妄想「諸行空」緣起性空之法常住法界，以之名爲眞如者，即是執「諸行空」法爲不空者，此即印老之所墮也，印老執一切法緣起性空爲眞如、爲法界法住故、執一切法空爲涅槃故，則成執著「諸行空法不空」之人也。

若「一切法空」之法不空—實有常住，可以名爲眞如涅槃者，則應有空法不空；然空法是無，無法云何而可言不空？是故龍樹責言：「實無不空法，何得有空法？」實無一切法空之不空法，云何可言有「空」之法爲常住、涅槃、眞如？是故印順以爲「一切法空爲不空之法」、以之爲眞如涅槃者，即是龍樹所說「若復見有空，諸佛所不化」者，不能再救之也；如是印順師徒等著空之人，「諸佛所不化」故。

一切法空者，如諸《般若經》所說，皆是依於「菩薩非心心」—第八識，而說此心所生一切法（陰處界及相應法）皆空無自性，依如來藏而有生住異滅諸行，非能外於第八識而有諸行變異生滅也。是故一切法空者，依自心藏識而有一切法空；若外於自心藏識而執「一切法空」之法是涅槃眞如者，即名惡取空者。今觀天竺月稱、智軍、寂天，及西藏阿底峽、宗喀巴、土觀、歷代達賴喇嘛，及今台灣印順法師與其門生等人，悉墮如是惡取空中；執一切法空爲涅槃，執著「外於自心如來藏之緣起性空法」爲眞如實際，眞是惡取空者—墮於斷滅見及無因論故。

《中論》所說：「空則不可說，非空不可說，共、不共叵說，但以假名說」者，是說自心如來藏也，此偈自言是「觀如來品」所說故，如來之體即是第八識眞如故。是故此偈非說「陰處界一切法空」之空也，印老不應斷章取義、混淆其說。若人猶如印老爲破我見而執「外於自心如來藏之一切法緣起性空爲涅槃實際眞如」者，則是執空法而不化者；如是外於自心如來藏之一切法空—妄執涅槃後無一切法—說陰處界俱滅後之無餘涅槃中一切皆無，不許無餘涅槃中有「離見聞覺知之第八識空性心（菩薩非心心）」獨存無依，則令無餘涅槃成斷滅法，則成惡取空者，斯乃佛所不許者。

如是諸人即是「自服空毒，爲空毒所害」者，乃竟著作《入中論、入中論善顯密意疏、入菩薩行論、辨了不了義善說藏論、菩提道次第廣論、空之探究、如來藏之研究、印度佛教思想史、唯識學探源……等》惡取空之邪見著作，翻誣他人所証空性爲自性見，批評親證眞正空性之中國禪宗爲野狐禪，批評往生後能證空性之淨土宗思想爲太陽神崇拜，批評一向宣說眞實唯識法門之法相唯識宗爲虛妄唯識門、爲不了義法，顚倒正義而說佛法，故說印順、達賴……等人非是正經之佛弟子也。

如是諸人，見空法不壞，正是《中論》偈中所說：「**若復見有空，諸佛所不化**」者。如印老之主張：「一切法滅已，滅相不滅，故名不生不滅，名爲眞如」，正是惡取空者；滅已即是空無，滅已永不復生，即墮斷滅空；滅已若復生，則是有生；有生則必有滅，成生滅法。若滅已，成空無，得名涅槃者，如是涅槃佛所不許，非是眞如，是故《阿含經》中佛斥焰摩迦比丘，不許焰摩迦說涅槃後爲一切法無。唯是一切法滅已，有恆不生滅之第八識非心心獨存，不復生起一切法（五陰十八界等），方得名爲眞實空性涅槃也；不可如印老之以斷滅空無作爲無餘涅槃也。

佛說空法者，爲令衆生離我見等故；若聞佛說陰處界一切法空，而妄想有如是一切法空之空法不壞者，是人名爲著空。如是類人，諸佛皆不能度化之，彼空見之毒不可治也。是故佛說：「寧可執取我見人見如須彌山大，我不毀呰；若人執取空見如髮絲十六分之一之細，亦不許有。」墮於無所有斷滅空故，宗喀巴、達賴、印順師徒…等人，俱是此執有空法不壞之邪見者。

墮於無所有空者，恆時主張一切法空，不許有眞如心（涅槃本際）恆存不滅。如是類人，必起增上慢空見（生起空見相應之增上慢）而毀呰一切宗派，以己邪見爲究竟法；月稱、宗喀巴、土觀、印順法師……等應成派中觀師爲代表。若人說種智唯識是究竟法，若人說第八識是一切法所依，彼諸人等必定極力破斥；不知自己墮於空見之中，而以不立自宗、專破他宗爲自宗之義，執著一切法空之空見以爲自宗之宗義。

猶如月稱、宗喀巴、土觀、達賴、印順法師及其門生等人之極力否定第八識如來藏，及否定意根（第七識末那）；若人証得第八識自心，出而弘法，彼等必定以「無所有增上慢空見」所生之一切法空邪見，而訶責証悟第八識之人爲自性見者；不肯虛心探究佛法眞義，反以「無所有增上慢空見」所生之一切法空邪見，而批判証悟者所証如來藏同於外道神我、同於常見外道；如是諸人，佛於此段經文中說即是壞法者。

如是諸人，以不能証見意識所俱之第八識如來藏故，必墮自共相見希望，名爲不知自心現量者。云何彼等諸人必墮自共相見希望？謂彼等否定第八識已，必主張外於如來藏之一切法空即是涅槃、實際、眞如。如是生於定見已，不可轉易；然必自惟：「如是涅槃，莫墮於斷滅空乎？」自惟已，便如印老之建立「不可知之意識細心爲涅槃本際」，或如達賴喇嘛之建立「不可知之意識極細心爲涅槃實際」，則墮一切有情之自共相見中—希望有不可知之意識細心或極細心常住不壞。然而意識心，不論是可不可知者，不論細至何種程度，皆是緣起之法，依意根而起，必定壞滅，本質是意識故，意識是緣起性空之法故。如是人不能遠離自共相見希望，不離常見外道見，唯較一般民間信仰之常見外道深細而已，不可謂爲於佛法有證量者。

若人具正知見，了知一切「緣起性空之法」悉依自心藏識而生住異滅、緣起性空，親証自心藏識非心心，親見諸法由此生，即是親見自心現量者。如是之人永遠不墮自共相見希望中，必定遠離「無所有增上慢空見」；何以故？謂意識能與「無所有增上慢空見」相應，自心如來藏則於六塵中離見聞覺知、而不與諸見相應故；尚無一切法空之空見，何況有「增上慢空見」？月稱、宗喀巴、達賴、印順師徒等人，皆因墮於意識境界，不能遠離，故與「無所有空見」相應，由是起增上慢，輕慢他宗他派他人，妄稱外道應成派中觀為勝妙於他派之中觀見，與「無所有增上慢空見」相應，而批判一切宗派—將諸宗派法義作種種不如理作意之評論。**如是增上慢人，佛所不能化度**，不能入於三乘見道位之任何一種。一切末法學人皆當引以為鑒，如是諸人皆必誹謗菩薩藏—謗無自心第八識；由謗菩薩藏故，皆成一闡提人。

「見外性無常，剎那展轉壞；陰界入相續流注變滅，離文字相妄想，是名壞者」：如印老等人之墮於「無所有增上慢空見」者，皆由觀見外性（山河大地及色身）體性無常，剎那剎那變異而展轉歸於壞滅；他們觀察五陰十八界六入，皆是相續流注變異而歸於壞滅，便以為一切法緣起性空即是眞實佛法，乃起不如理作意：欲令自己遠離文字言說，即離「相妄想」，以為如是安住即是修學佛法，即是已証佛法；此段經文中，佛說如是見者，皆名破壞佛法者。

是故一切應成派中觀之修行人，皆以不可知之意識之細心、極細心等建立法，於世間種種法相上，生遠離想，以之為佛法；於唯識種智之增上慧學，心生排斥，欲遠離法相唯識之熏習，唯求一心安住於不起文字言說相之粗淺欲界定境中；謂能如是住、恆時住者，捨壽即能入涅槃。如是轉為人說，或造種種論著，弘揚此類邪見，佛說是人名為壞法者也。

爾時世尊欲重宣此義，而說偈言：

有無是二邊，乃至心境界，淨除彼境界，平等心寂滅。
無取境界性，滅非無所有，有事悉如如，如賢聖境界。
無種而有生，生已而復滅，因緣有非有，不住我教法。
非外道非佛，非我亦非餘；因緣所集起，云何而得無？

誰集因緣有？而復說言無？邪見論生法，妄想計有無。

若知無所生，亦復無所滅，觀此悉空寂，有無二俱離。

疏：《爾時世尊欲重新宣示此眞實義，而說偈言：

世間依有及世間依無，都是墮於二邊之邊見，

由如是有無邊見而衍生之萬法乃至覺知心之自心境界，

智者淨除彼虛妄想及覺知心境界之妄想已，

則能平等觀待一切有情，心恆住於滅寂之中。

本已不執取境界之空性心，是眞實有的；

蘊處界及一切法滅已、成爲無餘涅槃之後，並非一切法都無所有；

於三界有之一切事相中，祂都是如如不動的，

猶如大乘法中一切賢聖所住之境界。

無有種子而能有出生之現象，於出生之後又復消滅；

如是無種而唯憑因緣就能出生之一切有，世間無有如是之法，

這樣無種而唯憑因緣就有之法，不是眞正住於我所教授的法門中。

自心第八識眞如非是外道、亦非是佛，
非是常見我，亦非其餘種種妄想所說法；
第八識心能藉諸因緣而集起蘊處界等三界萬法，
如何可以說此第八識自心眞如是無所有之假名施設？
若無此自心第八識眞如，是誰能集因緣有？
而復說言一切法空無—無此自心眞如？
如是類人以種種邪見而議論有生之法爲緣起性空，
依於虛妄想而誤計諸法之實有及實無。
若能証知自心眞如本來無生，亦復本來無滅，
現觀此自心眞如於一切境界中悉皆空寂者，
則於世間依有及世間依無之二種邊見俱可遠離。》

解：「有無是二邊，乃至心境界，淨除彼境界，平等心寂滅」：如前長行中世尊所說衆生之世間依有及世間依無者，皆是墮於有無二邊之邊見。如是邊見，今已普遍存在於全球佛教界中，非唯外道有之。一切佛門學人皆知應離如

是邊見，而苦於不遇眞善知識，不能實証遠離有無二邊之中道般若。現見一切學人悉墮有無二邊，隨其智愚差別而有淺深之異，無有不墮二邊者。

如是等人之所以墮於二邊者，悉皆肇因於不証自心眞如—阿賴耶識、異熟識；由不能証此不生不滅之實相心故，不知不覺之中墮於有無二邊，誤計意識心相應之種種境界相之証入，以爲已証佛法，以爲已證中觀見。

下焉者貪求欲界天之甘露有爲法及氣功拙火等，乃至妄計淫欲之細滑觸遍身知覺受樂、而以淫觸之無形無物質色法爲空性，以如是空樂雙運作爲証得佛地大樂境界，說之爲樂空不二，自謂如是境界爲証得無上正遍知覺（如密宗之無上瑜伽、喜金剛……等修法），俱是覺知心之意識虛妄境界。

中焉者謂以定爲禪，作虛妄想：令意識覺知心修習禪定，入住一心不亂境界，乃至証入四禪八定境界，以如是境界中之覺知心不著五塵或不觸五塵，以之爲自心眞如，以之爲實證涅槃；墮於境界分段之意識境，而自謂已証般若、已入實相。然實不離意識境界，以境界分段故：出定時變成意識，入定時變成眞如。如是境界分段之相應心，正是意識心，仍是三界有，佛說境界分段計著生者正是意識故。

上焉者探究經中言句之佛旨，於定中定外現觀前述下輩中輩諸人之過失，了知其邪，而遠離之，處處尋覓自心眞如而不能証得，故於自心眞如起種種妄想，不入實相，不起般若慧。此乃六住位滿心菩薩，四加行滿足，不唯現觀所取空、能取空，並已印順能所取俱空，成就世第一法。此人不久將証自心第八識如來藏，將入法界實相中而起般若慧。

若如印順法師及達賴喇嘛之否定自心眞如—不承認有第八識者，則不在此三輩人中；彼等因造如是謗菩薩藏之業故，已斷一切善根，成一闡提人（詳第二輯中佛所開示），尙不如下焉者，何況能証佛法實相正義？

菩薩四加行滿足，從此不認覺知心及作主心爲實有不滅法，於如是三輩人所墮妄想境界漸漸淨除已，極力參究尋覓自心第八識眞如。若能鍥而不捨，及具足正知正見者，終必於因緣具足時，親証平等心—自心藏識；証已即能現觀其無我性、平等性、涅槃性、寂滅性、不念性、無心相性。

「無取境界性，滅非無所有，有事悉如如，如賢聖境界」：不於三界六塵境界中取著六塵之心性—自心眞如之清淨性—是從無始劫以來就有的，並非將本來能取六塵之意識覺知心，經由修行而變成不取境界之心性。此謂意識永遠是意識，如來藏本來就是如來藏；乃至修成無上正等正覺時，佛地第八識由如來藏名改爲眞如名時，意識仍是意識、第八識仍是第八識，並不互易。不取境之第八識乃本來即有，無始恆存，非因修得—非由意識變成第八識；証悟之人只是証知祂，然後修除祂所含藏之七識心相應有漏法種，增長祂所含藏之無漏法種，**體非修得，種非不修**；意識則永遠是意識，不能修行轉變成第八識如來藏或佛地眞如。此第八識乃無始本有，自無始以來即不取六塵境界，心性一向如是，是故佛說**無取境界性**。

「滅非無所有」者，謂十八界滅已，非有非無，而非印順師徒所說**一切法空之無所有**也。一切法空者，謂入無餘涅槃已，十八界俱空，無六根六塵及六識，五陰十二處六入俱滅，一切法不復生，故名一切法空；一切法空已，意識覺知性已滅而永不復起，是故無餘涅槃中無有能知能覺者，無有所知所覺一切法，能所俱泯，故名一切法空。然蘊處界滅已、成無餘涅槃之後，絕非斷滅空，仍有第八識離見聞覺知，亦不思量，亦不復生中陰身而不受生，故說非無—非斷滅空—有第八識改名異熟識恆存，是即涅槃寂靜。

涅槃境心—第八識—雖然非無，然不可便謂爲有，有者謂三界中法故；涅槃境中之第八識—不取境心—旣離見聞覺知，不自知我，不思量一切法，離一切三界六塵境界，云何可謂爲有？故名非有，非是三界有故；故《入楞伽經》譯爲：「無取境界法，滅、非有非無」。由是正理，佛說滅非無所有。

如來藏於三界有之種種事相中，悉皆如如，無有取著，無有罣礙，故說「有事悉如如」，此是一切大乘別教賢聖所行境界，非諸凡夫及二乘無學所知所證。《大乘入楞伽經》別譯爲：「不取於境界，非滅無所有，有眞如妙物，如諸聖所行」，謂於凡夫位之有情，輪轉生死中，有眞如不取一切境界；於無學聖人位，滅盡十八界已，並非無所有之斷滅空；於凡聖位中，恆有眞如妙物，此第八識心之本性猶如諸聖人無有貪著之心行。七住賢位菩薩由証此不取境心故，轉依此心之性，漸修而起聖性，能入聖位；初地聖位菩薩由依此心修習無生法忍故，能次第漸至佛地，故說如來藏心「有事悉如如，如賢聖境界」。

「無種而有生，生已而復滅，因緣有非有，不住我教法」：若人效法月稱、宗喀巴、達賴、印順……等人否定持種識如來藏，則彼等所說業種、無明種、渴愛種等，悉成本來無種而無因有生，生已復滅，則墮無因論中。若有往世所造業種、無明種、渴愛種等，由往世來至今世，則必有持種識執持諸種而受生轉至今世。不應唯有諸種寄於虛空，致生此世五陰，有大過故：應一一行支種，生一一有情，不應往世同一有情之一一行支種合生爲一有情，無聚集合藏者故，二種皆散失於虛空故。復次，虛空乃是無法，依色法之無，施設建立虛空假名，故《俱舍論》中說虛空是色邊之色，乃是假名之法也；虛空既是假名非有之法，無自體性，焉能受持某一有情之一一行支業種……等？復能轉至今世合聚於有情五陰中而現行？無斯理也！

如是，月稱、宗喀巴、達賴、印順……等人，主張無有第八識眞如，唯憑往世所造一一行支之業種……等種爲因緣，即能續生來世五陰有根身及見聞覺知心者，佛於此段經文中說：如是「因緣有」之法，非眞實有；弘傳如是「因緣有」法者，佛說是人「不住於我釋迦牟尼所傳的教法之中。」故說**無種而有生，生已而復滅，因緣有非有，不住我教法**。

「非外道非佛，非我亦非餘；因緣所集起，云何而得無？」自心眞如唯是涅槃心體，離見聞覺知，不思量一切法；非如七識心之有見聞覺知、能思量一切法。七識心與六塵及種種見相應，故能作佛及作外道；自心眞如離六塵境，離見聞覺知，離種種見，故非外道亦非佛。

以離見聞覺知，及離思量性，不與語言文字相應，不了知六塵萬法，故非常見外道所說常不滅我，故名非我。有時爲度懼墮斷滅之外道我見者入佛法中，亦可方便說「常住不壞之如來藏、我、眞我」，誘引計我外道入佛法中。然印順法師不知不解，竟將佛之方便說「我」—假名我，計爲常見外道所說常不壞我、眞我、梵我，便誣稱爲「如來藏我」。然如來藏眞我是第八識，常見外道等所說我是第六識，此二識並存運行，一切禪宗証悟之人所能証知，如今我會諸多同修亦多証知；既是不同之二識，與外道所言「常不壞我」之意識完全不同，云何印老可以誣謂「如來藏思想富有外道神我色彩」？非誠實語也！

如是如來藏心，非是常見我，非外道神我，亦非其餘種種外道所說恆不滅法，唯佛與利根菩薩方能証之。此心能藉往世業種（行支）及無明種與渴愛種等爲因，配合父母四大諸緣，而生吾人五陰世間；藉諸因緣所集之五陰世間，如來藏便於人間現起心行，而由証悟之菩薩現前觀察及証知。如來藏心既能藉諸因緣所集五陰而起自身之心行、迥異前六識之心行，云何月稱、宗喀巴、達賴、印順……等人而得言無？謂無此心？

「誰集因緣有？而復說言無？邪見論生法，妄想計有無」：若無如是無覆無記性之第八識，是誰集藏往世之因緣有法？若無第八識集藏因緣有之種子，尚無三世能受生者，何況能有五陰世間？何況能有緣起性空之種種因緣有？意識及意根俱皆不能持種故（詳拙著《真實如來藏》，此勿重述），而印順師徒及達賴等人妄信月稱及宗喀巴之應成派中觀邪見，說言無有第八識眞如，悉皆成爲月稱及宗喀巴之邪見教導下之受害者。

如斯輩人以一切法空之邪見，議論有生之法，妄謂意識細心等有生之法能通三世，建立意識細心有生之法爲三世因果之主體；依如是邪見，說言實無如來藏心；依如是邪見說言實有「不可知之意識細心」，印老更妄言「蘊處界滅後之滅相不滅為眞如」。妄言如是「滅相不滅之眞如」為非斷滅法者，即是佛說「妄想計有無」者，非是世尊正法之教也。

「若知無所生，亦復無所滅，觀此悉空寂，有無二俱離」：若能証知自心藏識，現前觀察及領納其體及其心行性用，則能証知自心藏識本來無生。亦能現觀一切法無所生亦無所滅，何以故？謂能如實現觀一切法由藏識生故。五陰七識心等一切法既由自心藏識生，當知即是藏識性用之局部、依藏識之運行而得自藏識中現起；此等一切法既由藏識出生，雖然非一於藏識，然亦非異於藏識，而藏識體恆不生，故說此等一切法不生。

如是証知藏識本來不生及一切法無所生者，即能了知一切法無所滅，何以故？謂一切法由藏識生起而後滅已，復能續由藏識生起；如是生滅無窮，非永壞滅，滅已復能現起故，云何得言一切法有所滅？唯除定性聲聞入無餘涅槃。此謂一切法是藏識性用之一部，由藏識依於因緣起起滅滅，生滅無盡，而此一切法恆依藏識而住，藏識既永不滅，云何得言此等諸法有所生、有所滅？一切法以藏識為體故。

若能現觀自心藏識體恆常住，本來不生不滅者，即能現觀一切法無所生亦無所滅；由此返觀自心藏識之涅槃寂靜、猶如虛空者，即不墮於定性聲聞所墮一切法緣起性空之一邊，即能遠離「世間依有、世間依無」二種虛妄想、般若正觀恆現前，佛菩提智漸漸出生，名為實義菩薩。

爾時大慧菩薩復白佛言：「世尊！惟願為我及諸菩薩說宗通相。若善分別宗通相者，我及諸菩薩通達是相；通是相已，速成阿耨多羅三藐三菩提，不隨覺想及眾魔外道。」佛告大慧：「諦聽！諦聽！善思念之，當為汝說。」大慧白佛言：「唯然受教。」

疏：《爾時大慧菩薩復白佛言：「世尊！惟願為我及諸菩薩開示『宗門通達之相』。如果能夠依佛語而善於分別宗門通達之相者，我及諸菩薩即能通達宗通之相；通達宗門之相已，則能迅速成就無上正等正覺，不隨於覺觀及虛妄想，亦不隨於眾魔邪行及外道邪見。」佛告大慧：「專心聽著！專心聽著！並

須善於思惟憶念之，我當為汝宣說。」大慧白佛言：「一心受您教導。」》

解：三乘之宗門通達相，有異有同；若未得初地道種智，則不能具足知，何況未得三乘見道之一者？云何能知？縱使世智辯聰，窮盡一生研究佛法如印順法師者，尚不能知；等而下之，思過半矣！佛世之時，通達三乘宗門者尚不多見，而今去聖已遙，更無論矣！大慧菩薩為利當時及後世學人，故做此問，求佛開示。若人聞佛說已，能善加分別宗通之相，即能迅速成就無上正等正覺—於佛菩提及二乘菩提皆入如實平等之覺悟—無人能出其上，如是菩薩永不復隨虛妄之覺想，亦不隨於衆魔邪行及外道邪知邪見，則能正確修學佛道，速疾成佛。

佛告大慧：「一切聲聞、緣覺、菩薩有二種通相：謂宗通及說通。大慧！宗通者，謂緣自得勝進相，遠離言說文字妄想，趣無漏界自覺地自相，遠離一切虛妄覺想，降伏一切外道衆魔；緣自覺趣光明暉發，是名宗通相。云何說通相？謂說九部種種教法，離異不異有無等相，以巧方便隨順衆生，如應說法，令得度脫，是名說通相。大慧！汝及餘菩薩應當修學。」

疏：《佛告訴大慧菩薩：「一切聲聞乘、緣覺乘、菩薩乘之証道者，皆有二種通達之相：謂宗門通達及言說通達。大慧！宗門通達者，是說証道者攀緣於自身所証得之殊勝上進相，遠離言說文字及虛妄分別，趣入無漏界之自身覺証境地自相而住，遠離一切虛妄之覺觀與分別，降伏一切外道及種種魔境；是名宗門通達之相。如何是言說通達之相？此謂能說九部經中種種教法、遠離異不異、有無非有非無、常無常、俱不俱相，以善巧方便隨順眾生，如諸眾生種種根器差別，觀其所應為說教法而宣說之，令彼彼眾生得以度生死海而得解脫，是名說通之相。大慧！汝及其餘菩薩眾等，應當修學。」》

解：佛告大慧：「一切聲聞、緣覺、菩薩有二種通相：謂宗通及說通。」宗通與說通，是一切証道者所必定皆有之通達相，無有不具此二通者。然因往世修學佛道之時劫久暫，及善根福德厚薄有異、所遇善知識法教種種差別、自身定力慧力深淺不一，導致此世與善知識之法緣差別萬端，令諸証道者雖因同一善知識之誘導而得悟入同一法性，然彼彼眾之宗通與說通仍不可能完全如一，而有高下差別。如佛世諸大聖弟子之宗說二通，因人人異，互有短長；我會大衆之証道者亦復如是，雖因同一善知識緣而得悟入，然因上述種種因緣差別，致令各人之宗通有深淺廣狹差別，然悉必有宗通之功能德用。

由有宗通功德故，隨之必有說通之功德；然因宗通功德之種種差異，故令彼彼証道者間之說通，有淺深廣狹之差別—有能上座廣說深說者，……乃至唯有能隨緣爲人淺說略說者；是故所悟雖同，非必二通內容悉同。若欲令此二通俱皆深妙者，應須長劫多聞熏習，精勤修集福德資糧，供養三寶，厚植善根勤除性障，與善知識深結法緣，多聞熏習已，常善思惟、離邪思惟，並修定力；苟能如是，將令自身宗說二通俱皆深妙，不唯自身得大利益，亦令廣大學人同得法益；佛爲此故，說此二通。

「大慧！宗通者，謂緣自得勝進相，遠離言說文字妄想，趣無漏界自覺地自相，遠離一切虛妄覺想，降伏一切外道衆魔；緣自覺趣光明暉發，是名宗通相」：宗通者，乃謂宗門之通達。三乘宗門意旨有別，是故三乘聖者之宗通內涵亦異；由宗通內涵異故，令三乘聖人所緣自得勝進相亦有異同，不可一概而論。

聲聞乘人之宗通相，乃依四聖諦理，而行八正道，或修因緣觀、或不修因緣觀，俱依音聲、聞佛或菩薩說法，體悟蘊處界空相—無常、苦、無我、空，由是而証聲聞初果乃至四果，証慧解脫或俱解脫，是名聲聞之宗通相，此乃解脫果也，名爲二乘菩提。

慧解脫者：乃因往昔數世以來，精勤修除三界法之貪愛，於三界境界俱無所執；復於我愛極力修除，然因我見未斷故，能伏我愛而不能斷。後由音聲之中，聞佛解說蘊處界空相，聞後思惟，現觀蘊處界（尤其是離念之靈知心）是無常、苦、空、無我，故斷我見及我執，成慧解脫阿羅漢。若未先降伏如是我愛者，聞佛說已，隨後思惟現觀，唯能斷我見，成聲聞初果，分証解脫—極盡七次人天往返，而後始能成阿羅漢而取涅槃。

慧解脫聖人由未修習四禪八定故，不成俱解脫者；若已曾証四禪八定具足者，但聞佛說蘊處界（尤其是離念之靈知心）之空相，便能現觀如實，得証俱解脫果，成大阿羅漢，常住滅盡定中。

聲聞聖人不論是慧解脫抑俱解脫，俱皆要依音聲聞法，方能証解聲聞法，証二乘菩提之解脫果。所聞法爲：五蘊空、十二處空、六入空、十八界空、十二因緣空；悉依「名色緣識」之識而幻有，生已必滅，故說爲空。如余諸書之所說者，俱曰蘊處界空，無有不空者；若有人能詳審思惟現觀「離念靈知心無常、非眞」，肯認不疑，必獲聲聞初果無我見—斷三縛結。若有人已多世降伏我執而不斷我見，但閱余諸著作，聞（讀）悉蘊處界空相，獨一靜處詳審思惟而現前觀察之，能兼證思量心（處處作主之意根）之非眞者，必斷我見我執，成慧解脫。若兼具四禪八定者，定成俱解脫，必得無疑：余已謹遵佛旨，具說其理故。此等諸人之親証解脫果者，俱依音聲（文字）聞法而入，故名聲聞。

緣覺乘聖人名辟支佛，所証解脫果同於聲聞乘阿羅漢，然慧較利，不由他聞。聲聞乘法，要須善知識依蘊處界及十二因緣，廣說略說方得悟入，非因自身觀察之智慧而得悟入，故名聲聞。緣覺乘法但由行者自思自觀，現前觀察五陰十二處十八界俱是衆緣依無明因，由阿賴耶識而現，唯因不能証得此識，故不生般若慧，不入菩薩數中。辟支佛出於無佛之世，能自覺悟蘊處界空，否定第七識心—實証無我，其慧超勝於聲聞乘人，不由他聞而自悟入，所悟多由因緣觀而入，故名緣覺乘人。

蘊處界空相，是二乘菩提之宗通相—親証人空—無我無我所，所証是解脫果。慧解脫阿羅漢覺悟聲聞宗門意旨已，緣於無我慧而住，於三界萬法不深繫緣，亦不緣我、不緣我所，解脫我見我執繫縛，待時捨壽方取涅槃，是名慧解脫阿羅漢所緣自得勝進相，非凡夫所能、非三果人所能，故名勝進相。

於如是所緣勝進相境界中，遠離言說，遠離文字，遠離凡夫之涅槃虛妄想；其意及意識，趣住於無漏界之自覺境界自相中，遠離外道及凡夫對於解脫道之虛妄覺觀分別。由如是緣於自得勝進相故，起於盡智乃至無生智，能降伏一切外道及衆魔，令彼等不能於涅槃及解脫道作諸謬論。慧解脫聖者雖無禪定功夫，亦無神通，示同凡夫無異，而心得解脫—由聲聞一切智之十智或九智而得解脫，不為外道凡夫寡聞少善之人所重。

如是慧解脫阿羅漢雖同凡夫，無諸神異，然有慧光，唯天眼者之所能見，其光色金黃；此乃緣於自覺聖智意趣而自然發暉照耀，非彼阿羅漢故起作意照耀。若無天眼，則不能見；性障重者，便誣此阿羅漢爲凡夫肉胎，由此成就誹謗聖人之地獄重罪。

俱解脫阿羅漢於一切時，皆如是緣於自得勝進相，惟尙能住滅盡定中—滅除意識，亦令意根之受想心所法俱滅，此是俱解脫阿羅漢別得之自得勝進相，非慧脫羅漢之所能緣，故名大阿羅漢。大阿羅漢若欲修學五神通者，隨學隨入，由四禪八定及滅盡定之功德力故；其神通境非一切世間有學能及，亦非已得非非想定而修得五通之凡夫所及，由有如是所緣自得勝進相故，其通微妙，非諸外道衆魔所知也。

辟支佛之具得四禪八定及五神通者，由其所緣自得勝進相之智慧深妙於聲聞乘人，故其神通益加勝妙。若不具四禪八定者，此辟支佛縱有神通，亦極昧劣；或具四禪八定而不修五神通者，亦無神通，則其所緣自得勝進相，唯於無生智上勝諸聲聞，神通境界則不如也。然有一分辟支佛，於証道前已修得四禪八定，証道後自然發起五通；此乃過去世已曾修習五通，今因証道故心得離染，離染故自然發起五通。若過去世不曾修習五通，今成辟支佛已，尙須加修五通法之加行方得；故《俱舍論》云：「未曾、由加行，曾修、離染得」，正是此意。是故辟支佛同得「趣無漏界自覺地自相」，然有十品緣覺，所緣自得勝進相，品品有異；所不異者，謂皆遠離文字言說虛妄想，皆不墮外道之涅槃虛妄想中，皆能降服一切外道衆魔，皆悉由於緣自所証覺悟宗門意趣，而令心光暉發，由一切眞具天眼者所能得見，是名二乘之宗通相。

菩薩或具如是二乘宗通相，或不具之，要因修証層次差別不同而異；然菩薩所証佛菩提智之自得勝進相，則非諸不迴心之二乘無學所能緣也。

云何菩薩有不具如是二乘宗通相者？謂菩薩有四種：一者六住位菩薩，未証本來自性清淨涅槃；二者七住位上至十迴向位菩薩，已証本來自性清淨涅槃；三者初地至三地住地心中菩薩，已証道種智，由故意力留一分思惑不斷，能取証如是二乘宗通相（慧解脫）而不取証；四者三地滿心菩薩至六地住地心位，亦因留惑潤生故，能取証如是二乘宗通相（俱解脫）而不取証；是名菩薩不具如是二乘宗通相，然而後二位諸菩薩悉皆能知二乘宗通相，能知能証二乘無學所緣自得勝進相，而不取証解脫果，亦不親緣二乘無學所緣自得勝進相。

菩薩已具如是二乘宗通相者，謂六地滿心以上，必証滅盡定—必証俱解脫果而不取無餘涅槃，是名菩薩已証二乘宗通相，親緣二乘無學所緣自得勝進相。七住至十迴向位菩薩雖猶未具知二乘宗通相，然七住菩薩位起、因已証得本來自性清淨涅槃之般若慧故，別有宗通相，非二乘無學所知，謂七住菩薩所証本來自性清淨涅槃，乃是四種圓寂之實際—第八識如來藏。由親証自心如來藏故，現前照見如來藏遠離言說、文字、虛妄想，趣入如是無漏界自覺地之自相而住，遠離一切虛妄覺想，能降服一切外道衆魔，是名菩薩所緣自得勝進相。

菩薩由如是所緣自得勝進相故，緣於自身內証法智類智、道種智、一切智（六地滿心起），故能由其所緣自覺三乘宗通相之意趣，令心光發明暉耀，是名菩薩宗通相。如是宗通相，非諸愚人（二乘有學無學）及凡夫（未入三乘見道者）之所能知也，大乘別教宗通相不共二乘故，二乘宗通相不共凡夫及外道故。如余入定時白色定光四射，彼義雲高、釋性海、喜饒根登……等人尚不能見，何況余上座宣說別教了義宗門正法時之金黃色智光暉發，彼等云何能見？如是定光慧光且置，余於繕寫諸書時之慧光暉發，乃至余所出版一一書皆有光明暉發，由諸天眼者所見；亦有年少至六七歲之小兒報得天眼所見，珍惜寶愛，隨身攜帶而不肯捨；彼釋性圓及喜饒根登諸外道等皆悉誇言有大神通、乃竟不能見之，而誇言神通殊妙，妄謗於余，其實皆未曾證天眼，皆是妄語人也，而彼愚迷無智之人信之，以為彼等眞有神通！是可憐憫者哉！

「云何說通相？謂說九部種種教法，離異不異有無等相，以巧方便隨順衆生，如應說法，令得度脫，是名說通相。大慧！汝及餘菩薩應當修學」：已通宗者，必隨其所証宗通相之深淺廣狹差別，隨分發起說通功德；如是宗通菩薩，隨分具有說通功德，皆能多少為人宣說所通宗門，無有不具說通者。

說通之相者，謂如二乘菩提之宗通者，能為他人多少宣說解脫之道，是名二乘菩提之說通相。菩薩說通者，偏重佛菩提道之說通，兼說二乘菩提之解脫道；佛菩提道以般若慧及道種智等增上慧學為主要內涵故。

說通之相，非謂錯悟未悟之人、以意識之多聞思惟及能言善辯以為說通；如是之人雖有世智辯聰，而未解証自心藏識，是故不能眞解佛旨，處處執言取義、生諸錯解，於証道者眼前即無語話之分，不名說通之相。說通相者，謂菩薩証道已，能隨其智慧之淺深狹廣差別，隨分爲人宣說九部經之佛旨。九部經者謂：十二部經除去因緣、本事、本生，所餘九部也；亦即契經（長行）、祇夜（重頌）、記別（授記）、諷頌、優陀那（自說）、譬喻、方廣、希法（未曾有法）、優波提舍（論議）。九部經者，亦名九分教；南北傳所說互異。《法華經方便品》所載，與大集法門卷上所載有別，《十住毘婆沙論》卷九所載亦異。此《楞伽經》所說重在義理，故九部經者由十二分教中，除去因緣（佛陀說法教化之因緣）、本生譚（佛陀前世行菩薩道之種種大悲行）、本事（本生譚以及所述佛與弟子之前世行誼）。《法華經》則重在無量世佛行之徵信証信，故將因緣、本生及本事列在九分教中。

大乘七住以上菩薩，俱能隨分爲人宣說九部經之少分、多分、滿分，無有不能說者，以其已經親証自心藏識而發起般若慧—已經隨分証得宗通之相故。如是宗通菩薩，若得見地通達，生起初地道種智，能爲衆生具足宣說九部經中種種教法，遠離一異、俱不俱、有無非有非無、常無常等無明相，能以種種善巧方便，隨順衆生心性差別，施設種種異法，隨衆生心應所知量而爲之說法，令得度脫—遠離凡夫位，是名說通之相。

若如帝洛巴、梅紀巴、月稱、寂天、阿底峽、宗喀巴、蓮花戒、歷代達賴及餘三大派法王、今之達賴喇嘛與印順法師、創古仁波切，乃至附密宗外道之民間信仰者如義雲高、仰諤益西、釋性圓、釋性海、喜饒根登……等人，既未親証自心藏識，不通第一義諦宗門，不具絲毫宗通功德，於九部經中佛眞旨意，處處錯解。乃至絲毫不解如喜饒根登、釋性海、釋性圓……者，俱皆不名說通之人，未証自宗通故，是故墮於欲界有爲法中：錯將欲界天人團食之甘露之能求得，引爲佛法上之証量，極爲荒唐可悲！

然多數菩薩之說通，要須宗通之後，親隨大善知識（非謂大名聲之大師）修學般若之別相智與種智，方得漸漸具足圓滿，非謂初見道明心時即能具足圓滿也；是故說通之相，一切菩薩悟後皆須隨從眞善知識及諸經藏受學。未得宗通者，應當隨從眞善知識受學；俟宗通已（親証自心藏識），而後修學說通之相。乃至已入初地菩薩，仍應親隨佛學，或於諸經中學（佛入滅後），皆未如佛之究竟圓滿故。

爾時世尊欲重宣此義而說偈言：

宗及說通相，緣自與教法，若見善分別，不隨諸覺想。

非有眞實性，如愚夫妄想；云何起欲想？非性爲解脫？

觀察諸有爲，生滅等相續，增長於二見，顚倒無所知。

一是爲眞諦，無罪爲涅槃，觀察世妄想，如幻夢芭蕉；

雖有貪恚痴，而實無有人，從愛生諸陰，有皆如幻夢。

疏：《爾時世尊欲重新宣示此眞實義，而說偈言：

宗通相及說通相，是緣於自得勝進相與因此而通達之九部教法；若能親見宗通之無漏界自覺地自相而善予分別了知者，是人永遠不會隨著外道衆魔而起諸虛妄覺想。

世間萬法非有眞實不壞之法性，猶如愚夫之妄想以爲實有者；云何於種種妄法中起於貪欲之想？云何妄取非眞實法之有性以爲解脫？

彼諸愚人觀察種種有爲之法，
皆是生滅、有無、一異、常無常等，相續而轉，
卻仍墮於生滅、有無、一異、常無常等二邊而增長二邊邪見，
由顚倒見故，於眞實義無有所知。
唯有一法是眞諦—通達自心現量—不可說有第二法也是眞諦，
滅除了業種與我執之無罪境界即是涅槃，
依如是唯一之眞實義、觀察世間種種虛妄覺想，
猶如幻化、夢境、芭蕉之暫有非實；
現象上雖然見有貪欲瞋恚愚痴，然而實際並無實有不滅之人我，
從貪愛五陰六塵而生五陰或四陰，
如是三界一切有法皆如幻化及夢境中有。》

解：「宗及說通相，緣自與教法，若見善分別，不隨諸覺想」：修學佛道者，每多盲從諸方南北傳大師、顯密大師之謬見，起於種種非如理作意之覺想分別；若有學人於宗通相與說通相能善分別，能緣於三乘法宗通之自得勝進

相，則能於佛說九部經之眞實意旨確實了知，則能通達九分敎之種種敎法。若有佛子能善分別九部敎法，則不墮於諸方大師謬見而起種種虛妄覺想；假饒有魔投生人間，現比丘相而邪解佛法貽害衆生，如是已見宗通相及說通相之佛子，終不隨於魔化比丘而生邪解，終不起諸虛妄覺想。

「非有眞實性，如愚夫妄想；云何起欲想？非性爲解脫？」三界六塵中所現一切法，皆非有眞實不壞之法性，非如愚痴凡夫妄想之實有不壞。譬如惟覺法師、徐恒志居士、上平居士…之執意識粗心（清清楚楚明明白白處處作主之離念知覺性）爲不壞法，亦如印順法師虛妄建立不可知之意識細心爲三世因果之連繫者，亦如達賴喇嘛之建立「不可知之意識極細心」爲因果涅槃之主體；亦如民間信仰之義雲高、仰諤益西、釋性圓、釋性海、喜饒根登……等人，執欲界中之粗意識爲常不壞心，亦如聖嚴法師之以虛空粉碎之定境覺知心（意識）爲眞如，悉墮「三界有」法，意識是三界有故，覺知心是「五陰有」故，覺知心是十八界有所攝故。

意識有—覺知心，非如愚夫妄想所說具有眞實性，依意根及法塵爲緣而起故，由自心藏識流注意識種子而生故；此覺知性易起易滅，依他而起，夜夜眠熟即斷、悶絕及正死位亦斷，故於此時皆無意識，非如第八識心之於一切狀況下皆本來自己存在，故覺知心意識非有眞實不壞之法性。

未學佛法之愚痴俗人妄想靈知心夜夜滅已，次晨復能不依他法而自生起；妄想此識本來自在、不依他起，故以此心爲常不壞我，於三界六塵中貪著種種法，起種種欲想，由是造作種種善惡及無記業，受於後有，輪轉生死；然而河北上平居士竟也效法未學佛法之俗人，主張覺知性之意識是本來自有之常住法；久學佛法者之知見，竟完全同於未學佛法之愚痴俗人妄想，令人深覺不可思議！不能不感嘆末法衆生之愚痴也。

諸方顯密南北傳大師則以此心不著五塵，住於一念不生之境，於欲界定或未到地定中保持一念不生之覺知性，妄想如是境界已離六塵；然此境界其實不離六塵，於六塵俱能了別故；縱能入住二禪等至，不觸五塵，依然未離定境幽閒法塵；假饒滅卻見聞覺知，不知自己，仍未脫離幽閒法塵，不離三界（其實只是證入非非想定中而不返觀自己，故以為已離見聞覺知）。乃至如朗波田禪師之令人培養覺知性，住於清淨妙明安寧平等之境，亦皆不離意識境界。

亦如徐恒志居士之執著「離念靈知」爲眞如心，認爲「於有念時別有另一本來離念之靈知心，祂就是眞如妙心，就是佛性」，其實皆是意識覺知心。此謂彼離念靈知心非眞離念故，只是意識覺知心之反觀性爾，於唯識種智中說之爲意識之証自証分；我諸同修學無相念佛法門已，短者三月、長者一年，即能於一切時中（除眠熟悶絶等位）以此離念靈知而念佛，離一切語言相而念佛憶佛，並能離語言文字而察知自己是否仍在憶佛不斷。然諸同修皆知此覺知性乃是意識心，繼續鍛鍊功夫，再求進一步之覺証，不敢便認此離念之覺知性爲眞如佛性也。由如是正見，方能遠離「認妄爲眞、得少爲足」之病，繼續用功；乃至後來之証得第八識眞如，以及後來之眼見佛性、進修一切種智等。是故學佛之人必須先能了知何爲意識？能了知意識本質已，而後方能遠離「認妄爲眞、得少爲足」之病，爾後方有証悟之緣也。

如是諸方南北傳、顯密教等一切大師，悉取離念靈知之覺知性爲眞實不壞之常住法，普墮意識境界，未斷我見。然意識我—離念靈知—必須依於未壞之五色根方能存在，非如第八識及第七識末那於五色根壞時猶能存在。末那識於眠熟時仍能存在而令有情次晨醒來，於五色根死亡毀壞時仍能依於第八識而存在不滅，而猶非是眞實心，何況覺知性之「意識離念靈知」須依末那而後能有者？焉可強行建立爲眞實心？何況覺知性之「意識離念靈知」夜夜眠熟已，須依末那及第八識心方能再現者，云何可以強行建立爲眞實心？若覺知性之意識離念靈知心可以建立爲眞實不壞心，則不須佛來人間受生說法，一切常見外道皆已如是主張、如是証得故。

離念靈知之意識覺知性，非有眞實性，依他而起故，易起易斷故；諸方大師主張應以如是心而入涅槃、以如是心爲涅槃之體者，名爲涅槃妄想、解脫妄想，何以故？謂如是涅槃爲依他而有之「涅槃」故，如是「涅槃」終必壞滅故，如是「涅槃」是生滅法故，如是「涅槃」非實相故，云何諸方大師以如是非性爲解脫？而河北上平居士淺學無知，竟敢出頭、於網站上爲徐恒志、元音老人諸錯悟者辯解：以「意識証自証分」之離念靈知爲眞如佛性、爲常住不壞之法，違背《楞伽、楞嚴、維摩詰、大集、大寶積…》諸經佛語，妄謗余所傳正法爲邪法，無知無智至此地步，難可與語。

「觀察諸有爲，生滅等相續，增長於二見，顚倒無所知」：諸方大師及諸外道，觀察種種有爲法—依蘊處界而作觀察，欲証知實相；然多因觀察之不如實及受邪教導故，所以或墮常見、或墮斷見，不知悉屬生滅有無一異常無常等邊見法；由未如實觀察故，增長常斷等邊見，皆是顚倒想者，彼等於佛法中，名爲於實相無所知者。

執意識（含細心、極細心）不滅者，名爲常見，達賴喇嘛、創古、印順師徒、惟覺、聖嚴、徐恒志、上平居士…等人俱墮此見；民間信仰之附佛法外道義雲高、仰諤益西、釋性圓、釋性海…等人、悉墮意識粗心中，俱名常見外道。如是諸人墮於生滅有無斷常…等二見中，而以中道般若名相及意識思惟而作種種辯言，以莊嚴自法，自謂不墮邊見。彼等諸人不肯受余勸諫，不肯揚棄所執邊見，則必增長二見，無有了期，名爲顚倒覺想，名爲於三乘菩提無所知者。**佛說觀察諸有爲，生滅等相續，增長於二見，顚倒無所知者**，謂如是諸人也。

「一是爲眞諦，無罪爲涅槃，觀察世妄想，如幻夢芭蕉；雖有貪恚痴，而實無有人，從愛生諸陰，有皆如幻夢」：眞諦唯有一法，即是一切有情之本原—自心如來藏，是世出世間一切法之根源故，一切世出世間法皆由此心而生而現而顯故；故說唯此一法，名爲眞諦，無有其餘一法亦可名爲眞諦也。

二乘菩提名爲俗諦，依世俗法—蘊處界—而建立故。佛於二乘菩提中，隱覆眞諦而說涅槃，令弟子衆出離三界分段生死，故於四阿含中偏顯有餘依涅槃及無餘依涅槃。

云何二乘菩提？謂共大乘之解脫道。三乘學者皆依二乘菩提而証解脫果，此謂現前觀察五陰十二處十八界六入之幻有非實，實証蘊處界無常、無我、苦、空，非有眞實不壞之自體性，念念變異而不能常住；由是現觀「蘊處界無常」所得慧故，能斷我見乃至我執。我見斷者，即不承認蘊我爲實，亦不承認覺知心性（不承認離念靈知之意識）爲實，亦不承認作主思量之末那識爲實；如是歷緣對境中，漸漸修除對於自我（覺知心我及思量心我—作主者）之執著；我執斷盡，則不復受生於三界中受果報，故名一切罪滅，捨壽即入無餘依涅槃，是故佛說「無罪爲涅槃」。

如是涅槃之修証，俱依世俗諦（三界世俗法之蘊處界無常、苦、空、無我）而修，皆依三界世俗法中蘊處界之現象而言，故屬世俗諦而非眞諦；眞諦則是親証非世俗法之自心藏識而生般若慧，住於中道觀，方名眞諦。若二乘菩提亦得名爲眞諦者，則應眞諦有二；若有二者，則非眞諦，眞諦是無二性故、是絕待性故；亦應蘊處界具眞實不壞性，是眞諦所依故。是故眞諦唯有一法—由証第八識而生之般若總相智、別相智、及一切種智，故二乘菩提名爲俗諦，依三界中世俗五蘊十二處十八界而觀察所証故。

如是雙証唯一眞諦與二乘涅槃俗諦者，皆能如實觀察三界世間一切凡愚之虛妄想，現觀世界如幻、人生如夢，亦現觀五蘊猶如芭蕉樹—和合包裹而有。有情蘊處界存在時，雖有貪欲瞋恚愚痴之現起與業行，似若有人有我；然實無有眞實不變不壞之人我，色陰與七識識陰俱非本有常住之法故；如是欲界色界五陰；及無色界四陰，皆是由於有情往世之我愛我見及六塵貪愛等貪不斷，是故現有此世諸陰；然而如是欲界色界五陰，及無色界四陰，俱名三界有法；如是三界有者，假緣而生，生已暫有，皆如幻化所有，亦如夢境中有，非有眞實常住不壞之體性。

爾時大慧菩薩白佛言：「世尊！惟願爲說不實妄想相。不實妄想云何而生？說何等法名不實妄想？於何等法中不實妄想？」佛告大慧：「善哉！善哉！能問如來如是之義，多所饒益，多所安樂，哀愍世間一切天人。諦聽！諦聽！善思念之，當爲汝說。」大慧白佛言：「善哉世尊！唯然受教。」

疏：《爾時大慧菩薩向佛稟白說：「世尊！惟願世尊爲我等宣說不實妄想之相。不實妄想是如何出生的？說何等法名爲不實妄想？於何等法中起不實妄想？」佛告訴大慧菩薩：「善哉！善哉！能問如來如是之義，多所饒益，多所安樂，哀愍世間一切天人。諦聽！諦聽！善思念之，當爲汝說。」大慧白佛言：「善哉！世尊！唯然受教。」

解：「世尊！惟願爲說不實妄想相。不實妄想云何而生？說何等法名不實妄想？於何等法中不實妄想？」法末之季，修學佛法者多如牛毛，能証佛法入見道位者猶如麟角，極難可見；不唯佛菩提果（大乘菩提）如是，較為淺易之二乘菩提解脫果亦復如是。

今時全球學人修學佛法之展轉迂迴，以致不能証入三乘菩提者，咎在隨諸大師同墮虛妄想中。究其妄想之所由，實因諸方大師之未能如實了知不實妄想相，故不能遠離不實妄想相，乃以不實妄想以教學人；復無眞善知識出世破邪顯正，引導學人，是故師徒俱皆展轉失怙。大慧菩薩有鑑於此，乃為當時後世一切學人而問世尊，請求世尊開示：「不實妄想究竟是如何產生的？說何等法名為不實妄想？不實妄想者是於何等法中起不實妄想？」由大慧菩薩如是問故，今時吾人仍能承受世尊法乳深恩。

佛告大慧：「種種義，種種不實妄想計著，妄想生。大慧！攝所攝計著，不知自心現量，及墮有無見，增長外道見。妄想習氣，計著外種種義，心心數妄想，計著我我所生。」

疏：《佛告訴大慧菩薩：「於種種法義中，作種種不眞實之虛妄想而生誤計及執著，所以產生了虛妄想。大慧！於能取及所取二法誤計及執著故，不知能取與所取皆是自心藏識所現之事實，以及墮於世間依有及世間依無之邪見中，而增長種種外道見，如是皆名不實妄想。所謂不實妄想者乃是由於妄想習氣，誤計及執著自心藏識外之種種法義，並於自心藏識起虛妄想、於七識心及所有法起虛妄想，誤計執著有我及我所，而生不實妄想。」》

解：「種種義，種種不實妄想計著，妄想生」：此答大慧所問「不實妄想云何而生？」此經所言妄想，非謂修定時心中所起之語言影像妄想，乃謂「於眞實理起不如理作意之想」。於眞實理起不如理作意之妄想者，皆由學人於種種法義中，不如實知，故隨衆人根性差別，而生種種不實妄想；於不實妄想誤計爲實、執著爲實，是故不實妄想生焉。譬如印順法師之涅槃不實妄想，乃是依於不實妄想計著而生—不承認第八識而說有涅槃可証—妄想佛法中有外於藏識之無餘涅槃：

印順法師如是言：《「空諸欲」，「空世間」—我我所空，「貪、瞋，痴空」，都是依生死世間說空的。如徹底的貪空、瞋空、痴空，貪瞋痴永滅，也顯示了出世的涅槃。『相應部』說到了這樣的文句：「如來所說法甚深，義甚深，出世間空相應」。佛說的法，爲什麼甚深？因爲是「出世間空性」相應的。出世間空性，是聖者所自証的；如來所說與之相應，也就甚深了。出世間空性，是難見難覺，唯是自証的涅槃甚深。佛依緣起說法，能引向涅槃，所以緣起也是甚深了。阿難以爲：佛說「此緣起甚奇，極甚深，明亦甚深，然我觀見至淺至淺」，以此受到了佛的教誡。這樣，甚深法有二：緣起甚深，涅槃甚深，如『雜阿含經』卷一二說：「此甚深處，所謂緣起。倍復甚深難見，所謂一切取離，愛盡，無欲，寂滅，涅槃，如此二法，謂有爲、無爲」。》（摘自正聞出版社《空之探討》頁七、八）

然印老不解「出世間空性相應」之義，以爲貪瞋痴永滅—一切法空—即是出世間空性；猶如阿難尊者在聲聞初果位時，未入菩薩數中，未証自心藏識時，故謂「緣起甚淺甚淺」，而爲世尊所訶。

出世間空性者，謂緣起法中有出世間空性，與緣起法之諸法空相並行；而此出世間空性爲無爲法，不生不住不異不滅，與有爲緣起法之若生若住若異若滅並行，為二乘人所難証知，聞之茫然不解，即是如來藏空性—涅槃之實際、般若之根源、種智之所依。唯有利根菩薩能自悟自証自知，而成眞佛子，能眞實了知緣起法所依之法界實相心—如來藏，故說緣起甚深極甚深。阿難尊者彼時尚在聲聞法中，不解緣起根源之甚深義，以為二乘所說緣起即是究竟緣起，故云甚淺，由是招致世尊所訶；後來悟入大乘藏識法門，方知南轅北轍。今者印老尚且錯解五陰十八界法，未入聲聞初果，未及彼時之阿難尊者，云何能知緣起之甚深義？由不能具知緣起甚深義故，方敢誹謗菩薩藏—說無如來藏、說無第八識阿賴耶、說如來藏等同於外道所主張之不壞神我。

印老所舉大正藏《雜阿含經》卷十二（第二九三經）經文：「此甚深處，所謂緣起。倍復甚深難見，所謂一切取離，愛盡，無欲，寂滅，涅槃。如此二法，謂有為、無為。」實有斷章取義及斷句取義之嫌。茲錄經中原文於左，以便學人解佛眞旨：

「所以者何？此甚深處，所謂緣起；倍復甚深難見，所謂一切取離、愛盡無欲、寂滅涅槃；如此二法，謂有為無為：有為者若生若住若異若滅，無為者不生不住不異不滅，是名比丘諸行苦寂滅涅槃。」

佛說無爲法者不生不住不異不滅，方是「諸行苦寂滅涅槃」；貪瞋痴是有爲法，有爲法空已，成一切法空，捨壽成斷滅，仍是有爲法之生住異滅，非是不生住異滅之無爲法。此謂「貪瞋痴空」是後來有生之法—因觀有貪瞋痴，因觀貪瞋痴無常，而後始有「貪瞋痴空」，是故「貪瞋痴空」非本已有，非本有之法，則不可謂爲不滅不生不住不異者。復次，「貪瞋痴空」是後生之法，生已滅除貪瞋痴，故「貪瞋痴空」依貪瞋痴而立，故「貪瞋痴空」是依他而有之法。貪瞋痴是有滅之法，貪瞋痴空亦是有生有滅之法；謂貪瞋痴滅已，則「貪瞋痴空」亦必隨之而滅故，是故貪瞋痴與「貪瞋痴空」俱是能滅所滅之法；以此能滅所滅之法，滅貪瞋痴已，一切法空，非有不滅者，故非佛所說之眞諦**不生不住不異不滅**之無爲法，故說二乘菩提之涅槃智是世俗智，非是第一義智。今者印老以有生有滅之「貪瞋痴空」法，斷章斷句取義，作爲涅槃之空法，名爲錯會二乘菩提解脫道者，非是二乘法中見道之人也。

亦不可如印老所說「滅已，滅相不滅，故名眞如」，正滅時容有滅相，滅已即無滅相故，滅已即是一切法空之無故，無者不可謂爲不滅之眞如也；否則杯壞磨粉揚於虛空，及燒水令乾…等，皆得名爲眞如也；杯壞磨粉揚於虛空及燒水令乾，亦可如印順所言之眞如也，皆同印老所言之「滅相不滅」故。如是，將來印老死已，既無第八識，亦無第七識，則死已六識俱滅，受想行陰必不復現，六識滅已則成無法，無法不能自起，故印老將來死已，必無六識復現，亦將永不受生；則一切有情亦將悉皆如是，唯餘死壞之色陰。所餘色陰燒成灰已，復以極熱火將所餘骨灰燒盡，則成印老所言之眞如。如是眞如則成斷滅空—以「滅相不滅」之「無」作爲眞如故。印老之言若然，此亦必然；此若不然，則印老之言亦必不然；有智佛門學人，盍不各各思之？盍不共聚思之？盍不就此而共聚召開印順佛學會議而廣思之？

是故緣起甚深極甚深者，乃是印老故意略不錄出之：「無爲者不生不住不異不滅」之出世間空性，即是第八識如來藏也。証如來藏後現觀緣起法者，方能眞知「如來所說（緣起）法甚深、義甚深」，方是「出世間空性相應」者。

依余如上所言正義，如實親証，以之爲前提，而後印老如下之言，方是正說：「…出世間空性，是聖者所自証的；如來所說而與之相應，也就甚深了。出世間空性，是難見難覺，唯是自証的涅槃甚深。佛依緣起說法，能引向涅槃，所以緣起也是甚深了。」若如印老否定第八識，而妄想出世間空性爲一切法空之斷滅空，則此一段語即成戲論，非是「出世間空性相應」者，唯是世間生滅法之戲論爾；是故學人不可信受印老自密宗學來之應成派中觀斷滅見，以免隨入邪見戲論，自誤誤他。

印老如是戲論，名爲妄想；謂彼於佛說種種義中，作種種不如實之虛妄想；作不實妄想已，生於計著，轉爲人說種種不實妄想，致令學人於佛所說種種義不能如實知証。如是妄想，俱依佛說種種義作不實妄想，故有種種妄想出生；故妄想之因，乃是因自己之邪見或得自他人之邪教導而生偏差，導致不能証解三乘菩提之種種義，於種種義作種種不如實之推斷，而有虛妄想出生。

「大慧！攝所攝計著，不知自心現量，及墮有無見，增長外道見」：此句佛語乃答大慧所問「說何等法名不實妄想？」若人不解「一切法皆是自心藏識所現」之事實，則其所說「佛法」俱名妄想；若人不証藏識，然能解知一切法皆是自心藏識所現之理，隨順佛意而爲人說者，則所說不名妄想，語如實故，不墮於能攝及所攝之計著故。是人乃至能証聲聞四果，遠離能取所取計著，雖猶未証自心現量，而依佛語解知自心現量之意，則能遠離世間依有及世間依無之邊見，永不生起外道見。

若人效法印順師徒及達賴喇嘛之否定如來藏，言無第七八識者，彼人豈唯不証自心現量？亦乃成就破壞正法重罪。

不能知解諸法唯是自心所現之事實者，必墮「攝所攝計著，及墮有無見，增長外道見」。譬如印順法師云：《法界是一切法普遍的絕對眞理，古人稱之爲「一大總相法門」。在法界中一切法都無二無別，沒有數量的多少，也沒有質量的高下與勝劣。本來，『般若經』所説眞如、法界等，都是同一內容，(眞)如也是一切法的本性，無差別、變異，與法界沒有什麼不同。不過，『般若經』重於眞如，重在於一切法中，顯無差別—如性。如，不即一切法，不離一切法，所以眞如無差別中，可說一一法的如性，這是重於向上體悟的。法界當然也含有這樣的意義，但傾向於「大一」，有從法界來了達一切法的意思。如『須眞天子經』卷四說：「譬若天子！於無色像悉見諸色，是色亦無，等如虛空也。如是天子！於法界爲甚清淨而無瑕穢。如明鏡見其面像，菩薩悉見一切諸法，如是諸法及與法界，等淨如空。」經文舉了兩個比喻：如虛空中現色像，如明鏡中見面像。如像是明鏡所影現的，不離明鏡，並沒有像的實體可得。明鏡是明淨的，像也是明淨的，沒有穢染，平等平等。明鏡如法界，像如一切法。又如色像在無色像的虛空中顯現，色像沒有實體，與虛空是沒有差別的。虛空如法界，色像如一切法。在這兩個比喻中，表示了一切法在法界中不可得，又表示了依法界而現諸法的意義，界是「依」義，也是「性」義。從「大一」來說法法平等，『般若經』的如性，是沒有這樣說的。如虛空，如像，是『般若經』常用的譬喻，但比喻一切法無所有、不可得，而不是表示虛空與明鏡爲依的。文殊法門顯然有了「假必依實」（印順原註：超越的實理）的意境，向「妙有」（印順原註：中國佛學的術語）而演進！》（摘自正聞出版社《如來藏之研究》頁三五、三六）

誠如印老所說：《法界是一切法普遍的絕對眞理，古人稱之爲「一大總相法門」。》而此古人，即是馬鳴菩薩，「一大總相法門」乃是《起信論》語，印老既援引之，則不應因否定《起信論》而故隱其名。然此法界謂眞如法界—第八識，《起信論》謂眞如法界是一大總相法門體；意謂第八識法界含攝一切法界，一切法界俱由第八識直接或展轉出生，第八識是一切法界之根源，一切法界以第八識爲本爲體；是故若言眞如法界，意即含攝一切法界於內，以一大總相（真如）蓋一切法界，故眞如即是一大總相法門之體性。今者印老否定第八識，妄謂一切法皆空爲眞如；以一切法界皆空爲眞如，故印老主張：「在法界中，一切法都無二無別，沒有數量的多少，也沒有質量的高下與勝劣。」如是即知印老是以空無爲眞如，如是而可謂如者，一切斷見外道亦應皆如，俱是空無故；所異者，唯是印老以般若空性名相而自莊嚴，彼諸外道無諸般若空性名相可作莊嚴爾。

如印老上文所言：《本來，『般若經』所說眞如、法界等，都是同一內容，（真）如也是一切法的本性，無差別變異，與法界沒有什麼不同。不過『般若經』重於眞如，重在於一切法中，顯無差別—如性。如，不即一切法，不離一切法，所以眞如無差別中，可說一一法的如性，這是重於向上體悟的。》如是等語，若以第八識自心之體悟與觸証而說，則余不能於印老所言妄置一詞，法本如是故，完全契合佛意故。然印老以一切法空—空無—爲眞如，則上舉印老之語悉成戲論，無有實義，所言不到第一義諦故，第一義諦以法界一大總相法門之體之第八識眞如爲體故。離「法界根本識體」而說佛法，則如愚人堅決主張「離刀而有刀之鋒利」，愚不可及；印老亦如是，離法界體、離般若體—第八識眞如—而說有種種法界及般若，名爲愚痴人也。

如印老上文所言：《法界當然也含有這樣的意義，但傾向於「大一」，有從法界來了達一切法的意思。》然馬鳴菩薩所說此大一，即是第八識如來藏，非如印老以虛空或一切法空之虛無爲眞如也。

印老上文所舉《須眞天子經》卷四之經文，實依第八識眞如體性而言，非如印老以一切法空之空無而言也。譬如彼經卷一言：《復次天子！菩薩有四事法，得無能及最福之福，何等爲四事？一者以般若波羅蜜廣敎授諸菩薩，二者：》般若波羅蜜者謂《小品般若》所說「菩薩非心心」之體性也，具載於

《小品般若》經中；証此心者了知其性，故生般若慧，由是慧故能到生死彼岸，故言般若波羅蜜—智慧到彼岸；不可離般若經主旨之「非心心、無心相心……」而言有般若、有波羅蜜也。

菩薩由領受此「非心心」之涅槃性及眞實之「如」性，而能現觀「陰處界一切法空相」空無，故解脫於生死，是名「菩薩習於空無，入一切法」，非以虛空之空無或一切法空之空無而言空性般若也；何以故？謂人若以空無爲如、爲空性者，乃是斷滅法，不能如「親証第八識如」之菩薩，現見第八識眞如於一切法中皆分明運行不輟，不能如此菩薩入於一切法中見如來藏遍在一切法中而本自如；亦不能如此菩薩依第八識之如，而現觀一切法空，必如印老之墮斷滅後之空無，以空無爲空性，終不能與般若眞意相應，不名已証般若者。

亦如卷二所云：《天子復問：「云何菩薩得最福之福？」答言：「了知法界而不動故。」……天子復問：「云何菩薩去離冥塵？」答曰：「知諸法界本皆淨故。」……天子復問：「云何菩薩得依法議？」答言：「已知住法界故。」》此謂菩薩得世間最大之福者，乃由証知一切法界根源之實相心而得故，乃由已知住於法界實相而得是福故。云何法界實相是心？謂此段經文後，復又論議「非時之心（七轉識妄心）」，隨後乃論議是時之心（真如無為之心）故，經文如左：

《天子復問：「云何得知非時之心？」答言：「天子！有身爲六衰相所繫，而計有常，則知（是）非時之心。知法求名，著音聲響，而隨邪徑，則知（是）非時之心。知法及僧、受道果証，則知（是）非時之心。知愛欲本，邪相施與，則知（是）非時之心。……不淨其意，而欲精進，則知（是）非時之心。多念、喜忘，禪思不定，則知（是）非時之心。自大貢高，忽於智慧，則知（是）非時之心。住於我所，而欲行慈，則知（是）非時之心。志於……則知（是）非時之心。」》以如是種種言句，文殊菩薩說彼非時之心—七轉識妄心—以見聞覺知及能作主故。說非時心已，隨說「是時之心」：

《天子復問：「云何得知是時之心？」答言：「天子！心等、如虛空，則知是時之心。」復問：「云何心如虛空？」答言：「如虛空無心，（眞）心亦如是。如是心（之）心，等如虛空。」復問：「誰當信『心』等如虛空？」答

言「天子！計有吾我人者則不信。」天子復問：「計吾我人者，何所是？」答言：「心等如虛空，而欲增益，過出其上。」》

此謂眞實心是「時心」，非「非時心」；「時心」謂遍一切時而不曾暫斷之心，故名時心。眞實心者，於一切法中平等平等！性如虛空不分別一切六塵萬法，故名爲等、如虛空，以離見聞覺知及不思量一切法故。如是「時心」之心，一切凡愚所不能信其有，二乘愚人慧不具故不能証之，凡夫著有故不信亦不肯証之，若爲明說，反致謗法及謗諸賢聖，凡夫著有、必不能信此時心故。凡夫所欲所樂之心，乃是妄心－能見聞覺知及思量六塵萬法；若有智者告彼：「有一恆時離見聞覺知、恆時離思量性之心，名實相心、非心心、菩薩心」，並明言而指示與彼；彼人必定不受，必欲增益其七識心，令其心恆具見聞覺知、恆能受六塵萬法而思量之，欲令其功能超過實相心之上。

余於弘法早期，向諸同修明告此心、明指此心；而彼諸人多不信此心，轉輕賤之，不信我所明示「時心」，遂信月溪法師及自在居士所傳之「非時心」－想吃飯、能說法之見聞覺知心－皆不信受時心，皆堅定認持見聞覺知之

「非時心」爲眞實心，於余所傳離見聞覺知及思量性之「時心」，欲令返生見聞覺知性及思量性，名爲計吾我、著我人者。

由上舉經文中，文殊師利菩薩之開示「時心」與「非時心」，可知《須眞天子經》非如印老之以「虛空空無」爲眞如，非如印老之以「一切法空之空無」爲法界也，法界非是虛空無法故。虛空無法乃是虛相法，法界實相則有眞實體性，故名實相—實相有其實體之相故，實相有其實體及實用故。離眞實心而說法界般若者，皆成戲論故，與生命實相無關故，與法界無關故，與佛道無關故。

如是，印老誤會般若諸經之旨，誤會《須眞天子經》中文殊眞意，而評論云：《從「大一」來說法法平等，『般若經』的如性，是沒有這樣說的。如虛空，如像，是『般若經』常用的譬喻，但比喻一切法無所有、不可得，而不是表示虛空與明鏡爲依的。文殊法門顯然有了「假必依實」（原註：超越的實理）的意境，向「妙有」（原註：中國佛學的術語）而演進！》如是印老之語，俱名未見道者之意識思維邪見，斷章取義而說佛法，非如實語。

謂法界無量，詳實觀察而歸結之：匯結爲一大總相法門之體—時心—第八識眞如，名爲大一法界；此第八識含攝一切法界故，一切法界俱依之而生而有而異而滅、而循環不斷故。由如是性，中國一切証悟祖師說之爲妙有，非如世間無常變異之三界有故。而此妙有，非演進而來，四阿含一切經中皆曾說此妙有故；惟因隱覆而說，致令印老不明，復因未証大乘見道故，乃依佛敎法義之表面現象而產生了如是「演進」邪見。

印老此語，眞誠實語：《文殊法門顯然有了「假必依實」的意境。》本然如是故，四阿含中佛意已如是故。假必依實之理，拙著《眞實如來藏》中已有陳述，此處勿煩贅述，行者逕閱可知故。

《須眞天子經》此段經文，眞意乃謂：如於明鏡見其色像，了像非實在有；鏡體之無像如虛空，故能映現諸像；佛子則於萬法中，了知萬法非實、生住異滅，必定別依本離萬法六塵而常住不滅之「時心」，方能有生住異滅之萬法現起。了知此理後，時時尋之覓之，遂於萬法中見自本際「時心」；由解証時心故，了知此本際時心與萬法非異非一，現前觀察「時心」之體如虛空、性如虛空、等如虛空、淨如虛空。由現見萬法非實故，令覺知心清淨；覺知心淨已，則諸法清淨；悉清淨已，則覺知心、諸法、法界時心所含種子等淨，猶如虛空。文殊眞旨如是，非如印老所謂「並沒有像的實體可得」。印老誤會《般若經》所說般若依「時心」而有之理，導致心生妄想，主張外於自心第八識而別有般若，否定三乘諸經中所說「假必依實」方有生住異滅之理。

印老如是邪見，皆因攝所攝計著—能取所取之誤計與執著—不知「有無萬法」悉是自心藏識所現，故墮有見無見，增長外道見。云何印老墮於無見？謂彼否定第八識眞如，妄以虛空空無爲眞如故。云何印老墮於有見？謂彼恐人譏爲斷滅見，故建立「不可知、不可証之意識細心」爲實有不壞心故。然四阿含中，佛已處處宣說：「……意法緣，生意識」，謂意識乃是假法，依於意根及法塵爲緣而生，非實有之心，云何意識之粗細心可建立爲實有不壞之法？如是建立，同於外道邪見所建立之常見有，實無差別，不離有見；是故印老至今仍不離有無二見。凡此皆因不了自心現量所致，是故奉勸印老：「速入您所說的『中國所傳的野狐禪』中，修學禪法，以証自心藏識。」証藏識已，則能了知三界萬法皆是自心現量；了知自心現量，則能遠離攝與所攝計著，不墮有無見，不增長外道見。

「妄想習氣，計著外種種義，心心數妄想，計著我我所生」：此段佛語乃答大慧所問「於何等法中不實妄想？」不實妄想由三法生：一者計著外種種義而生，二者依於心心數法而生，三者因計著我我所而生。

妄想習氣依於計著外種種義而生者，如密宗應成派中觀邪見，外於自心藏識，依於心外種種法義而說中觀見、而說般若者，悉名誤計及執著心外種種義理而生妄想習氣；如印順法師所造諸書，亦如宗喀巴、月稱、寂天、土觀、歷代達賴喇嘛、今時創古仁波切等，皆此類人。

由諸心心數法之妄想而生妄想習氣者，謂如密宗紅白花教歷代法王喇嘛活佛……等人，亦如台灣惟覺法師、聖嚴法師、自在居士、南懷瑾居士、徐恒志居士、上平居士……等人，誤計覺知心住於一念不生之際、或誤計起諸妄想時能返照之意識（離念靈知心）爲不生滅心，以如是意識心認作眞如，墮於「非時、非如」之生滅心境界，名爲「心妄想」；彼等種種妄想習氣，由如是心妄想而生，一切密宗自續派中觀所說「大中觀見、大圓滿法」，悉墮此中。

惟覺法師與徐恒志居士，更執心數法為眞如佛性，誤解《楞嚴經》中佛旨，斷章取義，謂七識心之心數法—見聞覺知性—為不壞恆住之法，而不肯探究心數法（見聞知覺性）之根由—如來藏何在！故其妄想習氣悉由「心心數妄想」之熏習而生，非眞佛法，墮於常見外道邪見故。

計著我我所而生妄想習氣者，謂如一般民間信仰者，誤計有我—身我覺知心我乃至思量心我—常而不壞；由是計著我我所故，令彼等對於般若之虛妄想習氣不斷。又譬如義雲高之誤計能覺能觀之心為常不壞者，墮於意識我見；亦如仰諤益西之誤計「神通有為身」為常不壞者，而妄言禪宗之過重關為修成神通、能穿牆入壁，如是墮於身見；亦如釋性圓及喜饒根登之執著欲界天甘露（色界天以上皆棄甘露如敝屣）墮於我所—與意識我之心所相應故；彼等復執意識不滅，以意識相應之大手印大圓滿法，及驅役鬼神持咒治病（其實大多無效）等意識相應法為佛法之証量；復以人死後之屍體乾縮為佛法証量之示現，都如今時印度外道死後乾縮無異，完全與三乘菩提無關。如是違背聖教世諦之種種邪見，彼等執爲實有不壞法，計爲佛法修証之証量，皆墮意識我及意識我所中。依如是邪見，生種種妄想；如是妄想習氣，由計著我與我所而生，完全違背解脫道及佛菩提道（關於解脫道及佛菩提道，請逕閱拙著結緣書《邪見與佛法》。此處從略）。

此經文中之此段佛語謂：學佛法者對於佛菩提之虛妄想，皆由對法界實相之不如理作意而生。此諸不如理作意之原因，則多因於對能取之意識心不如實了知，譬如執著離念靈知心爲眞如，墮於意識境界；或因對於所取境界之不如實了知，譬如執取前六識之無念覺知性境界爲涅槃佛性，皆墮於能攝與所攝之計著中。由如是不能知解「能取與所取」之眞實義，而自以爲是，停住於此「常見見」中，無法再起心尋覓另一眞實心—大小品般若經所說之非心心、無心相心；是故不能証知能取之心（能了知境界之心即是能取心）與所取之六塵境界、皆是由另一自心如來藏所顯現，由此緣故而墮於有見及無見之中，更增長了常見外道見。

如是虛妄想之習氣，必將令學人誤計自心如來藏外之七識心性，而生種種論義，悉皆墮於七識心及七識心之心數法—譬如覺知性、警覺性、了知性、離念之反觀性等之中；如是之人，必如徐恒志與上平居士等人之執著覺知性之「離念靈知」爲佛性，則是佛所說之「心、心數妄想，計著我、我所」；由彼等對於「心、心數妄想而計著我與我所」故，必生「佛菩提之虛妄想」。彼等若不修正其「心、心數妄想」，若不捨棄「我、我所計著」，則將永遠誤認離念靈知及其覺知性作爲佛性，則將永遠不能眼見佛性，則將永絕於三乘見道之外，永與自心藏識絕緣，永無可能証得眞正之自心藏識。一切學人皆當引以爲戒，莫墮「攝、所攝計著」，莫於「心、心數」懵無所知、而誤計六識心之「心、心數法」爲眞實心，徐恒志、上平居士等人悉墮六識心與心數法中，尚不能知第七識及其心數法故。

大慧白佛言：「世尊！若種種義，種種不實妄想計着，妄想生；攝所攝計着，不知自心現量及墮有無見，增長外道見；妄想習氣計着外種種義，心心數妄想，我我所計着生（白馬版誤植為：計著我我所生）；世尊！若如是外種種義相，墮有無相，離性非性，離見相；世尊！第一義亦如是，離量根分譬喻因相。世尊！何故一處妄想不實義，種種性計著妄想生？非計著第一義處相妄想生？將無世尊說邪因論耶？說一生、一不生。」佛告大慧：「非妄想一生一不生，所以者何？謂『有無』妄想不生故；外現性非性，覺自心現量，妄想不生。大慧！我說餘愚夫自心種種妄想相故，事業在前，種種妄想性相計著生，云何愚夫得離我我所計著見？離作所作因緣過，覺自、妄想心量，身心轉變，究竟明解一切地，如來自覺境界，離五法自性事見妄想；以是因緣故，我說妄想從種種不實義計著生。知如實義，得解脫自心種種妄想。」

疏：《大慧白佛言：「世尊！如果是於種種法義上，作種種不實妄想而誤計及執著，是故妄想生者；如果是於能取及所取上誤計及執著，不知能取所取皆是自心現量及墮於有無邊見，因而增長外道見者；如果妄想習氣，是由於對心外種種法義之誤計執著、對心與心數法起虛妄想、對我與我所之計著而生者；世尊！若如凡愚於自心藏識外計著種種法義之相，墮於有無相中，而起『離性非性、離見相』等妄想者；世尊！第一義亦應如是－遠離阿含聖言量、遠離五根、遠離所建立三自性分之譬喻及因相。世尊！何故從『生於一處妄想不實之義理中、起種種法性計著』故有虛妄想生？非因計著第一義處實相而有虛妄想生？莫非世尊說邪因論耶？說其中之一生虛妄想、餘一不生虛妄想。」佛告大慧：「並非虛妄想於其一能生、於餘一不生，所以者何？我說的是：菩薩對於『世間依有、世間依無』之虛妄想不會出生故；自心藏識外之種種法皆非實有法性，覺知一切法皆是自心現量者，則虛妄想不生。大慧！我所說者乃是因爲其餘愚痴凡夫於自心眞如起種種虛妄分別相故而說，彼等由於諸事諸業在前，不知皆是自心眞如所現，而於種種虛妄想之「法性法相」誤計執著，故生虛妄見，云何如是愚痴凡夫得能遠離我與我所之誤計執著等邪見？菩薩遠離能作與所作之過、遠離因緣所作之過，覺悟自心眞如現量及妄想心現量，是故身心轉變，究竟明解初地至十地境界，亦明解如來自覺境界，是故遠離了因誤會「五法三自性、七種性自性等事相」而生之凡愚虛妄想；以如是因緣故，我說虛妄想從種種不實法義之誤計及執著而生。了知自心眞如之眞實義者，得以因此解脫對於自心眞如之種種虛妄想。」》

解：大慧白佛言：「世尊！若種種之不實妄想計著，妄想生；攝所攝計著，不知自心現量及墮有無見，增長外道見；妄想習氣計著外種種義，心心數妄想，我我所計著生；世尊！若如是外種種義相，墮有無相，離性非性，離見相；世尊！第一義亦如是，離量根分譬喻因相。世尊！何故一處妄想不實義，種種性計著妄想生？非計著第一義處相妄想生？將無世尊說邪因論耶？說一生、一不生」：有諸外道不解佛法，亦如今時佛門中之外道誤解佛法，起種種虛妄想，欲令心中不生語言影像之想，以此爲解脫之道；亦如印順法師等人，以思惟萬法無常、苦、空、無我，以如是二乘法之因緣觀作爲大乘佛菩提般若之修証，悉墮虛妄想中。

印老如是，密宗諸法王及行者更有過之，於佛種種義中，作種種不實妄想而生計著；由如是計著故，種種虛妄想生焉。妄想生已，便造密續，以求名利；西藏密宗歷代法王喇嘛上師悉皆如是廣造密續，是故藏密之密續極多，汗牛充棟；睽其本質，皆是互相抄襲、皆是不實妄想計著所生虛妄想，非有實義。譬如大手印、大圓滿、無上瑜伽、遷識法、應成中觀、自續中觀、觀想成佛法……等密續，皆是源於不實妄想計著而生之虛妄想，違遠解脫道、悖逆佛菩提道，墮於意識妄想境界；不能自知其妄，而妄想已成佛道，於他宗他派生起憍慢，眞乃世間之至愚者也。

若如密宗四大派之雙身修法（無上瑜伽、喜金剛、大樂光明、勝樂金剛、時輪金剛、黑嚕嘎、父續、母續、不二續……等），妄謂秘密灌頂後，男女二根相入而得長時處於遍身淫樂境界中、並觀此淫樂空無形色者，名爲樂空雙運、名爲証得俱生樂，名爲等至，名爲成就正遍知覺；如是稱爲不共三乘之即身成佛法，故名金剛乘，以此自豪，自謂超勝於顯教一切宗派，非他人所及，是故輕蔑顯宗之修証—說顯宗之証悟及修証種智爲因地修行法，而高推密宗之雙身淫樂修法爲果地修行法。如是西藏密宗之即身成佛法，墮於能取所取之計著中，不知攝及所攝俱是自心藏識所現之事實，墮於有無見中。猶未能證第八識如來藏心，故不能知般若之眞意，尚不能入大乘別教之見道位中，皆是外道凡夫之邪見也，有何可驕之處？而處處貶抑顯宗爲因地修證，而時時自炫爲果地修證，顚倒至此。

能取遍身淫觸之心是意識與身識，所取遍身淫觸是觸塵與法塵，因淫樂之長時極樂而生之頂輪樂觸，亦是觸塵與法塵；此二塵二識依於意根及身根爲緣而起，根塵觸三及能取所取、俱由自心藏識所現，非眞實不變異法，非無爲法。依如是密法修成之「究竟佛」，於今全球到處有之，說法時往往意氣風發不可一世，因而輕蔑顯宗之見道者。及至問彼自心如來藏何在時，則謂受樂觸時一念不生之覺知心爲眞如，或謂所觀想之中脈內明點爲阿賴耶識，同諸常見外道無二，墮於「意識境界分段」之有爲法中，而不自知其妄，名爲可憐憫者。如是可憐憫者，攝與所攝計著，不知自心現量及墮有無見，增長外道見；增長外道見已，轉復化他─或造密續以誤後人，或於今世廣爲人說，廣令大衆入大妄語業中，相將入火坑，害人無量世受苦。

妄想習氣計著外種種義者，譬如外道計著「孔雀羽毛法爾如是美麗，星球世界如是法爾運行及成住壞空，棘刺法爾如是尖銳，性本如是不生不滅」，名之爲涅槃；如是名爲外道妄想習氣計著自心藏識外之種種義。亦如印順法師及宗喀巴、達賴喇嘛……等應成派中觀師，外於自心藏識而說有般若、有三乘菩提，亦名妄想習氣計著外種種義。

心心數妄想者，如惟覺法師與徐恒志居士之誤會《楞嚴經》，執取自心藏識所生七識心、與前七識心之心數法而起妄想，妄謂能見能聞能知能作主之七識心性爲眞實心，妄謂此七識心之見性聞性……乃至知覺性爲佛性，是名「心心數妄想者」。乃竟以此妄想自謂証悟，轉更授人，爲人印証，相牽同墮大妄語業中，害人不淺。如是師徒大衆，俱名可憐憫者。由憐憫彼等諸人故，余於書中實應直說：寧可得罪彼等一世，怨惱於我，不令彼等受未來無量世苦果；聞已對衆懺悔，若見好相、即得遠離大妄語業之多劫尤重純苦故。

「我及我所」計著，而生妄想習氣者，謂一般民間信仰者，墮於常見外道見中，執我與我所不捨，如喜饒根登、釋性圓、釋性海、仰諤益西……等人，假藉佛法名相，招攬淺學之比丘與比丘尼入其會中，假冒爲佛教教團，竊取佛教資源，而傳外道法；彼等所說「佛法」不離我我所計著，是名民間信仰者之我與我所計著所生妄想；彼等諸人皆著欲界甘露漿等有爲法故，堅執意識生滅心爲不滅法故（詳見淨燦居士著《菩薩正道》書中所舉），墮於我見及我所見中。

如是等人見聞佛經所說「實相離於有無，離有性無性，離見相」，便謂彼所「悟証」之意識覺知心無色故離有、有覺知性故離無，入住定中不見諸色塵故離見相，自謂契符佛經實義，自謂所言非虛妄想。若聞善知識說「實相離有無、離見相者，乃是第八識心—如來藏離有無、離見相」，說其所悟爲意識、爲不眞實，便生不忍，橫加謗誣（如喜饒根登、釋性圓、釋性海等人耗用台幣六百餘萬元，於各大報刊登詆譭余法之廣告）。

世尊說：妄想習氣由三法生，一者由自心外之種種義—相計著，二者由能取所取計著，三者由我（意識及末那）與我所計著。如是妄想，離於有性無性：無常變異，非眞實有，故離有性；現見彼所計執之意識覺知心夜夜滅已復起，故離無性。如是諸人誤會佛意，便謂意識覺知心非有非無—離性非性；更謂意識覺知心住於定中不起一念、不念六塵，即是離種種見，自謂已証「離見相」。

如斯輩人引爲朋黨，互相呼應，各各謂言：「覺知心入於定中不起語言文字妄想，名爲離妄想見，名爲親証眞如—如如不動故。」若有善知識爲摧邪顯正、辨正法義，而說法造論者，彼等便責之曰：「汝說種種法時，已墮妄想見中，應速遠離，莫再言說。」由有如是邪見妄想輩人，是故大慧菩薩為諸錯悟學人有此一問：「世尊！若如是外種種義相墮有無相，離性非性，離見相；世尊！第一義亦如是，離量根分譬因相。」

然實非是，佛意所說者，謂菩薩由親証自心藏識故，起般若慧，遠離種種虛妄想；無妨不斷意識覺知心之語言文字相而作第一義諦之種種思惟，名為正見，不名妄想；覺知心與思惟法義之正見相應而有語言時，無妨別有第八識眞如離一切見、離一切語言，無妨別有第八識如來藏不與一切見相應、不與一切語言相應，名為離見之相。以定為禪之一切錯悟者，不解佛意故，見諸悟者仍有言說文字為人說法，便謂彼悟者墮於言說相、墮於有無分別、墮於種種見相。彼等誤會佛所說「離有性無性、離見相」之意，便主張：証得第一義者，應當遠離阿含諸經聖教量、遠離五根（信進念定慧）、遠離三分（依他起、遍計執、圓成實）及種種譬喻緣因諸相。

然佛法絕非如是以一念不生為遠離有無、為離見之相；中國禪宗一切眞正見道者，悉皆不墮如是邪見中。譬如佛眼清遠禪師云；「須是**不離分別心，識取無分別心；不離見聞，識取無見聞底**。不是長連床上閉目合眼，喚作無見；**須是卽見處，便有無見底**。所以道：**居見聞之境，不見不聞不到**；居思議之地，而思議不及。」是故一切悟道佛子，於第一義諦上，不離阿含聖教量、不離五根、不離三分建立相、不離宗因喩等譬緣因相，而出語言音聲爲衆生種種說法，正說法時，不墮妄想相中；說離有無、離覺觀、離思量、離一切見之第一義諦相——自心藏識眞實法性——令諸學人親証之，發起般若慧。

「世尊！何故一處妄想不實義，種種性計著妄想生？非計著第一義處相妄想生？將無世尊說邪因論耶？說一生、一不生」：一處者謂眞實處，眞實處謂實相心——第八識；唯此一處爲眞實，餘皆非眞，故第一義唯是此一處，故第一義之諦理依此處而有而顯，不應外於此一處，而言別別處有眞實義；離此一處而別有眞實義者，皆非一切法之本際故。

醫學家、宗教家、哲學家、神學家、理學家（儒家）、一切高級宗教研究者、一切外道修行者，乃至佛門中之多數修行者，悉欲証知如實處——了知生命本體之實相，然悉於此一處起妄想不實之義理；由此一處起妄想不實義理故，遂起種種法性之誤計：由計謬為眞故，由見取見而生執著，堅認自己所見之法勝妙於一切人、能至究竟。如是尚未眞入大乘別教見道位者，由未眞實觸証自心藏識故，於此一處各生種種妄想不實之義，是故人間遂有種種「法性誤計執著妄想」出生，惑亂一切求眞實義之佛教學人。

唯有實証第一義心者，能於第一義處不生虛妄想；一切未曾實証第一義心者，悉於此一處生諸妄想不實之見，是故佛門一切學人，悉應速求証悟第一義心。如實觸証「離性非性、離見相」之第一義心（第八識如來藏），方能令意識覺知心所起諸見皆契合了義經，生起般若慧乃至種智—不妄想生—一切覺想分別悉是正見正智，遠離虛妄想。

如是之理，外道不知；未証悟藏識之佛門學人亦皆不知，故於唯一眞實處（自心真如）各各生起妄想，彼此互異，種種差別。乃至指責余之所証所說為妄念，要求余：証悟之後不應說禪、不應說般若、不應破斥邪說，應保持一念不生而不說法，坐令學人入妄想處，不許余辨正法義、救護彼等；如斯等人悉以「覺知心無念」作爲証悟，以覺知心不起念爲証得般若禪，其實皆是虛妄想也。此如台北某法師，原以悟者自居，後因拙著諸書之辨正法義，令其不能復以悟者身份自居，乃生惱怒，化名「無念」、並隱其地址而來函責我有念，即此類人也。

如是之人，悟錯於先，閱善知識著作之辨正於後，而猶不知邪正，不肯自思惟，乃更堅執覺知心中無念爲悟，翻以責余；如是之人，見取見極重，不可扭轉，馬鳴菩薩說彼爲「不覺」者，不可救藥。《大乘起信論》云：「如凡夫人，前念不覺、起於煩惱，後念制伏、令不更生，此雖名覺，即是不覺。」如是等語，即是責備如是「無念」法師之語者也。

近代全球佛法可悲，南北傳及顯密教等諸道場，凡有精進共修禪法者，皆教以無念爲悟，向參學者開示云：「不怕念起，只怕覺遲」；說之不足，繼之以書，張貼於壁，處處可見，以無念爲悟，內湖某法師化名「無念」而隱匿地址，故意從新店寄來訓斥函、以如是邪見而訓斥余者，即此類人也。如是以無念爲悟者，名爲不覺—雖然念念覺照覺知心有無起念，而不能覺悟佛法。

佛法所說「覺」者，謂悟本覺；此「本覺」者謂一切有情皆有之自心第八識，此識於十方世界三界萬法中，本即具有鑒機照用之妙覺，非見聞覺知心所知也。如是「覺」，無始劫來本已有之，非因証悟而後有。不於六塵起見聞覺知，而自能覺遍十方，究竟佛地之七轉識能覺此心源，與之相應而隨之覺遍十方，故名究竟覺。

中國禪宗之眞正証悟者，証此本覺心（第八識）已，証知此心無始劫來一向不於三界六塵起念，名爲「無念心體」；証知七識心恆起粗細念及極細念（離語文之念），名爲有念心體；復能觀察無念心體（第八識），與有念心體（覺知思量之心），體相別異，是故捨離虛妄想之粗分別，名爲証得「無念心體」，即是始覺位菩薩，能自通達般若系經，不由於他；圓教之判教中說爲相似即佛位。

復依《楞伽經、解深密經》修學，於五法、三自性、七種性自性、七種第一義、二種無我法，悉了達已，親照有念無念心體俱無有相，唯是自心第八識之現行，二者非一非異，故離虛妄想之中品分別，性障永伏不現，起初地五分法身功德，名爲「隨分覺」，圓教中說爲分証即佛。然此隨分覺所覺証者，仍是以本覺之心爲根本，與始覺菩薩所証悟者無二，惟更深細爾。

今觀全球南北傳顯密法師居士，悉如內湖「無念法師」以覺知心無念名爲証悟，悉是不覺位凡夫；非如中國禪宗初業菩薩以証第八識「本來無念心體」爲悟，非如唯識宗法身菩薩以証驗本來無念之第八識微細心性爲悟，悉名不覺者。如是不覺者，尚不能知我會中諸始覺位（初破參者）所得般若慧，何況能知眼見佛性者之般若慧？何況能解余所宣說之道種智？乃竟以覺知心之無念爲悟，以之責余，欲令余中止法義辨正而不救護學人，此行不應正理也。

如是邪謬妄想，古已有之，至今不斷，非唯現今末法之世方有；是故大慧菩薩舉以問佛，請佛開示，令諸學人離妄想見，返歸正道。是故，一切虛妄想，皆由不証自心藏識—本來無念之心體—故於唯一眞實處起不實義想；於此不實義處，展轉復生種種計著，不能捨棄覺知心我之執著—不斷我見；以覺知心爲一切法之主體故，便有種種法性計著等妄想隨生。若能証得本來無念之第八識心體，則能了知第一義處相；了知第一義處相者，名爲始覺位菩薩，於第一義處相不生誤計與執著，遠離虛妄想，已如實知故。

諸凡夫位學人，不了如是正義，妄責善知識出世說法救護學人爲「意識妄心、主觀」，妄謂善知識摧邪顯正爲起瞋；若然，則佛踵隨六師外道，遍至各大城，一一破斥外道，亦應是有瞋，亦應是意識妄心；維摩詰大士遍尋諸聲聞大阿羅漢，斥之爲愚，亦應是有瞋，亦應是意識妄心；是耶？非耶？凡此種種摧邪顯正諸行，實非由瞋，乃由大悲心起，欲救護已入邪道者回歸正道故，欲救護已成就大妄語業之學人免除後世長劫尤重純苦故。

余亦如是，非唯不敢起瞋，尙於破邪顯正之悲心中常懷恐懼—深恐摧邪顯正救護有情時，不愼誤評眞善知識。若不愼誤謗眞善知識者，依律部經典《菩薩瓔珞本業經》中佛說：捨壽後必墮地獄，三賢十地所証一切功德皆失。是故於諸衆生起悲，欲救學人而破邪顯正時，常懷戒愼恐懼之心—有一分証據，說一分話；有一分証量，說一分法；不敢逾越。然因破邪顯正故，不免令諸未悟言悟、未証謂証者生諸煩惱，誹謗於我—謗余爲外道。彼諸誹謗，若有其實，余則改之；若無其實，亦可取其誹謗之言而辨正法義、世諦流佈，教導學人，皆有其用。今者大慧菩薩以此問佛，啓此法緣，亦是美事。

佛告大慧：「非妄想一生一不生，所以者何？謂『有無』妄想不生故；外現性非性，覺自心現量，妄想不生。大慧！我說餘愚夫自心種種妄想相故，事業在前，種種妄想性相計著生，云何愚夫得離我我所計著見？」佛之眞意，非在辨別妄想於此生、於彼不生；二三轉法輪所說諸經，悉在顯示自心現量—萬法悉由自心藏識所生，並宣說自心藏識之體性：離四句、絕百非、離見聞覺知、離一切見、於一切時皆離念。學人聞已讀已，參禪尋覓此心，知所遵循，不致誤將見聞覺知時時起念之心，錯認爲本來無念之如來藏心，方能有機緣証得自心現量；如此方是眞正之佛意，非爲宣說妄想於此生、於彼不生也。

若人依佛所說，探究實相心，而其知見無訛，則能速証如來藏心，確認如來藏自無始劫來本來無念，非因修除意識之妄念而後成爲無念之眞心；証知藏識無念心體之本來無念心性非因修得，乃是覺知心住於有念無念一切境界時，祂皆是一向無念—今世亦無念，後世仍將無念。如是人名爲覺悟「自心現量」者。

覺悟自心現量者，一切虛妄想不生；何以故？此謂菩薩觸証如來藏已，現前觀察自心如來藏與七轉識間之關係與互動；如實觀察已，現見一切法由如來藏生—自心所觸一切六塵不外於自心如來藏；由是現觀故，凡夫所計「世間依有而生、世間依無而生」等種種虛妄想不復出生；如是有無妄想不生故，現觀自心藏識外所現一切法皆非眞實，無常變異緣生緣滅。亦復現觀藏識外法從來不曾被自己覺知心所觸、所覺知，自己（覺知心）所觸所覺六塵，悉是藏識依五根及外五塵而變生之內相分五塵，意根觸五塵中之法塵相分故起意識，由是現起六識之見性聞性……知覺性，而覺知六塵；如是現前觀察故，了知心外所現萬法之性無有實性，覺知一切法（能取之自己及所取之六塵）皆是自心藏識所現之事實，是故於第一義處相，種種妄想不生，所起之一切想皆是正見。

佛復開示：大慧啊！我說其餘愚痴凡夫，於自心眞如「起種種虛妄想之相」的緣故，於世間諸事諸業現在前時，不知皆是覺知心俱之自心藏識所現，於種種事業中，生起種種妄想性之妄想相，復於妄想性相生諸計著；云何這些愚痴凡夫不知不証自心現量者，得能遠離我與我所之計著邪見？

今時諸方南北傳顯密法師居士之自謂証悟者，悉皆不離我我所見。不能遠離我我所見者，咎在不能眞解我與我所。我者謂意識覺知心及意根思量心（末那），我所者謂此二心之心數法（見性、聞性、嗅性……覺知性、作主性）與所緣境。我與我所，俱是十八界所攝，無常變異之有漏有爲法也。覺知心乃意識界所攝，思量心乃意根界所攝─能處處作主；由此二心故引生見聞嗅嚐觸覺等性，此五性乃眼耳鼻舌身五識界所攝，與意根意識合名七轉識，即是衆生所執之我，亦是惟覺法師所說「清清楚楚明明白白處處作主」之心，即是常見外道所說之「常不壞我」也。認此爲眞，即是我見，違背無我法；乃竟惟覺法師教令徒衆不捨此我，欲執如是「自己」爲不滅之法。以十八界所攝之意根意識爲自己，教人認取此自己，尚不能斷我見，云何得離我我所見？而以聖人、証悟者、一代高僧自居，寧無僭越之嫌？

彼以意識心爲眞實心，故永不能証得第八識；教人保養意識心，認識自己，故墮我見；如是之人，云何能知能解佛意？如何能知能解《楞嚴經》？宜其斷章取義也。如彼開示云：《心意識的作用很大，心意識的力量也不可思議，這些道理要每個人自己去契悟。所以，第一、要明白我們的眞心在哪裡；第二、悟到這念心還不算，還要保養這念心，最後成就了，就能証到三昧；第三、運用這念心，運用這念心就是心的作用。釋迦牟尼佛說法四十九年也是在運用這念心，最後釋迦牟尼佛說自己沒有說一句佛法、沒有度一個眾生，又把這念心歸還原點，歸到無上心，哪個無上？清清楚楚明明白白、如如不動這個無上，這個才是自己。》（摘自 89.10.15.靈泉雜誌第四三期第八頁）如是名爲誤計意識覺知心爲眞如，認取這個自己，即是執著於我，墮於我見之中；這個意識覺知心，十八界所攝，阿含諸經中，佛處處開示應斷；般若系諸經中說之爲空相，唯識系諸經中說之爲依他起性，本經中說之爲緣起法；惟覺法師誤會《楞嚴經》故，斷章取義，令其廣大徒衆認取此我、認取自己，正墮我與我所見中；而諸徒衆迷於其大道場之表相，不知應捨應斷，爲其所誤導，俱墮我我所計著見中，誠可哀憫！

如是邪見之所由，咎在不解空相與空性所致。二乘菩提偏說空相—五蘊十二處六入十八界俱是無常變異，藉緣而起，是故性空，故名緣起性空，是即

「諸法空相」。般若諸經偏顯空性，兼說二乘菩提所說空相；空性乃是大乘般若諸經佛菩提所說之自心如來藏，即是第三轉法輪諸經所說之阿賴耶識、異熟識、無垢識眞如，不可謂「空性是變異性、不定性，沒有獨立自主存在」之空相也。三轉法輪諸唯識經，則兼說空性與空相（眞心第八識及七轉識妄心）之細相。若不觸証第八識如來藏，則不能知第一義諦般若，則不能如實了知空性與空相之異同；是故惟覺法師之徒見護法師，乃至佛教導師之印順法師，悉皆於此橫生誤解。

如《靈泉雜誌》四十三期十六頁所載：《其次，見護法師提「空性」的觀點，他表示，因緣果報其實也是空性。空性是變異性、不定性，沒有獨立自主的存在，一切法皆是無常，無常也是空性，沒有一定的性質。……人的一生皆處在念念相續、念頭相續不斷的狀態上，猶如鐵鍊般環環相扣，一個接一個，而以爲這就是「眞正的我」，此即錯誤之認知。其實，過去了，即了不可得，將過去放在現在，即是煩惱之根源，沒看清楚自己的本來面目！而我們本來面目就是「當下」這念心—清清楚楚、明明白白、了無掛礙。只要時刻活在「當

下」，人生即無縛，煩惱亦了不可得。》

如是之人，名爲不解佛法，於三乘菩提俱無見道分；何故如是說？謂彼不解空相與空性。彼墮諸法空相之十八界無常空及自性空故，未証十八界俱之空性如來藏故。由是計著意識心離於妄念、不起語言文字想，名爲本來面目之眞心，不了覺知心之藉緣而起、其性是空，墮於意識自己，正是我見。如是而言「時刻活在當下，即無縛無煩惱」者，正是我見煩惱所縛者；見道所應斷之見惑尚且未斷，不離我見，云何能離我見煩惱？「我見」是三界中最重之煩惱故。如稍前所舉《起信論》語云：《如凡夫人，前念不覺、起於煩惱，後念制伏、令不更生，此雖名覺，即是不覺。》如此諸師以覺知心離妄念爲証道者，皆名不覺位之凡夫也！

印順法師亦復如是不覺，如彼所說：《進一步來論究空與空性。在舊譯中，都是一律譯爲空的。自玄奘譯出瑜伽系的論典，才嚴格的分別空與空性；以爲空是遮遣妄執的，空性是空所顯性，是離妄執而顯的法性，所以是如實有的。初期佛典中，空與空性有什麼分別呢？如「空諸欲」、「空世間」「貪空、瞋空、痴空」，「空欲漏、空有漏、空無明漏」，「我我所空」「無常、苦、空、無我」，在巴利文中，都是空。如「空心解脫」，「空解脫」，「空三昧」，「空等至」，「空住」，「內空、外空、俱空」（原註：以上三種空，在「無礙道論」中，也是空），「空小經」，「空大經」：凡是作為觀名、定名或經名的都是空性。我以為，「空」不只是否定詞，離妄執煩惱是空，也表示無累的清淨、寂靜。**空性，是空的名詞化**。初期聖典中的空性，並無空所顯性的意義；只有「出世空性」是甚深的涅槃。》（正聞出版社，印順著《空之探究》頁五四）

然而玄奘菩薩所譯方是真實義，印順不應否定之。空謂蘊處界及六入（見性聞性嗅性嚐性觸性知覺性），皆是生滅變異之法，由如來藏生，非是本來自有之法，是故應當「空諸欲、空世間、空三毒、空三漏、空我與我所」，並顯示五蘊十二處十八界，及所生六入知覺性之虛妄，故說緣起性空—無常、苦、空、無我；是故緣起性空者乃說諸法空相—蘊處界等藉緣而起，其性是空，以「空」名之。以如是空，遮遣妄執—不取意識覺知心我、不執意根作主心我；

我見我執斷故，成慧解脫，如是名爲二乘空法—是諸法空相。

空性確實是「空」所顯性，並非玄奘菩薩所創，四阿含（含巴利藏在內）已密意說是空性故。四阿含既是初期聖典，於中處處密意說此空性：愛阿賴耶、樂阿賴耶、欣阿賴耶、熹阿賴耶、如來藏、空性、涅槃、本際、實際、識、「我、非我、不相在」…等，四阿含諸經處處俱說十八界五蘊六入滅已，得「心解脫、識解脫」，如是「心、識」，亦名涅槃之本際，即是空性心，而非諸法空相之空也。

若無空性—涅槃之本際、實際、阿賴耶識、如來藏識…者，則涅槃成斷滅空；十八界六入滅已，一切皆空故。阿羅漢滅十八界取涅槃前，聞佛說有空性心，故知不墮斷滅而取涅槃，然於涅槃之本際—識緣名色之識—則無所知，於此空性不知不解，唯知蘊界入空相爾；由不能證知故，不入菩薩位中。而此涅槃之本際—空性第八識—唯利智菩薩與佛能知，諸不迴心大阿羅漢所不能知，故說如是出世空性名爲甚深涅槃。

四阿含中，處處以緣起性空之空相，遣除衆生之執三界世間五欲六塵，遣除陰界入我見我執；陰界入空已，非如印老所說之一切法空，而「心解脫、識解脫」之空性心第八識，不復入胎受生於三界中，名為「出世空性」。如是正理，玄奘菩薩徹見無餘，故能成就道種智；由有道種智故，於天竺時，能遍至各國皆設法辯無遮大會，無有一人能質難者。阿羅漢証得五陰十八界六入空相已，顯示非成斷滅，有其空性如來藏，能為諸佛及利智菩薩所見，是故初期聖典四阿含諸經中所說之空性，本已具「空所顯性」之義；是故空性非如印老所說：「**是空的名詞化**」，有其實性法性故，非斷滅空故，能為一切証悟者所體驗及運作故，今時我正覺同修會仍有許多同修皆能運作此第八識空性故。既是悟後能親自體驗運作之，云何印老可以誣謂空性**是空的名詞化**？無是理也。

學佛法者，必須了知五陰十八界六入空相，必須了知涅槃本際之空性一般若慧所依之空性一如來藏心，而後修學大乘了義教法，方有入處；若如惟覺、印順法師、達賴喇嘛、徐恒志及上平居士⋯等人之渾沌不明者，則無可能入於三乘見道位中，尚不能証見道所斷我見功德，何況能証解脫道及佛菩提道？如是諸人不知不覺自心現量，不知自他藏識何在，執意識粗心細心及極細心為眞實心，俱墮我我所計著見中；一切佛子欲求佛菩提智、起般若慧者，悉當遠離此等諸人所執之陰界入我，思惟空相與空性之異同，而後方能具見道緣。若如彼等，於陰界六入事業現前之中，計著不起念之覺知心爲眞實心者，正墮我見之中，云何得離我我所計著見？

「離作所作因緣過，覺自、妄想心量，身心轉變，究竟明解一切地，如來自覺境界，離五法自性事見妄想；以是因緣故，我說妄想從種種不實義計著生。知如實義，得解脫自心種種妄想」：如世尊所說「於一處妄想不實義，種種性計著妄想生」，而非因計著第一義處相妄想生者，謂菩薩証空性心，了知第八識之心性已，於此第一義處相已如實知，故不生種種虛妄想。

菩薩悟証自心藏識已，即得遠離「作與所作因緣過失」。云何「作所作因緣過」？謂諸愚夫不離作所作因緣，故有過失。能作者，謂意識覺知心及意根思量作主之心；由此二心計著我我所，計著欲界貪瞋痴，計著色界瞋痴，計著無色界無明痴，故作種種業，成就種種行支，取未來世有之煩惱種，故名能作；能作者即是意識與意根，惟覺法師、聖嚴法師、徐恒志、上平居士、義雲高、喜饒根登…等人之所墮也。

由如是計著能作之意識意根已，集諸「未來世有」之煩惱種－欲令覺知心、思量心不滅，欲令見性聞性乃至知覺性恆現不滅，執以爲實，則於死後必重受生入胎，凡有所作，後世五陰漸生；五陰具足已，則所作具足而出生，復有能作之意識與意根現行運作。如是能作與所作，不得離因緣法而有；必須依於我見我執煩惱種爲因，依父母及四大元素所成色身爲緣，方有能作所作而可現行運作。既依因緣而現、而住、而異、而滅，則能作與所作必定不離因緣法之過失，必定生住異滅、循環不斷故。

菩薩遠離如是「作與所作因緣過失」，皆因菩薩不認意識覺知心常而不壞故，不認意根思量作主心爲眞實心故，現觀意識覺知心與意根作主心是能作之我故，現觀覺知心與意根皆由第八識心而出生故；覺証如是「作與所作因緣」悉是自心第八識之現量，覺証如是「作與所作因緣過失」之妄想心量。菩薩現觀自心藏識之無作性－不於六塵起憎厭；現觀自心藏識離所作性－本來自在，不藉因緣而生；名爲覺自心現量。菩薩現觀妄想心（覺知心與思量心）由藏識及因緣生，名爲覺妄想心量。如是合名「覺自、妄想心量」。

菩薩由親覺悟自心藏識及妄想心之現量故，我見斷已，乃至我執斷；分証乃至滿証解脫果，分証佛菩提智，乃至發起五分法身而入初地，得証初地無生法忍—起道種智；由如是覺証故，令其身心轉變（身轉變者，種種事相不一而足，此勿贅述）；由心轉變故，菩薩性障永伏如阿羅漢而不斷除之，勇發十無盡願，於諸方邪師誤導衆生種種邪謬之說、能予摧伏而無所畏，乃至親証猶如鏡像現觀，入初地滿心位，漸能究竟明解十地之修証斷愚圓智，了知二主要道之內涵；乃至隨分了知如來自覺境界。

如是菩薩親於五法、三自性、七種第一義、七種性自性、二種無我法等，皆得如實現觀；由如實現觀故，於三界一切事相中，見如是眞實法義，不隨愚夫於五法自性等事相中起種種「見妄想」，故說離五法自性事見妄想。由如是因緣故，佛說種種虛妄想皆由種種不實之義理計著而生；故說親証第一義諦者，既已遠離有無妄見，既已覺証一切法皆是自心現量，既已現觀自心眞如外一切法非有實性，則不依於第一義處相而生種種虛妄想；所起覺觀分別及一切言語思惟開示，必定皆是「如實見」故。

二乘定性無學等愚痴者，及大乘中未悟之凡夫，由未証知自心藏識故，於第一義處相懵然無知，故於第一義處相生種種計著妄想；菩薩已証自心現量，覺外性非性，不復於自心起種種妄想，故說菩薩由知如實義故，得解脫自心種種妄想。

爾時世尊欲重宣此義，而說偈言：

諸因及與緣，從此生世間，妄想著四句，不知我所通。

世間非有生，亦復非無生，不從有無生，亦非非有無；

諸因及與緣，云何愚妄想？

非有亦非無，亦復非有無，如是觀世間，心轉得無我。

一切性不生，以從緣生故；一切緣所作，所作非自有；

事不自生事，有二事過故；無二事過故，非有性可得。

觀諸有爲法，離攀緣所緣，無心之心量，我說爲心量。

量者自性處，緣性二俱離，性究竟妙淨，我說名心量。
施設世諦我，彼則無實事，諸陰陰施設，無事亦復然。
有四種平等，相及因性生，第三無我等，第四修修者。
妄想習氣轉，有種種心生，境界於外現，是世俗心量；
外現而非有，心見彼種種，建立於身財，我說為心量。
離一切諸見，及離想所想，無得亦無生，我說為心量。
非性非非性，性非性悉離，謂彼心解脫，我說為心量。
如如與空際，涅槃及法界，種種意生身，我說為心量。

疏：《爾時世尊欲重新宣示此眞實義，而說偈言：

有許多的因及種種的緣，從此因與緣而生五陰世間，因虛妄想而計著「一異、俱不俱、有無非有非無、常無常」的人，他們是不能知曉我所通達第一義的法義的。

五陰世間不是依於三界中的「有法—意識覺知心」而生，也不是依於滅除三界有後的「無法—滅相不滅的眞如」而生，

不從混合有無的「有無法」而生，
也不是從否定有無的「非有無法」所生；
出生世間的許多因與種種緣，云何愚人不知而起妄想？
眞實心非是有法亦非是無法，也不可以單說祂非有或單說祂非無，
如是觀察五陰世間的人，覺知心的見解轉變而証得人無我與法無我。
一切法的體性不是自己出生的，因爲是從因緣而生的緣故，
一切由衆生緣所生而有之法，這些所作之法亦非自己本有之法；
果事不能自己出生果事，因爲有「兩個果事」的過失故；
因爲不可能有「兩個果事」同時存在的緣故，
所以衆緣所作的果事，沒有自體性可得。
觀察種種有爲法之中，遠離「能攀緣的覺知性與所緣六塵法」的心，
「無見聞覺知及思量性的心」的實際狀況，我說那就是心的眞實本際。
眞實體驗此心者，於此心之自性處，可以現觀此心遠離諸緣及諸法，
祂的體性是究竟的、微妙的、清淨的，

我說如是現觀者名爲「於眞實心有証量者」。

我所施設世俗諦中所說的「我」，那個「我」沒有眞實不壞的事相，

種種法界中的五陰四陰都是假名施設，

都沒有眞實不壞事相，其道理也是這樣的。

有四種平等—字等、語等、法等、身等，

是由事相平等及因與法性平等而生，

第三是無我性平等，第四是修行過程與修行者平等。

由於虛妄想的習氣現起運作的緣故，

而有種種見聞嗅觸及覺知的心性出生，

如是六塵境於自心藏識外的七識心上顯現出來，

這種覺知境界的心性是世俗的實際境界。

六塵境界及見聞知覺性於自心藏識外顯現、然而卻不是眞實有的法，

由於有自心藏識影現六塵及見聞知覺性故，

世人之覺知心方能見那些種種境界；

有能力建立「有情身根」及「世間財」的從來不壞的法，
我說那就是眞實心的實際情況。
一向遠離「有無、常無常…」等一切種種見解的心，
以及一向遠離「能想的覺知心與所想的種種法」的心，
從來於一切法無所得、又是從來不生的，
我說這就是眞實心的實際情況。
非有眞實性、也非沒有眞實性，有眞實性及無眞實性悉皆遠離，
是說那個心本來就是解脫的，我說這就是眞實心的實際情況。
若有一心於三界萬法中是眞實的如、祂也是眞實空性的實際，
也是涅槃的本際以及法界的本際，祂能示現種種不同境界的意生身，
我說這樣的心才是眞實心的實際情況。》

解：「諸因及與緣，從此生世間，妄想著四句，不知我所通」：衆生的五陰世間及四陰世間（如無色界有情），以及器世間之欲界色界世間（如欲界色界有情），能從無而有，出現於三界，是由許多的因及種種緣，才能出生的；不瞭

解這道理的凡夫外道們，都因虛妄想而誤計眞實義，所以執著「一異、俱不俱、有無非有非無、常無常」等四句之意思，不知道世尊所通達的法義。

器世間之從無到有，乃因共業有情之自心眞如所藏共業種子感應而漸漸形成，名爲成劫；到了住劫時，共業有情隨其別業差別，漸漸往生新形成之世界，隨業受報並造新業；所應受報若盡，則此新世界便因之漸入壞劫，一切有情各隨所造新業而往生所應受報之其餘世界；往生盡已，無一有情留存，此世界便隨之壞盡，進入空劫。如是成住壞空之過程，令一切有情長時於十方世界受生，往復循環，無有盡期。

然器世間之形成，要有其因：一者要有各各有情之自心藏識爲因；二者要有藏識對外六塵之「不可思議覺」，覺遍十方界，非等覺以下諸菩薩之七轉識所能知；三者要有各各有情自心藏識所藏無始無明及煩惱障種；四者要有各各有情自心藏識所藏往世累積之善惡業種；五者要有藏識本具之七轉識種子及其相應心所法種子；六者要有藏識所蘊四大造色之妄想大種─大種性自性。要有如是六因，復假外緣─謂虛空中所有之地水火風大種─極微圓相之四大微塵；

如是六因一緣和合方得有器世間之成住壞空，循環不斷，此即器世間成住壞空不斷賡續之因緣。

五陰世間之形成亦復如是，須具種種因緣。因者有六：一者謂自心藏識本體及其心數法；二者謂無始無明隨眠及煩惱障種；三者謂往世行支所蘊善惡業種；四者謂藏識所蘊七轉識種及七識心相應之心所法種子（七轉識種與藏識有互動故——特別是意根）；五者四大造色妄想大種；六者無漏法種。緣者有九：一者父，二者母，三者父精不爛，四者母信適至，五者父母和合，六者受胎者之業種與父母往世之業對稱，七者母不中夭，八者外四大種，九者受生時之器世間尚在住劫。如是六因九緣，方令五陰世間形成，具足人間五陰。

然而器世間及五陰世間之形成，最重要之因素爲自心藏識本體及藏識自身相應之心數法（藏識本體乃禪宗初悟者之觸証；其心數法極為微妙深奧，須以破參証悟之見地為基礎而進修般若種智，隨諸佛子所証無生法忍之深淺廣狹差別，而隨分知之；乃至佛地之具足了知，及由佛地七淨識聚所完全運用，非等覺菩薩所知）。般若系諸經即是宣說自心藏識與五陰七識非一非異、非俱非不俱、非有非無非非有無、非常非無常之理；二乘愚人及諸凡夫以及外道，由不証自心藏識故不知此理，遂因虛妄想而計著一異、俱不俱、有無非有非無、常無常等四句，於「第一義處相」，起種種不實妄想；不實妄想起已，復因見取見深重故，計著不捨，乃至謗法及謗賢聖。

密宗四大派之應成中觀、自續中觀等邪見者，皆此類人也。應成派中觀之達賴五世，更假藉清朝與蒙古可汗之政治勢力，消滅朗達瑪王；而後借刀殺人－假藉薩迦與達布之手，慫恿其徒眾執刀持棍，於每一次法義辨正失敗後，打殺覺囊達瑪信眾；如是經歷前後六次法義辨正後之六次泥濘地中混戰，覺囊達瑪既無政治勢力奧援，遂節節敗退，末代法王因此被逐出藏地；未隨法王出亡之覺囊派信徒，奉達賴五世之命而改宗黃教，寺院全部收歸黃教所有，黃教又篡改覺囊派他空見之法義，然後誣爲外道法，覺囊派從此名存實亡，所傳如來藏法因此永與藏人絕緣。此即密宗往昔黃教白教法王聯合誹謗賢聖、打殺賢聖、破壞正法之實例。

余初閱覺囊派他空見之學說已，是夜即夢此境，今猶歷歷在目。余於彼時之前，未曾聞說藏密之歷史，而有如是夢境；後亦於三昧中觀見如是映像（猶如無聲電影），較前所夢更爲清晰，印証所夢無訛。如是，達賴五世等人，破壞正法，打殺証法之賢聖，驅逐証法之賢聖，死後必墮地獄，焉有可能轉世而至今世？是故歷代達賴法王之轉世，皆不可信，代代奉信應成派中觀邪見而抵制正法者，乃是破壞正法者故，如是嚴重破壞正法者必墮地獄故。

可嘆近時印順法師仍舊篤信應成中觀邪見，自己去承襲應成中觀之邪見，而廣造諸書恣意否定如來藏。如斯輩人，尚不能知阿含本意，尚不能証解聲聞初果所現觀之十八界空，云何能知大乘七住菩薩所証般若慧？乃竟妄言已知《成佛之道》，而廣著述流通，其實完全不解世尊所通達之解脫道與佛菩提道，完全不知成佛之道。如斯等人自言不墮四句，而以般若名相莊嚴其說，其實皆墮一異等四句之中。

「世間非有生，亦復非無生，不從有無生，亦非非有無；諸因及與緣，云何愚妄想？」世間非從「有」法而生；有者謂三界有，亦即「識陰有」也。識陰有及三界有，主要是說意根及意識，前五識爲次。如應成派中觀師（印順法師及達賴、創古…等人），執著有意識細心及意識極細心能持業種來往三世，主張有情衆生皆依此意識細心執持業種而來往三世，令無明現行而有受生輪迴諸事；彼諸應成派中觀師主張五陰世間依如是「意識有」法而生，如是而說因緣法等，是名世間依「有」而生，意識之細心或極細心皆是「三界有」故，是意識所細分而有者故。

今者佛說世間非依於三界中之「有」法而生，實依自心藏識而生，彼等聞之悉皆不信，索性否定《楞伽經》，誣為佛滅後之弟子所集合創作之經典，而免所說牴觸此經之尷尬。器世間亦復如是，不依如是意識「有」法而生；如是類「五陰世間」之有，其所執受之體性，皆為吾人見聞覺知心所能知者，現見「意識有與意根有」不能執受器世間及五陰世間故（詳見拙著《真實如來藏》所述，此勿重贅），由是可知：五陰世間必從「非世間有」之自心藏識而生，現見一切証悟者皆能証驗藏識及運作藏識故，一切証悟者皆現見七識見聞知覺性及五陰悉因藏識而有故。

五陰世間亦非從「無」而生，若能從無而生者，則可不依藏識而生，則有大過；何以故？此謂五陰可以無中生有也。若可無中生有者，則一切人之五陰應頓生，不應於母胎中始從羯羅藍（受精卵）而漸漸長成；亦不須有往世行支所取後有種子憑以入胎，亦應人人善惡業報無有差別，亦應人人善惡心性完全無異，……種種大過，說之不盡。

現見最大過失則是一切人皆應不死，死已皆應隨活故，不應有老有死，何以故？謂老已、可從無法立即復生年輕五陰故，死已可從無法復生未死五陰故，一切法可以無因而生故。如是則因緣雜亂，無因無果，修善造惡悉無有報，勤修無量清淨行之學者唐捐其功，從無而能生諸法者、理必如是。是故佛法所說因緣法者，必須有根本因－能持一切種子而體恆常住之如來藏，不可從無而生諸法也。

若如民間信仰者喜饒根登、釋性圓、釋性海…等人，以及徐恒志、上平居士…等人之堅執意識不滅者，亦名世間從無生，何以故？謂彼等民間信仰者及錯悟凡夫主張今夜意識滅已、明晨復能由意識自己出生自己故；謂彼等主張死已意識滅後，中陰意識能自生故；謂彼等主張中陰意識滅已，來世意識能自生故。

當知意識滅已，則成「無」法；「無」法不能自生任何法，須依他因他緣方能復生，不能從無法中復生「曾有之已滅法」；一切已滅之法，皆不能離於他因他緣而自生故。是故意識覺知心眠熟滅已，不能次晨自行復生而有，必須依藏識因及末那法塵爲緣，方能於次晨復起，若如徐恒志、上平居士之言「覺知性今晚滅已、明朝可以自行復起，故覺知性恆常不滅」者，即是此處經文中佛所破斥之「法無因生」之外道也。因者謂藏識及煩惱種，緣者謂意根末那識及未壞之五根與法塵，是故佛說「意法觸緣生意識」。

此是聲聞《阿含經》中所說之基本佛法，彼義雲高、釋性圓、徐恒志、上平居士…等人悉不能知基本佛法，而執欲界種種有漏有爲之法以爲佛法，故名之爲「民間信仰者」，名之爲錯悟凡夫，亦名之爲「世間依無而生者」。義雲高、釋性圓…等人，於基本佛法完全不知，竟敢於台灣各大報紙公開詆譭余之正法；徐恒志、上平居士二人於基本佛法尚不能知，猶自誤解意識覺知心爲佛性，猶自誤取離念靈知之意識心爲眞如，不知佛於基本佛法之四阿含諸經中已說有念離念之「靈知心」俱是意識，而猶執爲眞如佛性，竟敢於網站上登文狡辯「離念靈知」之覺知心是眞如，強辯意識覺知心遍一切時不斷，強辯意識覺知心夜晚滅已、次晨能無因自起，墮於「世間依無」之邪見中，而於網站上誹謗余法，自曝其短。如是等人，悉墮「世間依無而生」之邪見中，云何敢以証道者自居？乃竟以未証如來藏之凡夫身，而妄謗親証如來藏後而說之余法耶？眞乃無智之人也。

有諸愚人聞說世間不依「有」法而生，亦不依「無」法而生，乃依臆想而主張曰：「五陰必依有無法而生。」合前所說有法無法，說之爲「有無法」。然有無二法相待而有，非可自法同時併有；如我有筆，說彼無筆；不可說我手中有筆亦是無筆，不可說彼手中無筆亦是有筆；我棄筆已方是無筆，不可未棄而說無筆；彼拾筆已方是有筆，不可未拾而說有筆；是故有無二法相待而有，非可自身絕待而有。

五陰亦復如是：有已即是非無，無已即是非有，不可正有時亦無，不可正無時亦有。意識亦復如是，眠熟滅時不可謂有—有則必有知覺故；未眠熟時不可謂無—無則必定喪失知覺故；是故意識自法不得同時是有亦無。是故眠熟後意識滅已即成無法，無法不能生法，必須有藏識所蘊意識種爲因，以未壞之五根及意根法塵爲緣，方能令意識於次晨復起而有，故名依他起性，名爲緣起緣滅之法；故說覺知心意識非是義雲高、徐恒志、上平居士…等人所說之不滅法，故說義雲高、喜饒根登、釋性圓…等人是民間信仰者，是常見外道；故說徐恒志、上平居士…等人是錯悟凡夫，誤會意識爲眞如佛性，是「世間依無」之俗人。

「非有無法」乃依「有無法」之遮遣而生，異於佛法中「非有亦非無」之如來藏法。「非有無」之法，猶如兔角，唯是人之妄想施設名相，非有實法，依「有無法」而觀待立名，唯名無實。無實性之名詞概念，何能生五陰世間？此若能者，則石女應能生子，煮沙亦應成飯；故說世間非依「非有無法」而生也。

如前所述，出生五陰世間者，須有六因九緣，缺一不可；有智之人隨善知識語，能善觀察，於五陰世間之無常暫有、能觀察了知，觸証非有非無、非作非不作之自心藏識；現前觀察藏識與五陰之非一非異、非俱非不俱、非有亦非無、非常非無常。如是証已，深觀五陰世間之出生，必須具備多因緣而後能成，信成就、証成就，由現觀故；云何愚人不信不知如是正義，於此第一義處相，而生種種不實妄想？

「非有亦非無，亦復非有無，如是觀世間，心轉得無我」：非有亦非無者，謂眞實心—自心藏識—非是三界有法，同時亦是「非三界無」；兼具非有與非無，故是實相心。

非有者，謂非三界有；三界有者，謂欲界身、色界身、欲界心、色界心、無色界心，及因身心所起受想行陰，是名三界有。欲界身者，謂欲界天身、人身、傍生身、修羅身、餓鬼身、地獄身。色界身者，謂初禪乃至四禪天及五不還天等天身。由欲界身及七轉識故，生受想行陰；由色界身及眼耳身意末那識故，生色界受想行陰；由四空定力及意識末那識故，生無色界受想行陰；如是五陰或四陰，俱名三界有。

離念靈知心名爲三界中之心，一向不離三界中之六塵法，是「三界有」所攝之法；見性聞性…乃至知覺性，乃是離念靈知心之心數法；思量作主性，名爲意根末那識之心數法；俱是五陰所攝之「三界有」法。第八識實相心非是三界有法，本來即已不墮「三界有」法中故，一向不墮六塵境界故，一向遠離見聞覺知故，五陰及見聞知覺性等三界有法由此實相心生故。若實相心即是三界有法，則三界有（五陰或四陰）壞時，實相心亦應斷壞；實相心若可斷、壞，則應一切有情死已不能受生，現見五陰四陰不能去至來世故，意根雖能入胎而不能持身故，唯有如來藏方能持身而令意根隨同住胎故（詳見拙著《真實如來藏》所述，此不重述）。意根是可滅之法故，一切悟者皆現見第八識是常住不斷不壞心故。由斯正理，說實相心阿賴耶識非是三界有，實相心第八識是生三界有者故，一切禪宗眞悟者皆能現觀此事實故。

實相心兼具非無性—非無三界有性，與三界有非一非異故；能生三界有，而與三界有非俱非不俱故，是故不應言爲「無三界有性」，惟非純是三界有性，三界有之無念靈知心及其心數法之見聞知覺性等俱含藏於實相心中故。復次，此第八識心於三界有法中，有其自己之心數法離於六塵而不斷現行、有時不現，爲諸禪宗破參者之所証知，故於禪宗公案無所滯礙，知其密意，非諸錯悟及未証者之所知；復有其自己之心數法離於六塵而不斷現行，爲禪宗之初悟及淺悟者所不能知，唯有久學菩薩始能知之者；既有如是第八識之心數法，同爲禪宗証悟者及久學菩薩所同皆証知，則不可謂無此心，故名非無。三者，第八識實相心復有無量心數法，爲初地菩薩乃至佛所証知，名爲自心眞如之唯識性；隨其証知此心之唯識性而起唯識行，故能分証無生法忍而起道種智；乃至具足圓滿，名爲佛地一切種智；既有如是第八識之無量心數法，爲地上菩薩之所共証，當知此心非無。由斯三緣，故說此心非「三界有」、而兼具「非無性」，故名「非有亦非無」。

然諸有情修學佛法者，不証如是實相心，每生錯解，便謂「般若非有亦非無，即是非有無法」，便依如是謬見而解般若；佛門中諸未悟之法師居士亦復如是，依於謬見而解般若、而弘般若，教令學人離有離無－一切法不取－以如是不取一切法之空，名爲眞如、涅槃、實際、空性、法性、法住，皆是誤會般若之人也。譬如印順法師云：

《空，是形容詞；形容詞的名詞化，就是空性。在『阿含經』中，空三昧，空住等，都是空性，但沒有『般若經』空性的意義。空與無相，無所有，同為解脫的要門，重在觀慧。『般若經』的觀慧，漸漸的重視空，演進到空與眞如、涅槃、法性等為同義異名，如『摩訶般若波羅蜜經』卷二十五說：「是（本）性空，不常不斷。何以故？是性空無住處，亦無所從來，亦無所從去，須菩提！是名法住相性。是中無法，無聚無散，無增無減，無生無滅，無垢無淨，是為諸法相性」。『般若經』說的空，是從種種而顯示的本性空，本性空是不常不斷（即「非常非滅」）的。無住處，超越了空間；無所從來，無所從去，又超越了時間：這就是法住相性，也就是諸法相性。在這一意義上，空性與法住、法性、眞如等，是同一內容的。但在表示法義的應用上，還是有點不同的；空是觀慧所觀，從一切法的虛妄、不實而顯示的。》（摘自正聞出版社《空之探究》頁一七四）

空者有二義：一曰空相—蘊處界諸法空，二曰空性—涅槃本際之如來藏，二者非一非異、非俱非不俱，不可如印老妄謂「空的名詞化就是空性」，何以故？空無、空虛者無自己常住不壞之體性故，名言亦無自性故；空性則有自性故—有迥異於蘊處界之自性故，是出三界之無漏自性故，是無餘涅槃之自性故，依所生蘊處界而顯現三界中之出三界自性故，空性非即蘊處界空相亦非異蘊處界空相故，空性與蘊處界空相非俱非不俱故；如是函蓋空相與空性，方是佛所說之空也。是故空性絕非印老所說一切法空之性—空無性也。

《阿含經》之空三昧、空住等，皆依「名色緣識」之識，而說空三昧及空住故，不可如印老之否定第八識（名色緣識之識）而說空及空住也。《般若經》中所說空性的涵意亦復如是，唯因空相空性俱顯，是故異於《阿含經》之偏顯涅槃解脫爾。然《阿含經》中非無密意而說空性，印老自不能知空性與空相之分際，妄謂阿含般若二經有異，妄謂是由阿含之「空」、演變爲般若之空性；印老復又誤會般若諸經，妄謂般若經所說之空性唯是「空所顯性」—空無所顯示之性，其謬大矣！何以故？謂世尊三轉法輪所說諸法皆是依眞心而說故，云何印老可以外於自心藏識而說三乘法？非眞實理也！

《阿含經》主旨在度諸外道入佛門中，令其速証涅槃而起定信—信佛所說如實、非臆想妄言；是故偏顯蘊處界空相及無餘涅槃之實証。然佛說此二乘菩提時，未嘗離於第八識而說，今仍有南北傳四阿含諸經可稽；印老誤信應成中觀邪見—先否定第七識八識—先立此錯誤之前提、而後研究阿含，是故不能客觀如實研究四阿含，凡所研究阿含之旨，步步皆歧。逮至《般若經》顯說空性即是眞如、涅槃、法性時，便不能匯通，以爲有異，遂作小乘法、大乘法之「空與空性演變」之說。然於大乘証道者觀之，阿含與般若之佛旨，其實法無異味，唯有偏顯偏重之別爾，絕無演變之處也。

是故小品《大般若經》卷一，以種種理及種種因緣，普勸應學般若波羅蜜已，隨即由舍利弗請問：《「菩薩摩訶薩云何應行般若波羅蜜？」佛告舍利弗：「菩薩摩訶薩行般若波羅蜜時，不見菩薩，不見菩薩字，不見般若波羅蜜，亦不見我行般若波羅蜜，亦不見我不行般若波羅蜜。何以故？菩薩、菩薩字性空，空中無色、無受想行識，離色亦無空，離受想行識亦無空。色即是空，空即是色；受想行識即是空，空即是識；何以故？舍利弗！但有名字故謂爲菩提，但有名字故謂爲菩薩，但有名字故謂爲空，所以者何？諸法實性無生無滅、無垢無淨故。菩薩摩訶薩如是行，亦不見生、亦不見滅，亦不見垢、亦不見淨，何以故？名字是因緣和合作法，但分別憶想假名說，是故菩薩摩訶薩行般若波羅蜜時，不見一切名字，不見故不著。」》

如是經文，已說第八識心之體性也，亦已兼示五陰、菩薩、菩薩名、生滅、垢淨等俱是假名言說，依諸法實性—第八識—故說無生無滅無垢無淨也；若離第八識實相心，則諸法皆無實性故，小品《大般若經》處處皆說諸法無實性故。

復如小品《大般若經》卷三：《須菩提言：「菩薩摩訶薩行般若波羅蜜，得是心，不應念，不應高：無等等心，不應念，不應高；大心，不應念，不應高；何以故？是心非心，心相常淨故。」舍利弗語須菩提：「云何名心相常淨？」須菩提言：「若菩薩知是心相與淫怒痴不合不離，諸纏流縛若諸結使一切煩惱不合不離，聲聞辟支佛心不合不離，舍利弗！是名菩薩心相常淨。」舍利弗語須菩提：「有是『無心相心』不？」須菩提報舍利弗言：「無心相中，有心相、無心相可得不？」舍利弗言：「不可得。」須菩提言：「若不可得，不應問：有是『無心相心』不？」舍利弗復問：「何等是無心相？」須菩提言：「諸法不壞不分別，是名無心相。」如是說心，同於大品《般若經》之處處說「不念是菩薩心、非心心」，無別異也。

此經文中，說有非心之心—無心相之心—與五陰不合不離、與諸煩惱不合不離、與二乘聖人之覺知心不合不離，証知此「無心相之心」者，名爲菩薩心相常淨。如是心，不得言有心相，離見聞覺知及離思量性故；不得言無心相，非如木石不具心之用故；是故不得言此「無心相之心」是有是無。如是心，於諸法中不壞諸法，亦不分別諸法，是名無心相之心。如是說諸法空中有此「空」之性。

卷三復云：《「復次世尊！菩薩摩訶薩欲行般若波羅蜜，如中不應住，何以故？如如相空，世尊！如相空，不名如，離空亦無如，如即是空，空即是如；世尊！菩薩摩訶薩欲行般若波羅蜜，法性法相法位實際中不應住，何以故？實際、實際空，世尊！實際空不名實際，離空亦無實際；實際即是空，空即是實際。」》如是說眞如相空，空即是眞如；如是說空即是法性、法相、法位、實際。是故《般若經》所說空，有空相與空性二法，於經中並舉，若人不証空性心—第八識如來藏—終不能眞知其義。如是並舉說法，處處可見，謂第八識爲空性，說之爲「無心相心」。

如是空性心性，有時說爲「內空性」，如卷二五中：《須菩提白佛言：「世尊！若諸法性常空，常空中衆生不可得，法非法亦不可得，菩薩摩訶薩云何求一切種智？」佛告須菩提：「如是如是！如汝所言，諸法性皆空，空中衆生不可得，法非法亦不可得。須菩提！若一切法性不空，菩薩摩訶薩不依性空成阿耨多羅三藐三菩提、爲衆生說性空法。須菩提！色性空，受想行識性空；菩薩摩訶薩行般若波羅蜜時，說五陰性空法，說十二入十八界性空法，說……阿羅漢果、辟支佛道、一切種智、斷煩惱習性空法；須菩提！若『內空』性不空，『外空』乃至『無法有法空』性不空者，則壞空性。是性空，不常不斷，何以故？是性—空、無住處，亦無所從來，亦無所從去，須菩提！是名法住相。是中無法、無聚無散、無增無減、無生無滅、無垢無淨，是爲諸法相。……是菩薩摩訶薩行般若波羅蜜時，見一切法性空，不轉阿耨多羅三藐三菩提，何以故？是菩薩不見有法能障礙，當何處生疑？是名阿耨多羅三藐三菩提性空—不得衆生，不得我，不得人，不得壽，不得命，乃至不得知者見者。」》如是經文皆說空性實相第八識心，非說諸法空相之緣起性空也，一切証悟自心藏識者，皆能以如是經文，現前觀察証實佛語不虛，是故印老不應以「外於如來藏之一切法空」而解空性，一切法空是諸法空相—緣起性空故，非是法界實相之空性故。

「內空」謂如來藏，其性是空，空故能入衆生身中受胎乃至受色界身，若內空之性不空—有質礙—則壞空之性。「外空、無法有法空」謂外五塵及假名言說法與三界有法—知覺思量心，其性是空；五塵變異無常，其性空故；假名言說之無法，性本空故；知覺思量之心非本來自有之法，性本空故。如是「內空、外空、無法有法空」，若性不空者，則壞空性—令如來藏不能與五塵及知覺思量心和合運作，則假名施設之無法—形而上學—亦不能與人類相應，是故佛說：「若『內空』性不空，『外空』乃至『無法有法空』性不空者，則壞空性。」是故小品《大般若經》所說空，有二種義：如來藏空性及蘊處界諸法空相。如是正義，必須親証及領受如來藏本體與其性用之後，方能知曉，非彼印老未証如來藏、否定如來藏者所能知之。

是故，空，可以是形容詞，但「空性」絕非是形容詞之名詞化，與實相無關故，印老不應作是邪說。是故《般若經》所說空性，絕非由「空」演變而來，空性即是般若所說「非心心、不念之菩薩心、無心相心」故，亦即是《阿含經》所說「名色緣識」之識故，亦即是阿含諸經所說「涅槃之本際、實際、（真）我、如來藏、有分識、窮生死蘊」故。此心既是阿含已有，則不應說是演變後有。是故「如、眞如、實際、法性」者，絕非是印老所言「一切法空，滅一切法已，滅相不滅故名爲如」，作是說者永劫不悟般若，是謗法者故，是曲解阿含系及般若系諸經者故，學人應當知之。

印老作是說者，名爲「非有無」之法，自謂不墮有無之中，實則墮於「非有無」之假名中。學人欲証般若慧者，當離「非有無」妄想，當隨眞善知識熏修，了知空性心之「非有亦非無」體性，方知參禪覓心之方向；証悟空性心已，則能如實証驗如來藏「非有亦非無」之體性，了知其同時具有雙非體性。

如是証悟者，遠離「如來藏非有」之邊見，亦離「如來藏非無」之邊見，不墮「一切法非有無即是般若」邪見—永離印老之虛妄想。若有佛子能現觀如來藏「非有亦非無」者，以是見地觀察器世間及五陰世間，則心轉變，漸漸証得人無我與法無我之現觀。

人無我謂現觀知覺心（意識）及思量心（末那）非有眞實不壞之我性，亦現觀知覺心之心數法（見聞知覺性）非有眞實不壞之我性，一者依緣而起故，二者非自在心故，皆依藏識而有故，是故「知覺心我」及「作主心我」非眞實我，是故「見聞知覺性」非是佛性，是名菩薩人無我智；如是大乘人無我智，非依三界世俗之蘊處界空而證，乃依無我性之藏識自心而証，故異二乘「人無我智」。

菩薩隨依此「人無我智」，一一現觀蘊處界一切法悉由如來藏生，本非實有之法，凡夫不知，妄計蘊處界之離念靈知爲實有，故墮我見我執中，而妄謂覺知心不起我見我執即是斷我見我執。若人如實了知此妄計性，現觀自身蘊處界及所生一切法之暫有不實，由藏識生；如是種種法之現前，皆由虛妄分別計著故生。菩薩如是觀察一切諸法，如實觀察故，遠離心意識五法自性等誤計與執著，証得法無我智－了知諸法中無不壞我，唯是寂滅性、無我性之如來藏而已。菩薩如是現前觀察五陰世間，其心轉變，而証二無我智。

「一切性不生，以從緣生故；一切緣所作，所作非自有；事不自生事，有二事過故；無二事過故，非有性可得」：一切法之體性，皆是本來不能自生，必須依於種種緣方能出生。一切法者，除藏識法外，皆藏識所含攝。有情身根依末那與第八識因地眞如而生，五根身生已，知覺心性方能現前，方又展轉生種種法。然意根之現行，仍須有緣，緣謂遍計執性－無明渴愛及往世行支業種；若無如是緣者，意根即不現行，衆生死後之中陰身即不出生，亦不現起見聞覺知等六識，則入現般涅槃。

意根於死位如是，生位一切時亦復如是，乃至醒時面對人間六塵時之思量性亦復如是；並須依於知覺性之意識，方能於三界內之六塵起思量性。意根尚須依於藏識之心數法，及藉藏識所藏煩惱種及意根種方能現行，當知非是能自生者；何況依意根而展轉出生之一切法（特指意識覺知心等見性聞性……乃至知覺性），云何能自生？故說一切法之性皆不能自生，以一切法皆從緣而生故。

一切法既依衆緣方能由如來藏生出，則一切法皆是依緣而起，是所作法；若是所作之法，當知必是本無今有；本無今有之法，即非自有之法，不得名爲自在—非自己本來已在。意識知覺性及意根作主性，悉皆依緣而起，緣謂無明及業種。意識覺知心，須具三依、方得現起，故名此三爲「俱有依」，意識現行必須具備此三法故，缺一則不現行故：一者如來藏之自體性及藏識所含意根種意識種，二者意根之現行，三者有根身（有字謂未壞之意）；故說意識從緣生，是所作法，既是緣所作，則非自己本來已有，非是自在之法，故此經中說意識是緣起法。

可憐月稱、智軍、寂天、蓮花生、阿底峽、宗喀巴、密勒日巴、岡波巴、歷代達賴法王及餘三派法王等密宗古今諸師，俱將緣起法之意識及其心數法，計爲本來自有之法；台灣印順法師亦踵隨之，建立意識細心爲本有不壞、爲能連繫三世因果之法。民間信仰之附佛法外道喜饒根登及義雲高、釋性圓…等人，竟登報詆譭余法，公開主張意識爲不生滅法；乃至上平居士竟於網站上公開主張覺知心及其心數法（見聞知覺性）為不生滅法，學佛弘法之人竟然不知覺知心即是意識，竟然不知覺知心是依緣而起之法、是所作法，妄執意識本有、不生不滅，狡辯意識覺知心今夜眠熟斷滅已、能於次晨從無法中自行生起，妄執意識非生滅法、能去至來世；如是最淺之緣起法尚不能知，云何能知涅槃與般若？無斯理也。

當知果事不能自生果事，若果事能自生果事，則有二果事同時同處，則有過失—無因而有果事。若無因而可有果事者，則應菩薩不須修布施行，即可世世得大財報；亦應菩薩不須持諸淨戒，即可世世清淨無染；亦應不須修忍辱行，即可稟性慈柔；……乃至不須修般若慧，即可忽然成究竟佛；亦應一切有情皆可頓時成佛，不須多劫修學解脫道及佛菩提道，一切果事皆不須有前因故，亦應過去佛之果事能生吾人今世「無因成佛」之果事故；或應過去一切佛成佛時，一人得成二三四佛乃至無量佛、一一佛皆是究竟佛，果事能生果事故，非定須由自因及自緣而生故。

若果事能生果事者，彼能生後果之現在果事，即成未來所生果事之因，則應所生果事復能生果事，性無別故；則應果復生果，展轉無窮。審如是者，則釋迦牟尼佛成佛已，應復生另一釋迦牟尼佛，二佛同時同處示現於世，不須應身與化身；所生釋迦佛復應更生同一佛，亦同時同處，則應世有三四五釋迦佛、乃至世有無量釋迦佛於數日之間出現人間、分化人間。亦應父母生子已，子隨即生子，同時同處，不必待子之自因及自緣方生；所生子復又如是生子，同時同處，展轉無窮；果事能生果事故，所生果事不須待自因及自緣而後方生自果故。然於三界一切法中，一切果事各有其自因與自緣，非單因無緣能成果事，亦非無因一緣能成果事，亦非他果能生自果，亦非他因能生自果。必定自身之因緣與自身之未來果各各不爽，如是成就世出世間一切因緣果報，是故果事不生果事，有二事過故。

若離「二果事同時同處」之過，則知一切果事皆非有眞實不壞性可得，一切果事皆由自身之因與緣而成故，非由果事獨能成就果事故。是故，意識覺知心既於聖教量中說：由藏識心及所含種子、與意根及五根而成意識，則知此覺知心意識即是果事，當知必由藏識爲因，意根及五根法塵無明爲緣，方能成就意識果事。若意識於夜晚眠熟滅已，即成無法；無法不能復生自法，故意識應永斷無餘。若意識滅已，能於次晨復現，當知必由他法爲因，復依他法爲緣，方能復現，不可無中自己復生也，否則必墮果事自生果事之過故。若謂意識於眠熟位尚在，是故非斷，次晨由此意識復生意識覺知心者，則應次晨覺知心復起時，彼人有二意識同時同處，復墮二果事同時同處之過；眠熟位意識若能生醒時之意識，則應醒時有二意識同時同處故，如是則違現實事實，亦違聖教量，現見一切有情醒時未有二意識覺知心故。

若謂眠熟位意識未滅，只是睡著故無覺知，則墮常見外道中，則成謗佛者；佛說意識若在，則必有覺知，覺知若滅則是意識斷滅故，意識若永不滅則無睡眠法故；而今現見人人夜眠無知無覺，故知意識夜夜皆滅，此是現實之常識，一切人皆知；聖教量中，佛亦於三乘諸經中反復宣說意識覺知心於眠熟等五位必滅，非有眞實不壞自性可得；是故，徐恒志及上平居士主張見聞知覺性及意識覺知心常而不滅者，豈唯違教？又復背理，昧於基本佛法之所說也。

若謂意識於眠熟位中雖滅，然實別有意識細心不滅，次晨由此細心復生意識，故起覺知；則應意識有粗細心同時同處，則應有意識細心不墮見聞覺知中，令人可証；然自古至今，未見有人証此無見聞覺知之意識細心，亦未見有人証後轉復令人証之。若有此意識細心，而主張有此心者未能証之，則彼人非是証悟之人，乃是具足凡夫，所說不足爲憑。若有此離見聞覺知之意識細心可証，而佛不知不証，則佛非是正遍知覺者，則非是佛；若佛能證深妙之第八識心，而言佛不能證淺於第八識之意識細心，故不能言之，則絕無是理也；是故彼諸應成派中觀師所言所論，究竟是耶？非耶？一切佛弟子皆應詳審思惟之也。

意識覺知心及其心數法（見聞知覺性）既是果事，而果事不能有二者同時同處，由是故說一切緣所作法既是果事，則不可於一有情中有二果事同時同處；既於現實中現見未曾有二果事同時同處，則知一切緣所作法皆非具有眞實性可得；是故佛說：「無二事過故，非有性可得」。故說印順、達賴、創古…等應成中觀師，及民間信仰之義雲高、喜饒根登、釋性圓，以及徐恒志、上平居士…等人主張意識或意識之心數法常住不滅、能來往三世者，俱名凡夫，墮於相續妄想邪見之中，所說皆非佛法也。

「觀諸有爲法，離攀緣所緣，無心之心量，我說爲心量」：一切學人欲入佛菩提道、起般若慧者，當依佛此四句偈而修；於一切有爲法中，以見聞覺知之心起觀。若能於三界六塵諸有爲法中，現前觀見別有一心，此心遠離能攀緣及所攀緣—於六塵萬法中不起攀緣，亦不墮於覺知心所緣六塵境界之中，如是之心似非有心，証得如是「無心相心」之現量境界者，佛說這是証得眞實心之現量。

眞實心是一切法之因，非是他因所作，亦非他緣所作，亦非由他因緣合作而有；本自有之，非由他生，故能成爲衆生萬法之因。而此心於六塵萬法中，不貪不厭故離攀緣，無始劫來，於一切法中恆離見聞覺知性及思量性故，是故不取一切法，亦不捨一切法，有取有捨皆名攀緣故。此心離所緣法—如鏡現像而鏡不於像起貪厭心行；此心生一切六塵相分，然無始劫來，不於六塵相分起分別性及貪厭心行，故離所緣。意識覺知心及其心數法（見聞知覺性）則是能緣之心性，生來即具能攀緣性，恆於一切所緣六塵萬法中攀緣；乃至於定境中緣於意識自身及定境中之法塵，於一切境中返緣自己，故有証自証分，故於無所有處定以下之一切定境中皆能自知住於定中，是名能緣所緣心，能緣所緣心則非佛於此經中所說之「自心現量」。

眞實心迥異見聞覺知心及意根，離見聞覺知性及思量性故，如是心性不似衆生所知之心，故名無心；小品《大般若經》中說之爲「菩提心、不念心、非心心」，大品《般若經》中說之爲「無心相心」，又說「是心非心，心相常淨故」；今於此經中說之爲「無心之心量」。既名之爲心，即非以無法而名之爲心；然因此心離攀緣所緣—於六塵中離見聞覺知、離思量作主性，完全迥異衆生所熟知之心，故名「無心之心」—無六塵中之見聞覺知及思量性。

若人欲証此心，當於諸有爲法中觀察，萬勿效法密宗邪師入於一念不生之境而欲証此心，猶如緣木求魚也。若於諸有爲法中現觀，而得觸証此「無心相心」—**無心之心量**，現前觸証領受此心之心性，如佛所說無異者，名爲親証「無心之心量」者；如是之心，方是佛所說第一義心之心量也。

「量者自性處，緣性二俱離，性究竟妙淨，我說名心量」：量謂親自証實自己眞實心者，名爲証得自心現量者。証得自心現量者，能於自己眞實心之自性處，眞實証驗眞實心之自性、確實是遠離攀緣性及所緣萬法者；如是離攀緣所緣之自性，非因修而後有，乃是無始劫來一向如是，無始劫來一向與衆生之見聞覺知心及思量心同時同處，非如古今錯悟者之欲將意識意根修爲離能緣所緣之心也。

此心自性究竟者，謂親証此心者，能現觀此心是一切法之根源，能現觀此心是一切法之因，無始本有、恆不斷壞，未嘗剎那暫斷；亦將去至未來無量世，永無斷滅之時，故名此心自性究竟。

此心自性妙淨者，謂一切証悟此心者，皆能現觀此心具有種種微妙自性與清淨自性。

微妙自性者，謂証悟此心者皆能現觀此心具有微妙自性：能生一切有情根身，能持一切有情根身，能令一切有情具衆同分、具壽命、具種種觸、具種種心數法（見聞知覺性）、具受想行陰、具六塵相、具四圓寂……乃至具足成佛之性，故說自性微妙。

此心之清淨自性者謂此心自性清淨，無始劫來不曾刹那貪求一切法，亦不曾刹那憎厭一切三界法；無始劫來不曾貪愛自己、不曾貪愛五陰見聞覺知性及思量性、不曾貪愛色身，亦不曾憎厭自己、不曾憎厭五陰見聞覺知及思量性、不曾憎厭色身；無始劫來一向如是不貪不憎一切法，故名自性清淨。如是不貪不憎之清淨自性，無始劫來恆常如是，未嘗改易；悟前如是，悟後亦如是，非因修得，法爾如是，其自性本來如是，故名自性清淨；一切親証第八識自心者，皆能如是親自現前觀察自心第八識恒具如此「自性妙淨」。

如是自心現量之親証者，於此「非心心」之自性處，現觀其俱離能緣與所緣，現觀其自性究竟，現觀其自性微妙，現觀其自性清淨；現觀如是心性無始本有，非由覺知心修行轉易而成；如是現觀者，佛說此人名爲親証自心現量者。

「施設世諦我，彼則無實事；諸陰陰施設，無事亦復然」：佛爲度化常見外道入佛法故，施設「五陰我、十二處我、十八界我、六入我」，方便解析，令常見外道了知其幻，由知其幻故而入佛法，凡此皆名世諦我。藉由如是施設之我，說名世俗諦中現見非無之「衆生我」，雖非無法，然是暫時假有，因緣所成，終歸壞滅，非有眞實不壞之我，故說世諦我非眞實有—彼則無實事—終必壞滅故；由是理故，說世諦我皆是「無我」。

諸陰謂五陰與四陰；十方三界中一切有情皆必有陰，或五或四。欲界中之人道、傍生道、餓鬼道、地獄道、修羅道、天道衆生，悉皆各有五陰；乃至諸阿羅漢、辟支佛、菩薩及佛，亦悉各有五陰。生色界天已，彼諸色界天凡夫，及諸菩薩與報身佛，亦悉有五陰。無色界天一切有情皆無色陰，然有受想行識四陰—依意根及四空定之定力故有識陰，由識陰及四空定力故有受想行陰，了知四空定之定境法塵。如是十方三界四聖六凡法界之五陰四陰，其實皆依藏識所生事相立名；若離藏識，即無實有不壞之法，是故諸陰與陰施設「名」—受想行識四陰，俱非實有不壞之法，俱是藏識因及衆緣所作之果事故。

「有四種平等，相及因性生，第三無我等，第四修修者」：如前所述四種平等—字等、語等、法等、身等，而說一切佛平等者，乃是由「相等、因等、法性等」而生。第三是說無我性平等，第四是說修行之過程與內涵及修行者平等。

第一：說四種平等，即前所說諸佛有四種平等，所謂字平等、語平等、法平等、身平等；依此四種平等，說一切諸佛平等平等。前已依經詳述，此處不贅。

第二：說彼四種平等，實依三法而說。由於諸佛所現報身相——三十二大人相、八十種隨形好……等莊嚴相，悉無有異；自受用身之莊嚴相，亦悉無異；由是相等，說諸佛四種平等。諸佛成佛之因，皆由自心第八識而成；始從因地阿賴耶識，修學解脫慧及無生法忍道種智；中於因地異熟識，於解脫道無功用行而修無生法忍道種智；終至果地究竟無垢識，顯四種圓寂，証四智圓明，皆同一因——第八識如來藏也。

如《楞嚴經》卷四，佛云：「阿難！第一義者，汝等若欲捐捨聲聞，修菩薩乘，入佛知見，應當審觀因地發心與果地覺，爲同爲異？阿難！若於因地以生滅心爲本修因，而求佛乘不生不滅，無有是處。……阿難！汝今欲令見聞覺知遠契如來常樂我淨，應當先擇死生根本，依不生滅圓湛性成，以湛旋其虛妄滅生。伏還元覺，得元明覺無生滅性爲因地心，然後圓成果地修証。」所說即是因平等也。

因地發心（初悟佛菩提）與果地覺心（成究竟佛），必定是同一心——依第八識而成佛道。若如惟覺法師依意識生滅心發心——以意識爲未來成佛之心，則不能遠契如來地之常樂我淨；意識是生滅心故，意識不能去至後世故，如是欲求佛地不生滅性，必不可得。諸佛同以第八識不斷滅體爲因地心，漸修而至究竟地，果地覺體亦是此心；若無此心，則不得四等，故說諸佛四等實依「因平等」而生，因者即是同以第八識心爲正因故。

法性平等者，謂一切佛四種平等，皆依自心眞如——第八識——之法性平等而生，故說四等由「性等」生。若有情之第八識所含無漏有爲種及無漏無爲種，因人而異者，則各各有情成究竟佛已，諸佛功德必有差別，各人第八識之法性互異故。然因一切有情自心藏識所含「本有無漏法之有爲種及無爲種」悉皆無別，是故修至究竟成佛時，功德悉皆具足圓滿，無有差異；由如是法性平等故，生四種平等。故說四等由「相等、因等、性等」而生。

第三、說四種等及三種等已，復說「無我平等」。諸佛成佛已，第八識眞如固因變易生死隨眠斷盡、已無流注變易，而得名爲常樂我淨，然諸佛不因究竟佛地之自心眞如能與二十一心所法相應而起我見相及我執相；六地滿心時已斷盡分段生死故，成佛時已斷盡分段生死種子（習氣隨眠）故，成佛時已斷盡變易生死種子隨眠故，所知障隨眠亦已究竟斷盡故，是故永不復起我見相及我執相。人無我如是，法無我亦如是；雙具二無我相及究竟地，是故悉皆圓滿二無我相，故說諸佛所証二無我相平等平等，是名「無我等」。

第四、說諸佛「能修之心與所修道」平等。一切佛皆依世世別有之覺知心與思量心修道（即以意識與末那修道）；世世所具之意根末那，固可由無量世前轉生而來，世世所現意識卻各唯有一世；謂意識不能去至後世，否則應當人人住胎時正知，應當入胎出胎時正知，應當生來即具世間法智慧常識；應當生來悉具宿命智，如人今晨醒已復能憶起昨日事乃至兒時事；然今現見一切有情皆未能如是（除少數人有報得宿命通者），故知意識靈知心不由前世來，不能去至後世。世世俱有依之五勝義根異故，令世世意識別異，故意識覺知心不能來往三世，一切有情意識皆唯一世，唯除三地滿心或四五地已証無漏妙定意生身者（或除初地二地已先得佛加持而起意生身者），三地滿心以下皆不能令意識去至後世，無意生身微妙五根住持意識來往五陰之三世故。

逮至三地滿心位，四禪八定四無量心及五神通已圓滿，依無生法忍慧故令其禪定與神通永不退失，則令四禪八定及四無量心轉成無漏妙定、永不退失；無漏妙定永不退失故、便能發起「三昧樂意生身」（亦有菩薩須至四、五地滿心後方發起意生身者）；由無漏妙定永不退失故，令其無漏三昧樂意生身永不退失；意生身永不退失故，此身五根（三根）即能永爲意識之俱有依，令意識永不壞滅而往至來世，乃至佛地。若人修得四禪及宿命通，而未具無漏慧者（譬如三乘菩提之見道錯誤），是人未與無漏慧相應故，於後一世或多世中，往往因於貪染而造惡業，或因瞋人而造謗法惡業，墮於三途，定力與宿命通俱失，豈唯世世意識不能往至後世，乃至原有宿命通亦失，不足爲憑也。是故學人不應以宿命通能知三世爲足，必須發心求証三乘菩提之見道及嚴守戒律，以免未來世喪失人身而令宿命通復失；應嚴守十重戒不犯，而起願修証三地無漏妙定意生身，令三地後之意識延續不斷，始能以永不壞滅之意生身身根、眼根、意根爲意識俱有依，如是便可遠離隔陰之迷，世世之修道益發迅速勇猛。

四地起之修証內容，於一般佛子而言，非有息息相關之重要性，故此不說；拙著《宗通與說通》中已有略敘，故此不說；我會中已悟同修，於此雖屬切身問題，然余已於往昔唯識種智課程中說已，未來復將重說，故於此不說。

如是，諸佛皆於三地滿心前，以世世別異之意識修諸佛法；三地（或四五地）滿心後，方能以不壞（世世延續）之意識修諸佛法，無有差別。而此三大無量數劫之修行過程，及所修斷自心眞如中之一切煩惱障現行及種子、所知障隨眠，悉皆無二無別，故說能修與所修者平等平等，一切諸佛悉無差別，是即第四種平等。

「妄想習氣轉，有種種心生，境界於外現，是世俗心量；外現而非有，心見彼種種，建立於身財，我說爲心量」：衆生由於未証二乘菩提故，於三界萬法及自五陰，生諸妄想；或如修學大乘法者，由因未証別教菩提故，於三界萬法、自身五陰及法界實相而生妄想；如是等人，由是妄想熏習已歷無量數劫故，習氣深重，隨時運轉，是故有種種心生—所謂貪心、瞋心、慢心、疑心、……種種妄想心生；由如是種種妄想心生故，境界於外現前，執爲實有，如是心等，佛說皆是世俗心之現量。

如喜饒根登、仰諤益西（坊間傳言是義雲高假扮稱名）、釋性圓……等人之執著欲界天甘露瓊漿（假定彼諸人等實能求得欲界天甘露瓊漿、假定彼諸人等實能求得欲界甘露，而非魔術幻術），而以能求得甘露之欲界有爲有漏法，作爲佛法之証量者，名爲「妄想習氣轉」。由是妄想習氣轉故，遂有種種心生：自以爲有佛法証量，自以爲已經証悟「緣起大法」，自以爲是「活佛、法王」，於佛菩提道及解脫道生種種痴心，於他人所証眞正佛法而生輕想蔑視心，乃至起瞋恨怨惱心而於各大報紙刊登詆譭謾罵之文章，……如是種種心生，是名「有種種心生」，是名「世俗之心量」，不與第八識心相應故。

如是種種心行，皆不外於「有境界法」：甘露是欲界天法故，貪求甘露心等亦是有境界法故；於自心藏識所生佛菩提慧無境界法不相應故，於自心藏識所顯四種圓寂智慧無所得法不相應故；如是種種心生，「境界於外現」，即是佛所說「是世俗心量」。如彼諸人以凡夫俗子之心量，而執意識不滅、能成無爲法者，俱是世俗之心量也。今以例舉，學人易解，則免絮絮多言也。

通達位之見道菩薩（初地），現見一切境界於身心外現，而非眞實有—不能爲自己之見聞覺知心所觸知；現觀一切六塵萬法，爲自己見聞覺知心之所觸者，其實皆是自心藏識所現—見聞覺知心自出生以來，未曾親觸外五塵。通達位菩薩現觀自己見聞覺知心所觸五塵皆是內五塵，皆是自心藏識根據外五塵所變現之「內五塵相分」；由自心藏識變現出似有質境之「內五塵相分」與外境五塵相分無二無別，故令覺知心能與外五塵相應而轉。現觀自心藏識猶如明鏡顯現鏡外五塵，無有別異；皆因自心藏識故，令有情之覺知心見彼外法種種差別相，是名初地菩薩所証「猶如鏡像」之現量。

復次，一切有情衆生，皆因自心藏識故，方能攝受色陰，建立有根身，說之爲某甲某乙某丙等；若無自心藏識持身，則無攝受色陰者，則不能建立有根身，見聞覺知之六識心不能持身故，思量性之意根亦不能持身故（詳見拙著《眞實如來藏》分說）；是故唯有自心藏識，方能建立吾人之有根身，乃至建立三地滿心（或四五地）之意生身……等。

器世間之成住壞空，由共業有情之自心藏識所成；由有器世間故，建立各各有情別業所感之自身五陰世間；由各有情之五陰世間故，建立世間種種財物之歸屬—所有權。若離自心藏識，即不能建立身財；人間有情婚配生子、建立家庭、創辦事業，其實皆依自心藏識而成，見聞覺知心唯能見色、聞聲、嗅香、嚐味、觸知冷暖等，而不能持身故；見聞覺知心唯住於五勝義根（頭腦）故（如今醫學亦已証實足痛實非足痛，乃是頭腦觸覺部位生痛觸，同時於心中顯示引生痛之所在處，令人以為是足痛，實際感覺痛觸者在頭腦，而非足部），故見聞覺知心唯住於五勝義根頭腦中，不遍身，非是持身者，唯能分別六塵爾。於分別六塵之過程中，由意根（亦住於頭腦—五勝義根—之根塵觸處）時時思量作主，皆非能持身者。

見聞覺知心及作主之心既非能持身者，云何可謂爾某甲曾娶妻生子？云何可謂汝某乙曾嫁夫生子？云何可謂彼某丙已建立家庭？云何可謂彼某丁曾創辦事業？無是理也！亦不可謂余平實曾經禮佛，尚不能持身，云何能禮？唯有自心藏識能持身故，因自心藏識能持身故，方能「建立於身財」。如是，菩薩現觀外境種種法相現前而皆非實有，皆因自心藏識故、令吾人見聞覺知心見彼種種法生；菩薩現見有自心藏識能建立身財，觸証領受其法爾如是之涅槃體性，如是菩薩，佛說是人名爲親証自心現量者。

「離一切諸見，及離想所想，無得亦無生，我說爲心量」：見聞覺知心由分別性、覺知性故，於見聞覺知之刹那間即已自動分別六塵諸法，故名爲見，故名聞與覺知，見聞覺知俱名分別故；如人一心不亂、一念不生之際，見父母師長來時，不待心中起於語言，於甫見之刹那中已完成分別，已了知來者是父母抑或師長，故說見即分別；見如是，聞及覺知亦復如是，於聞父母師長之音聲時，已自動完成分別，聞聲當時已經知覺是父母抑或師長，故見聞覺知即是分別。由覺知性故，必與諸見相應，能生虛妄想故；是故我見、人見、壽者見、衆生見生起，是故我見、邊見、見取見、邪見、戒禁取見生起；凡與種種見相應、能知種種見者，俱是虛妄心，不離攀緣及所緣故。

實相心離一切見，無始劫來尙不曾起一見，何況起一切見？非因此世修行而不起見，過去無量劫來本已如是不起見；以離見聞覺知故，不於六塵萬法攀緣及覺知；如是離一切諸見之心，於一切時中皆分明現前，與吾人同在而不曾刹那暫斷；若能証得此心，即入菩薩七住位中，即是佛說親証自心現量者。

見聞覺知心有種種想—有種種粗想細想。粗想者謂凡夫心中語言妄想不斷，稍細者謂如密宗行者之種種觀想，亦如初禪等持位中之觀察往世事，亦如二乘九想觀等；細者謂初禪等至中，離語言影像之一心不亂覺知境；更細者謂二禪以上等至中，離五塵境之覺知境；最細之想，謂非想非非想定等至中之似有想似無想（似有覺知、似無覺知），以有極細之知故，細至不能返照自心—遠離証自証分、而不覺知自己仍在故。凡此俱名爲想，覺知即是想陰故；既有能想（能覺知）者，則有所想（所覺知）境；不知如是境界皆有能想所想者，則墮三界有爲法之想陰中，名爲未見道者。須於能想所想中，覓得同時存在之「離能想所想」之第八識心者，方是眞正大乘法中之見道者。

於粗想中住者，謂欲界中不離五塵之知覺性也，此是六識所想境；極細想者，謂非非想處定境中之定境法塵，唯是極細意識境界法；是故凡有想與所想者，即皆不離意識心，皆非「離想所想」者。若有學人於一切想（覺知）境中，覓得「一切時皆離想與所想之心」，不離想與所想而有「離想所想」者，名爲親証自心現量者，無始劫來一向離想所想之心方是眞實心故。

見聞覺知心於萬法中有所得，觸六塵而能領納六塵故。如衆生見美色而領納之，即名有得；聞美聲而領納之，……乃至藏密雙身合修法之身觸樂而領納之，皆名有得。反之，見惡色而領納之，心生厭惡，即名有得；聞惡聲而領納之，故起憎厭……乃至身識觸種種惡觸而領納之，心生嫌惡，皆名有得，得其境界相故。亦如俗人學習世間法而領納之，念持不忘，名爲有得，……乃至菩薩証自心藏識，生般若慧，覺知心能領納之，憶持不忘，亦名有得。然於証得自心藏識後，見聞覺知心現見藏識離見聞覺知而應物現行，現見藏識於一切法中現行而於一切法皆不領納，故如實証知自心藏識於一切法中現行而於一切法皆不領納，故如實証知自心藏識於一切法皆無所得；由已証得如是無所得心故，說彼人名爲親証自心現量者，名爲親証無所得法者，而不妨別有「有所得法見聞覺知心」繼續存在運作。

見聞覺知心乃有生之法。過去世五根壞已，見聞覺知心隨壞；待至中陰身生已，見聞覺知心方又依中陰身之微細色法五根爲俱有依而又現行；逮至得父母緣，受生入胎已，前世覺知心永斷，別有今世覺知心依於此世漸漸形成之五根爲俱有依，而後方能依此世五根之分分形成而分分現行之；世世莫不如是，故說見聞覺知心是有生之法。一切具有世俗智者，皆能依二乘菩提而現前觀察見聞覺知心之此世初生、非由前世來，故說意識等六心是有生之法。自心藏識則非有生之法，自無始劫來，體恆不滅故；於眠熟、悶絕、正死、二無心定等五位中，亦永遠常住不斷、恒常現行故；由不斷現行故，說名無生；有間斷者方可名爲有滅之法故。如是無生之自心藏識，方名無生之實相心也。

若如印順法師所說，將十八界滅盡後，不復有十八界生起，以此名爲無生者，是人即是禪宗六祖所斥「將滅止生」者，非是本來無生者。如是修行，卻成二乘菩提—解脫道（然印老又建立意識細心不壞，又成未斷我見之常見凡夫，非是真知解脫道者），非是大乘別教菩提—非是佛菩提道之般若也。由是故說印老不解般若也，何以故？此謂般若非可外於自心藏識而說一切法空故。若有學人未証自心藏識，而依自心藏識說一切法空者，是人所說種種法，尚可名爲相似般若；若如印老排斥及否定自心藏識而說一切法空者，尚非相似般若、文字般若，何可謂爲知解般若者？如是，般若智所述之不生滅，非是將陰處界等有爲法滅除之後不復生，而謂爲不生；乃是自心藏識本來不生，証得此一本來不生之自心藏識已，即是佛說親証自心現量者。

於此四句偈中，佛已指陳自心藏識具有四種體性：一者離一切諸見，二者離能想所想，三者於一切法俱無所得，四者本來無生；若有學人親証自心藏識已，以此四性檢驗之，若能完全符合者，名爲親証自心現量者，能生般若慧。若人自謂已悟、能解般若，而不知不証自心藏識，或所証眞實心非是自心藏識者，或所証「自心藏識」不符此四性者，如是諸人皆是錯會眞心，皆名錯悟未悟之人，其慧不與眞正之般若相應；不與般若相應故，即無能力及智慧進修種智唯識，則不能俱通虛妄唯識與眞實唯識二門。有智學人當以如是四句佛所說偈而自簡擇之。

「非性非非性，性非性悉離，謂彼心解脫，我說爲心量」：眞實心非性者，謂此心離有情之一切見聞覺知性及思量性故，名爲非性。然此眞實心亦非完全無性，能持身財故，能依外相分而現內相分故，不生不滅而爲一切法之所依故，故名非非性。若人謂一切法滅已空已，滅後之滅相不滅名爲非非性，名爲法性常住、名爲眞如者，是人不解般若，於三乘菩提中，俱未能入見道位。

菩薩証知自心藏識已，了知藏識之非性非非性已——了知藏識之非有三界有性、非無三界有性，漸離「性非性」妄想，覺知心即得依於自心藏識之清淨性與涅槃性而住，便得住於「本來自性清淨涅槃」之如實見中；於後漸漸修除一念無明中諸修所斷煩惱，於諸微細之「性非性見」亦皆遠離；遠離已，說彼自心藏識得解脫（除滅所含藏之七轉識見思惑等，令藏識不再受生輪迴故），非謂自身（非謂見聞覺知之自己）得解脫也，是名「彼心」解脫，如是証知解脫者，佛說此人即是証得自心現量者。然藏識於生死輪迴中，自身並無生死，本來解脫。

「如如與空際，涅槃及法界，種種意生身，我說爲心量」：如如者，謂自心藏識於三界有爲法中悉皆如如，藏識不於三界有爲法中起有漏心故，如是故說藏識從來不於三界中現身意，如是名爲眞「宴坐」也。一切凡夫於六塵境中，妄想自己覺知心如如不動、不著六塵，以爲即是如如，悉皆誤解佛意。菩薩悟已，不令覺知心如是安住，而於人無我智及法無我智修學觀察，深入証知自心藏識之如，依如是正見而隨順安住覺知心自身，隨順佛語，進斷變易生死，令自心藏識之無始無明隨眠完全斷盡，究竟清淨，易名爲眞如。由如來藏已成佛地眞如故，令七識成淨識聚（六根六識種悉皆純淨，是故七識心亦皆真實住於如如之境），是故佛地八識聚得名淨八識聚，是故佛地八識之一一識皆是離和合識，一一識不唯能自行運作，亦能令一一心所自行運作，等覺菩薩所不能臆測，是名眞實如如。如是如如者，不得外於佛地第八識眞如而現行運作，是故佛地淨八識聚之如如境界，亦皆依佛地自心眞如立名。是故不論因地之菩薩諸地，或究竟佛地，皆不得外於第八識因地眞如、不得外於第八識佛地眞如而有如如可言也。

空際亦依自心藏識而立，如《心經》所說：諸法空相、無眼耳鼻舌身意……乃至無智亦無得等；復如《般若經》所說一切法空等十八空，乃至種種空等，一切空之本際實依於自心如來藏立名，何以故？此謂若無如來藏之非性非非性者，尚不能有陰處界入，何況能有五陰空乃至六入空？何況能有十八空？是故一切法空等十八空，若究其實際，皆是依於如來藏而展轉有之，不可外於如來藏而有種種空也，是故佛說一切「空之本際」皆是自心藏識也。

涅槃亦依自心藏識立名：四種圓寂之名，實即表示自心藏識所處四種解脫境界，非可隨諸應成派中觀師（如印順法師及達賴、創古……等人），外於自心藏識而說涅槃也，否則涅槃即成斷見，即成戲論，無眞實義。藏識與涅槃非一非異之理，已於拙著前五輯中說明，拙著《邪見與佛法》中亦有詳述，逕向佛教正覺同修會函索即知，此處不重述之。

法界者，不外乎十法界，不外於有情自身之十八法界，乃至《華嚴經》中事事無礙、理事無礙者，悉皆不離十法界中之十八法界也。十八法界攝盡一切有情法界故，一切有情不能外於十八法界而有故。由証三乘菩提而成之四聖，於人間示現時，亦不得離於十八法界。十八法界之一一法界，或由自心藏識逕生，或由自心藏識展轉生；生已遂有種種法界無量無數——有情種類無量無邊、不可計數。然此種種有情法界，悉皆不得外於各各有情之自心藏識而有，是故無量無邊法界，俱依自心藏識而有；依自心藏識所現種種有情身心異相，建立種種法界差別，而此種種法界之本際，皆是各各有情之自心藏識。一切眞悟之菩薩，皆能隨分作如是觀。

乃至種種意生身（如三地滿心以上之無漏妙定意生身、八地如幻三昧意生身、九地種類俱生無行作意生身），及「種種」身——如五神通之神足通所生身、如証得初禪者身中之初禪天身、如色界天人之天身、如地獄有情之地獄身、如一切有情法界之種種身，悉由各個有情之自心藏識所生，與其自心藏識非一非異、非俱非不俱。菩薩能如是現觀者，名爲親証自心現量者。

佛以此四句偈，說如如不離自心藏識，說空際不離自心藏識，說涅槃不離自心藏識，說種種法界皆不離自心藏識，說種種身及三種意生身皆不離自心藏識；若人能如是現前觀察，証實無訛者，是名親証自心現量境界者，是人已入地上菩薩之數中。

爾時大慧菩薩白佛言：「世尊！如世尊所說，菩薩摩訶薩當善語義。云何爲菩薩善語義？云何爲語？云何爲義？」佛告大慧：「諦聽！諦聽！善思念之，當爲汝說。」大慧白佛言：「善哉世尊！唯然受教。」

疏：《爾時大慧菩薩白佛言：「世尊！猶如世尊所曾宣說之菩薩應當善於瞭解言語之眞實義理；如何是菩薩善於瞭解言語之眞實義理？如何是言語？如何是義？」佛告訴大慧菩薩：「詳細的聽著！詳細的聽著！聽聞之後應善於思惟及憶念不忘，我當爲汝宣說。」大慧稟白世尊說：「善哉！世尊！我等一心信受佛的教導。」》

解：三乘菩提所說一切佛法—唯一佛乘之法，佛已具說於初二三轉法輪（阿含、般若、唯識）之中，具足宣說成佛之道，非未曾具足宣說也。然今全球大師小師法師居士，竟於最淺之聲聞菩提亦不能入，乃至如印順法師、達賴喇嘛等人之錯會十八界空，何況能入二乘定性無學所不知之般若空理？更何況証悟般若空理後所應修學之唯識種智？南北傳大小乘及顯密法師居士莫不如是誤會佛意，悉皆咎在不善語義，於語與義不善了知，故有如是過。大慧菩薩當時世人已有是過，是故佛云：「菩薩摩訶薩當善語義」，令諸菩薩善解善修，非唯自利，兼益衆生。

佛告大慧：「云何爲語？謂言字妄想和合，依咽喉脣舌齒齗頰輔，因彼我言說，妄想習氣計著生，是名爲語。大慧！云何爲義？謂離一切妄想相、言說相，是名爲義。大慧！菩薩摩訶薩於如是義，獨一靜處，聞思修慧，緣自覺了，向涅槃城；習氣身轉變已，自覺境界，觀地地中間勝進義相，是名菩薩摩訶薩善義。復次大慧！善語義菩薩摩訶薩，觀語與義非異非不異；觀義與語，亦復如是。若語異義者，則不因語辨義；而以語入義，如燈照色。復次大慧！不生不滅、自性、涅槃、三乘一乘、心自性等如，緣言說義計著，墮建立及誹謗見；異建立，異妄想，如幻種種妄想現。譬如種種幻，凡愚衆生作異妄想，非聖賢也。」爾時世尊欲重宣此義，而說偈言：

彼言說妄想，建立於諸法，**以彼建立故，死墮泥犁中**。

陰中無有我，陰非即是我，不如彼妄想，亦復非無我。

一切悉有性，如凡愚妄想；若如彼所見，一切應見諦。

一切法無性，淨穢悉無有，不實如彼見，亦非無所有。

疏：《佛告訴大慧：「如何是言語呢？所謂言說文字虛妄想和合，依咽喉脣舌齒齗及臉頰爲輔，以彼我言說爲因，虛妄想習氣之誤計執著而生，是名爲語。大慧！如何是義呢？所謂遠離一切虛妄想之相、遠離言說相，是名爲義。大慧！菩薩摩訶薩於這種「義」，獨自一人在閑靜之處，由如是聞慧而作思惟，思惟已、如實修行，修行後發起智慧，緣於自心現前証得之境界而能覺照了達，趣向涅槃大城；習氣及身行轉變以後，依所緣自覺境界，觀察初地與二地間、乃至九地與十地間之殊勝轉進道理之相，如是名爲菩薩摩訶薩善知實義。復次大慧！善知言語亦善知實義之菩薩摩訶薩，觀察言語與實義非不相同、亦非相同；觀察實義與言語時，也是像這樣觀察。如果言語不同於實義的話，則不可能因言語而辨正出實義；然而卻能以言語而令人進入實義，猶如燈光能照明色相一般。復次大慧！不生不滅、自性、涅槃、三乘一乘、心自性等皆是眞如，攀緣言說與實義而誤計執著者，則墮於建立見及誹謗見之中；此人別別建立，別別妄想，於猶如幻化之境界中，種種虛妄想便一一出現了。譬如世間有種種幻術所變非實之法，凡夫及愚痴之衆生於中作種種不同之妄想，皆非聖人賢人也。」爾時世尊欲重新宣示此眞實義，而說偈言：

彼諸凡愚計著我所言說而生虛妄想，依種種虛妄想而建立種種法；**由於他們作種種不實之建立故，死後將墮落於地獄之中受苦。**

五陰之中沒有眞實不壞之「我」，五陰並非即是不壞之「我」；

眞實相不是像他們妄想所知一般，也不是沒有不壞的「假名我」。

如果一切法都有眞實不壞性，猶如凡夫及愚人所妄想的那樣；

如果實相眞的像他們所看見的一樣，

那麼一切凡夫應該都已經見到眞實理了。

一切法都沒有眞實不壞之體性，一切清淨染汙的法全部都不是眞實有，

一切法不眞實，猶如他們所看見的一樣，

但也不是「無所有空」的斷滅空。》

解：佛告大慧：「云何爲語？謂言字妄想和合，依咽喉唇舌齒齗頰輔，因彼我言說，妄想習氣計著生，是名爲語」：有言說則有文字，有文字與言說，則

因文字言說互熏增長，令虛妄想增長。虛妄想增長已，復藉言說文字而增長他人之虛妄想，亦藉言說與文字吸收他人之虛妄想，如是名爲「因彼我言說，妄想習氣計著生」。

如是過程、互相增長虛妄想，令衆生同入邪見中。今日全球傳播事業極爲發達，印刷術極爲進步，書籍流通極爲迅速，是故邪見之傳播亦極快速，無遠弗屆。如是邪見書籍之流通迅速廣泛，配合網際網路與人際間之言說鼓吹，遂令邪見迅速瀰漫全世界，尤以密宗邪見爲最。爲遏此風，是故於公元二千年起，余即改絃易轍，對仍在世之假名善知識，指陳姓名而評論之；一則令諸學人知悉何人爲假名善知識，二則令彼假名善知識因仍在世故，能有機會答覆辨正，或作公開修正而消弭誤導衆生之大因果；三則令諸正欲傳播邪見者引以爲鑒，中止傳播邪見之計劃。

言語之成因有四：一者言說，二者文字，三者虛妄想，四者三法和合；以此四法爲因，是故有諸言語。然言語別須他緣，以咽喉、嘴唇、舌尖、牙齒、牙齦及臉頰爲輔助，方能起言說。起言說已，復因言說文字熏習及虛妄想熏習，便令衆生對於虛妄想之熏習及氣分，產生了誤計與執著，遂令衆生覺知心中恒時現起語言妄想，成爲修習初禪及未到地定之障礙，亦成爲修習解脫道及佛菩提道之障礙，如是名之爲語。

「大慧！云何爲義？謂離一切妄想相、言說相，是名爲義」：義者謂眞實正理，此謂遠離一切妄想相，遠離一切言說相之法，名之爲義；離一切妄想相言說相者，即是自心藏識—第八識如來藏也。

多有大師及諸學人，不解世尊諸經中之語與義，依於言語文字表相而解佛法、而弘揚佛法，皆墮言語玄想之中；無智愚人不知其謬，奉之爲大師導師，盲目崇拜，捐輸身財，聚集佛教資源以弘常見外道法；如中台山、法鼓山、密宗四大派等，悉以爲覺知心遠離言語妄想時即是眞如，悉以爲覺知心離言說相時即是眞如。藏傳密宗應成派中觀師（如達賴喇嘛及創古等人，亦如台灣印順法師及從學者）亦如是，以爲覺知心中離言語相、離語言妄想，即是眞實義，悉皆誤會佛語之正義，名爲依語不依義者。如斯等人所說諸法，悉名玄學，不名義學；彼等雖然倡言自身所說乃是義學，自亦倡言能解佛語眞義，然實不解佛語眞義，以自妄想而說「佛法」，故令彼諸隨學者於佛法生種種誤會；由彼等所說不能及於第一義諦故，名爲玄學。

譬如印順法師云：《佛爲彌勒說：後世有些自以爲菩薩的，「住在有中，言一切空；亦不曉空、何所是空。……口但說空，行在有中」。西晉竺法護所譯『濟諸方等學經』，是糾正大乘學者偏差的，佛對彌勒說：「不能覺了、達諸法界，專以空法而開化之，言一切法空，悉無所有。所可宣講，但論空法，言無罪福，輕蔑諸行」；「或有愚人口自宣言：菩薩惟當學般若波羅蜜；其餘（聲聞、辟支佛）經者，非波羅蜜，說其短乏」。這兩部彌勒法門，與無著所傳的『瑜伽師地論』，以一切空經爲不了義，普爲三乘，可說完全契合！又如支謙等五譯的『佛說稻竿經』，彌勒說明「見緣起即見法，見法即見佛」的佛意，經中說到「如秤低昂」的同時因果說，也與『瑜伽論』相合。與彌勒有關的少數經典，思想都與後起的瑜伽行派相同，這是值得注意的！》（摘自正聞出版社《印度佛教思想史》頁二四四）

平實按：佛爲彌勒所說「後世有些自以爲菩薩的」，其實非如印老此語所說，其實是說佛自己之往昔久遠劫前，名爲「爲法比丘」時，所造謗法謗聖之惡業，以自己往世邪見惡業所遭七十劫地獄慘痛果報爲鑒，勸諸弟子莫妄說法、莫謗賢聖及正法，非是印老所說「後世有些自以爲菩薩的」人；印順斷章取義而附會己說，非是誠實之人也。

復次，經中原文如下：《時「爲法」比丘在仁賢城，唯但宣散一品法教，不知隨時觀其本行講說經法也。不能覺了達諸法界，專以空法而開化之，**言一切法空、悉無所有**，所可宣講但論空法，言無罪福，輕蔑諸行。》如是經文，乃說**爲法比丘**不能眞解般若空義，謂「一切法空」名爲般若，不能了達諸法界之本際空性如來藏，專以一切法空而爲衆生宣講。

如是**爲法比丘**，今時所在多有，正是印順師徒、達賴、宗喀巴、月稱、智軍等一類人也；謂印順法師同以一切法空爲般若也，彼印老師徒不解小品《大般若經》以「不念之菩薩心、非心心」而說十八空（含一切法空在內），不解大品《大般若經》以「無心相心、非心心」而說十八空（含一切法空在內），誤以爲蘊處界等一切法空即是般若，是故彼印順等師徒「住在有中（以意識細心為不壞心故），言一切空，亦不曉空（不曉空性即是非心心之如來藏故），（不曉）何所是空（不曉空性何所在故）。」如是印老師徒輩等：「口但說空，行在有中」，凡有所說、悉以一切法空爲般若正見故—正是「口但說空」者；卻又建立意識細心爲常住不壞法—正是「行在有中」者。如是印順法師等人，正是佛於久遠劫前爲「達磨」比丘時之現在翻版，完全無異，何得以之責人？乃竟以之責備「後世有些自以爲菩薩的」，寧非賊人喊捉賊耶？所異者，印順法師「所可宣講，但論空法」，悉言一切法空時，唯於「言無罪福，輕蔑諸行」之語，印老未作如是主張，是故異爾。（註：「達磨」意謂「為法」。）

三者印老所言：《這兩部彌勒法門，與無著所傳的『瑜伽師地論』，以一切空經爲不了義，普爲三乘，可說完全契合！》乃至彼說《……也與『瑜伽論』相合。與彌勒有關的少數經典，思想都與後起的瑜伽行派相同，這是值得注意的！》亦屬錯會。何以故？謂《濟諸方等學經》及《佛說稻芉經、慧印三昧經》所說者，皆謂「一切法空爲非了義」，未曾如印老所說「以**一切空經**爲不了義」，三乘諸經中，未曾有一部經是「一切法空經」故；諸唯識經唯說

「一切法空」爲不了義，未曾說「一切法空經」爲不了義也，《般若系諸經》皆非「一切法空經」故，乃至《阿含系諸經》說蘊等一切法空時，仍有不空之涅槃本際——名色緣識之識，亦非純然是「一切法空經」也。三乘諸經中，尚不曾有一部經是「一切法空經」，云何印老可以作如是說？誣說後期大乘唯識系經典評論初期大乘般若經爲**一切法空經**、爲不了義經，是故印老所說「這兩部彌勒法門，與無著所傳的『瑜伽師地論』，以一切法空經爲不了義」，如是之言乃是謊言，非如實語也！

印老之所以有如是謬見者，咎在錯會般若系諸經爲一切法空之經。然般若系諸經（印老所謂初期大乘經）皆非以一切法空爲正義，乃是以菩薩所証之「非心心、無心相心、非心相心」之體性爲眞實義，以此眞義而顯蘊等十八空，一切法空唯是十八空之一爾；般若經中自亦說一切法空非眞實義，令菩薩離之。是故印老應速求証般若系諸經中菩薩所悟証之「非心心、不念心、無心心、無心相心」，証已，方知第八識實有，是眞實空性；方能眞解般若系諸經。眞實証解般若系諸經已，方能眞解（所謂後期大乘）唯識系諸經，方入義學之門，爾後必不復誣謗（所謂後期大乘）諸唯識經，亦不致於再次責備禪宗爲「中國所傳的野狐禪」，從此遠離「建立見及誹謗見」，成眞佛子；否則終不能免謗法大過，終不能免謗菩薩藏之大過，終不能自知種種著作中之處處邪見也。

是故學人欲証佛法，欲入毘盧性海者，當善知佛說諸經所說語及義，當善知語中之義，莫如印老錯會般若諸經語中之義，墮於「誹謗見」及「建立見」中，以免如佛所說：**以彼建立故，死墮泥犁中**。

云何爲義？謂各人自身皆有之「非心心、不念心、無心相心」，此心自無始劫來，一向離一切妄想相、離一切諸見，一向離言說相，証解佛說如是義者，方名爲義。佛教以証解此第八識心之無始劫來一向如是，與覺知心同時同處，名之爲義；非如諸師之以覺知心進入「離妄想言說境」謂之爲義也；一爲第六識，一爲第八識，二法迥異故，不可混爲一譚也。

「大慧！菩薩摩訶薩於如是義，獨一靜處，聞思修慧，緣自覺了，向涅槃城；習氣身轉變已，自覺境界，觀地地中間勝進義相，是名菩薩摩訶薩善義」：菩薩善義者，須先由聞慧入，後起思慧，方得修慧。聞思修慧者，如

《解深密經》卷三云：《善男子！聞所成慧依止於文，但如其說，未善意趣；未現在前隨順解脫，未能領受成解脫義。思所成慧亦依於文，不唯如說，能善意趣；未現在前轉順解脫，未能領受成解脫義。若諸菩薩修所成慧，亦依於文，亦不依文；亦如其說，亦不如說，能善意趣；所知事同分三摩地所行影像現前，極順解脫，已能領受成解脫義。》如是名爲聞思修慧。

如是聞思修慧正義，余於本會故郭理事長超星老師捨壽生西時，於彼宅舍七七之期，建立法施之會，以每週三小時略說是經、以爲迴向，總共十二週略述中，已經說訖。後於《解深密經疏》中，亦當敘之，茲且舉而不述。

菩薩聞善知識說義已，於其語中而解其意，然唯知所表義，未能眞解；是故聞已，當獨一無侶，於閑靜處，就所聞語義，如理作意而思惟之，則能善知語中眞義，則能隨分爲人宣說，是名思所成慧。得思所成慧已，即知云何修証般若，即於種種煩惱業行中，如法觀察般若諸經所說之「非心心、無心相心」，如是觀察之過程，即是修所成慧。修所成慧之初步成就，即是禪宗之頓悟破參，証得自心如來藏，了知般若經旨—証實般若系諸經非是**一切空經**，而是敘述唯識諸經所說圓成實性之總相與別相（然般若系諸經仍未述及成佛所應修證之一切種智），是名修所成慧之初步成就。

如是之人，緣自覺了，向涅槃城：緣於自心藏識之本來、自性、清淨、涅槃等四大體性，能如實覺察了知，故能步步趣向佛地之無住處涅槃大城。

如是菩薩，習氣漸漸轉變；習氣轉變已，身亦漸漸隨之轉變；身轉變已，依於自己所覺悟証知之般若境界（五法三自性……等一切種智），善能觀察初地與二地間之勝進實義之相，乃至善能觀察九地與十地間之勝進實義之相，如是之人，名爲菩薩摩訶薩善於義者。

「復次大慧！善語義菩薩摩訶薩，觀語與義非異非不異；觀義與語，亦復如是。若語異義者，則不因語辨義；而以語入義，如燈照色」：善語及善義之菩薩摩訶薩，能善觀察世法中之語與義非異非一；云何非異？謂由約定俗成故、因語表義，語能顯義，是故語與義非異；云何非一？謂語若是義，則語滅已，義不應仍在聞者心中，而現見語滅已，義仍在聞者心中，是故語與義非一。

義與語亦非異非一；云何非異？謂語因義生故，因於說者心中先有其義，然後藉齒頰唇舌以語表義，所說言語能表其義，是故非異。云何非一？謂聞者於所聞語中領受其義，義存而語已滅，是故非一；若義與語是一，則應語滅已，聞者心中所了知義亦應隨滅，而現見義不隨滅，是故非一。

於佛法中亦復如是，說語與義非異非一。云何非異？謂因於語，聞者能辨實義，由辨實義故因語入義—能証實義自心藏識，故說語與義非異。云何非一？謂語及經中文字非即是實義，要因人之約定俗成，故語能顯義；復由人之聞聽或閱讀，而解語言文字中所顯實義；由解實義故，証得菩薩「不念心、離見心、非心心」，故名為義。然語與義終非是一，若是一者，語滅已、經毀已，應義心亦滅；然義心不滅，故說語與義非一。由語與義非異非一故，說諸學人於了義經典抄寫（印刷）讀誦禮拜為人宣說等，悉有功德，福德無量。

若語與義是異，則語應不能顯義，說者說之無用；若語異義，則聞者聞之無用，不能因語辨義故。然而語能表義，令聞者因語辨義，因之入於語所顯義，故不可謂語異於義也。如燈能照色，令人見色塵，然燈非即色塵，非異色塵；如日能顯色塵，令人見諸色塵，然日非即色塵，非異色塵。語與義亦復如是非異非一，語能顯義，能令人因語入義故。

然此「因語辨義」及「因語入義」者，皆屬表義名言及顯境名言交互運作方得成功，非單由「語」即能辨義入義故，語不辨義故，語亦不入義故。顯境名言謂有情所具覺知心及其心數法；因藏識能持五根，藉五扶塵根及五勝義根，能於五勝義根顯現五塵相，於此內五塵相之法塵中，意根觸此五勝義根處之法塵故覺知心現行；覺知心現行故，分別性生—五別境心所法隨覺知心之現行而同時運轉，是故六塵境顯現；覺知心若不現行，六塵境終不能顯於覺知心中，故覺知心及其覺知性，皆屬「顯境名言」所攝。

由此顯境名言故，亦能表義，非唯依語。第一義諦之眞義，非獨藉表義名言說之，亦可藉此顯境名言說之，是故世尊拈花微笑，金色頭陀見已，隨入第一義諦；是故余於禪三中，每因飲食謦欬，令利根學人契入第一義諦，因之而通般若。故說顯境名言亦能表義，非不能也；要在表義者是否眞爲善知識？要在受此顯境名言所表義者，是否已具正知正見？是否因緣時節成熟？是故絕非人人皆能爲之，絕非人人皆能因之而悟入實義—証得第八識如來藏實義。

然表義名言（語）不得外於顯境名言，若外於顯境名言，表義名言即不能成用，是故語與義非異非一。表義名言與顯境名言亦非異非一，顯境名言與義亦非異非一，此屬種智範疇，一切菩薩摩訶薩既上求佛地一切種智，於此亦應善知其義。

「復次大慧！不生不滅、自性、涅槃、三乘一乘、心自性等如，緣言說義計著，墮建立及誹謗見；異建立，異妄想，如幻種種妄想現。譬如種種幻，凡愚衆生作異妄想，非聖賢也」：不生不滅者，謂有情一切法界之實相心—第八識如來藏—體恆不滅是故無生；以無生故，則永無滅，故名不生不滅。

自性者，謂空性如來藏非斷滅空、非無常空、非虛無空、非是虛空、非一切法空；雖名空性，然有自體性，能生一切法，是一切法之根源，亦於一切法中運行不輟，故有自性。

涅槃者，謂自心如來藏不生不滅，體恆常住，而離一切覺觀，離思量性，離攀緣性，故名涅槃；四種涅槃悉依第八識所處不同狀況之涅槃性而立名。

三乘佛法與一乘佛法，實皆依自心如來藏—各各有情皆有之第八識—而應衆生根器、施設三乘，眞正佛法實唯一乘。三乘法所言之解脱道及佛菩提道，皆以不生不滅之第八識爲本，觀機施敎故有三乘，不應外於第八識而有三乘或唯一佛乘之佛法也。

心自性者，說有情八種識各有自性異同，名爲心自性；然前七識悉依第八種識如來藏而現，本是如來藏之局部體性，與如來藏之自體性和合運作，似如一心；智者爲令有緣人能証自心如來藏，故將八識心之一一自性加以分別解說，慧根福德具足者，即能依之而証第八識體；証已抉擇諸法，隨入佛法，墮菩薩數中，未來世必成佛道，由是理故佛說「心自性」—於第三轉法輪諸唯識經中細說八識心之各各自性別異，是名心自性。

如是，不生不滅、自性、涅槃、三乘一乘、心自性等皆如，由藏識本來之如而立名故；不應外於自心如來藏之實義，而於言說及顯境名言中說有不生不滅及自性……等。若不能依於佛語而探得實義—第八識如來藏，則將緣於佛諸言說而錯會語義、誤計語義而生執著，如是等人必墮建立見與誹謗見中。由建心；亦生異於佛意之誹謗見—如印順法師之誹謗無第八識阿賴耶；猶如幻化而有之種種虛妄想，因之而現—如印順法師諸書所說一切法空之邪見斷見。

立見與誹謗見故，便生異於佛意之建立見—如印順法師之建立不可知之意識細心；亦生異於佛意之誹謗見—如印順法師之誹謗無第八識阿賴耶；猶如幻化而有之種種虛妄想，因之而現—如印順法師諸書所說一切法空之邪見斷見。

譬如魔術師作種種幻化非實之事，凡俗無智之人信以爲眞，爲其所惑；諸外道、凡夫、二乘愚人，不知諸法皆以自心藏識爲根源；不知聲聞涅槃、般若中觀、唯識種智等理悉依自心如來藏爲本而說，緣於佛語，誤會佛意，於佛「語所顯義」而生種種異於佛意之妄想，計著不捨，如是之人誤導衆生之學佛方向而導入岐路，焉得名爲導師？非聖賢也。

譬如印順法師云：《種子或熏習，是生起一切法—各各差別的潛能（如草木種子的能生果性那樣）。一切法依種子而顯現出來；生起的一切法，又反熏而成爲種子（近於能轉化爲質，質又轉化爲能）。佛法是眾生中心的，眾生的身體要毀滅，一般的六識會中斷，佛法說無我，那種子潛藏在身心的哪裏？另一方面，經上說六識，這是我們所能覺察到的；但是「佛法」流行中，大眾部別立根本識，赤銅鍱部別立有分識，都是從一般六識而深究到微細潛在的識。在經部中，有的就將種子（潛能）的存在，與微細識統一起來一種子在細心識中；瑜伽學者也就依此成立攝藏一切種子的阿賴耶識。……生死流轉與還滅，都依此種子心識而成立，如『攝論』引『阿毘達磨大乘經』說：「無始時來界，一切法等依，由此有諸趣、及涅槃証得」。界，是被解說為種子的。流轉、還滅依此而成立，是符合緣起原則的，但與『阿含經』所說有些不同，……『成唯識論』以五教十理（十理是引『阿含經』說推理的）成立阿賴耶識，那更深廣了，使人非承認阿賴耶識不可。》（摘自正聞出版社《印度佛教思想史》頁二六四至二六六）

印老如是研究印度佛教思想史，是扭曲事實、不明事實之研究，亦是曲解佛法之歪理也，絕非眞正之印度佛教思想史。印老說「經上說六識，這是我們所能覺察到的」，然而在「佛法」（平實註：印老認為原始佛教阿含經典方是佛法，故以引號加之。於其書中佛法二字若加以引號者，皆意指阿含原始佛法，以別於「初期大乘」之般若經及「後期大乘」之唯識經）諸阿含經典中，其實亦曾處處說到第七識及第八識，而為一切聲聞阿羅漢所知，定性阿羅漢唯是不能証得第八識而領受之爾，非不知有此第八識也；如余前五輯及《眞實如來藏》中所舉，茲不重述。

是故大衆部所立根本識，赤銅鍱部所立有分識，絕非如印老說之為「別立」，而是依阿含諸經實相事實而說，彰顯四大部阿含諸經所說第八識之本然存在，令諸學人回歸正見；絕非如印老所說「都是從一般六識而深究到微細潛在的識」。如余今時不斷宣說如來藏，說之為「實相心」，後人不可因「實相心」名、於今時彰顯，前人未說，而妄謂余於此時「別立」實相心也，「佛法」諸經本已說有故，唯不以「根本識、有分識、實相心」名之爾，印老何得因「佛法」中未有「根本識、有分識」之名，便認定大衆部等所說第八識為建立法？而誣謂第八識為後來之般若經、唯識經始有？此理不通，昧於事實，亦昧於自己所標榜之阿含「佛法」也。

復次，印老所言：《在經部中，有的就將種子（潛能）的存在，與微細識統一起來—種子在細心識中；瑜伽學者也就依此成立攝藏一切種子的阿賴耶識》，亦非如實語，謂《雜阿含經》卷二中已有種子說及種子識故，彼經中說之為「取陰俱識」—攝取五陰並與五陰俱在之識。五陰之六根及六識中已具有七識，故知「取陰俱識」必是第八識。如佛開示云：

《……有五種種子，何等為五？謂根種子、莖種子、節種子、自落種子、實種子，此五種子不斷不壞不腐不中風，新熟堅實。……比丘！彼五種子者，譬取陰俱識；地界者譬四識住；水界者譬貪喜四取攀緣識住。何等為四？於色中識住，攀緣色，喜貪潤澤、生長增廣；於受想行中識住，攀緣受想行，貪喜潤澤生長增廣。比丘！識於中若來若去若住若沒若生長增廣。比丘！若離色受想行識，有若來若去若住若生者，彼但有言數，問已不知，增益生痴，以非境界故。》（雜阿含第三九經）

卷十六第四四四經至四五四經中，佛亦說有種種界（種子），說「眾生常與界俱，與界和合」，說「當善界學，善種種界」。既說有「取陰俱識」，而名色五陰中已有七識，則知取陰俱識是第八識；今於此十一經中復說「眾生常與界俱，與界和合」，而意識與意根（六七識）不能持界（種子），則知一切內種（界）悉是第八阿賴耶識所持，理必如是故。如是，種子本來即由細心識

（阿賴耶）所持，經部師只是以「種子識」之名據實陳述第八識而已，非如印老所說「有的就將種子的存在，與微細識統一起來」。由此可知印老所說印度佛教思想史，皆非誠實語也。

又如瑜伽學者依阿含般若等三轉法輪諸經，敘述「攝藏一切種子的阿賴耶識」，而造《瑜伽師地論、成唯識論、攝大乘論…》等，不可如印老誣之為「成立」也，理本如是故，阿含、般若、唯識等三系諸經悉皆如是說故，唯是印老不解阿含「佛法」等經、自生錯會故。

如是，有情凡夫之生死流轉，及菩薩留惑潤生再來人間現有生死，乃至二乘定性無學之還滅而取無餘涅槃，本皆依此持種心（第八識）而建立，阿含般若唯識等三轉法輪諸經皆如是說，法無異味；印老錯會，計著藏密黃教所傳應成派中觀之邪見，故不能客觀探究，而不能了知如來之眞實義，乃竟誣謂：「但與『阿含經』所說有些不同」；然余觀之，法無異味，唯是淺深廣狹及有所偏重之別爾，與『阿含經』所說完全相同，唯是印老無智，自生誤會爾。

由斯正理，諸經所說「不生不滅、自性、涅槃、三乘一乘、心自性等」，當知悉依衆生之實相心如—第八識如來藏之本來如—而立名；經中種種佛說、大乘菩薩說、別教羅漢說者，悉是此心，不可外於此心而有阿含佛法，不可外於此心而有般若及種智等一切佛法也。若人外於此心而說佛法者，斯人必將踵隨印順法師邪見，墮於誹謗見及建立見—謗無菩薩藏根本之第八識，謗已隨又建立意識中有一細心能爲一切法之主體，成爲三世輪迴持種之心，復墮建立見中。

如斯類人，於三乘佛法作異建立故，隨生異妄想；由異妄想故，遂有如幻種種妄想現行，乃至著書立說誤導衆生如印老及達賴之舉。如斯輩人，三乘見道俱無，名爲凡夫衆生所作之異妄想；愚痴無智之人不能了別其邪謬，於印老種種著作之邪見中沉迷不悟，故名爲凡。定性聲聞羅漢，雖已證解脫之慧，然因不知不証第八識心，故不能知般若經及如來藏系諸經眞實義旨，雖不名凡，而名爲愚。佛說如是「凡愚衆生作異妄想」，謂凡夫及二乘無學等人所想虛妄，異於佛語中之正義，非大乘法中之聖賢也。

「彼言說妄想，建立於諸法，以彼建立故，死墮泥犁中」：彼等諸人於三乘諸經佛菩薩及別教阿羅漢言語，不能解義，緣於言說之義而生誤計及執著，故彼諸人一切言說悉名虛妄想。彼印順師徒、達賴師徒⋯等諸人由妄想故，處處錯會佛語眞義，斷章取義及曲解佛法，建立自身之思想體系，以之取代眞正之佛法，實非眞正之佛法。由如是虛妄建立，能令衆生遠離佛法正道，永劫不能見道；乃至隨其誹謗正法—謗菩薩藏，謂如來藏同於外道神我，謂如來藏非眞實有，因此成就長劫之無間地獄罪、受害無量世，死後必皆墮於地獄中故。

如印順法師不信有「含藏染汙種子的清淨第八識」，故否定之，墮誹謗見，此名「謗菩薩藏」，《楞伽經》中說：作如是言已，即成一闡提人，一切善根悉斷；是故名爲斷善根者（詳第二輯佛語解說）。

如印老所云：《「分別自性緣起」的阿賴耶識，是有漏的虛妄分別識，在阿賴耶識裏，有對治有漏雜染的清淨心種，是很難理解的。》（摘自正聞出版社《印度佛教思想史》頁二六七）。然於一切經中，佛、諸菩薩悉不曾說阿賴耶是「有漏的、虛妄、分別識」，一切曾說第八阿賴耶識之經中皆說：阿賴耶識是無漏心體，非眞而非不眞，性不分別—一向不於六塵中而起分別故，非如印老所說之有分別也。於理、於証、於教，皆可証明此識性本清淨，離見聞覺知，離思量性，阿含經中更說此識是無餘涅槃之本際，故說此識無始劫來性本清淨，非因修成，云何印老可說祂是有漏法？云何印老可說祂是有分別之識？顯見印老先以預設立場而將佛語斷章取義，附會己說，非是誠實之人也。

然此清淨識中，卻含藏七轉識之染汙種子及往世所熏七識相應之邪見惑種及所造業種，復由自身之離思量性而從不作主，是故隨於意根末那識之貪染而被末那所牽、受生輪迴不斷，故非眞實清淨心（非如佛地真如之斷盡二種生死隨眠故）。然菩薩歷劫成佛所修者，端在修除此識含藏之一切七轉識相應之惑種，世世見聞覺知心皆唯一世（三地滿心以下者），而此第八識自凡夫地起，乃至未來修至佛地，從來不斷不滅，從來不改其清淨性；若無此識，一切有情死已皆成斷滅。以有此識實是成佛之主體，故說此識亦是眞識，非虛妄識；因含有七轉識等妄識種故，暫名非眞，非謂是妄識也；如是正理甚深極甚深，未悟之人所難證知，是故佛說「眞非眞恐迷，我常不開演」，其故在此。

印老不解如是密意，復未親証此識、未能現前領受其無始來本已如是之清淨性與涅槃性，心生不信，乃言：「在阿賴耶識裏，有對治『有漏雜染』的清淨心種，是很難理解的」，果然是很難理解的，唯証乃知故，唯是我會中諸親証此心之人皆能理解者故，是印老師徒等否定此識之人所難理解者故。如《勝鬘經》云：《勝鬘夫人說是難解之法問於佛時，佛即隨喜：「如是如是！自性清淨心而有染汙，難可了知。有二法難可了知：謂自性清淨心難可了知，彼心爲煩惱所染亦難了知。如此二法，汝及成就大法菩薩摩訶薩乃能聽受，諸餘聲聞唯信佛語。」》

如是自性清淨之如來藏心，即是《般若經》所說之「非心心、菩薩不念心、無心相心」，即是《阿含經》所說「名色緣識」之識、涅槃之本際，即是《阿含經》所說「五陰非我、非異我、不相在」之「我」，即是《阿含經》所說「取陰俱識」；即是《阿含經》所說十八界滅盡，入無餘涅槃後，「我說彼識不至東西南北四維上下，無所至趣」之「彼識」；即是阿含中之《央掘魔羅經》所說之如來藏；即是《阿含經》所說「……令眾生無明所蓋……生死流轉，不去本際」之「本際」；同此一識而有多名，印老何可謗謂此識是佛滅後之部派佛教所新建立者？如是言說者，昧於諸經所載之事實也，故其所造《印度佛教思想史》書中所說之佛教思想史，絕非正說，昧於史實故，史實今猶可徵故。

如是本際，即是涅槃之體，涅槃依本際立名，不可外於本際而有涅槃也，否則涅槃即成斷滅之同義詞。無餘涅槃之本際即是第八識如來藏，五陰名色由此藏識而生，是一切法之本源，印老何可否定之？誣謂是後人之建立？是故印老所說佛教之思想史，乃是虛妄之言，不可信也。

如《雜阿含經》卷十二第二八七經，《佛告諸比丘：「……何法有故名色有？何法緣故名色有？即正思惟，如實無間等生：識有故名色有，識緣故有『名色有』。我作是思惟時，齊識而還，不能過彼；……」》此段佛語謂十二因緣法依**識**而有，名色依**識**而有，一切法不能過於此**識**，不許復有別法爲名色之因。名中之**識陰**謂六識及意根末那識，則佛此處所說「名色因、名色緣」之**識**，當知即是第八識，名中識陰已有七識故。佛說此**識**是名色之因、名色之緣，是能生名色七識五陰者，則是一切法之根源，四阿含依此**識**而說陰界入等一切法空，印老何得以己謬解而否定四阿含諸經所說此第八識？而妄謗《阿含經》原始佛法中未說七識八識？而於著作中妄言第八識是後來宗派之建立法？眞乃昧於事實之言也。昧於事實之言云何可信？

此第八識之「心相」極微細，自無始劫以來，一向離見聞覺知、離思量、離六塵攀緣、離一切邪見正見、不來不去、不垢不淨、不斷不常，有清淨自性及其體用恆現在前，一切未証此識之人所不能知；然此第八識以如是清淨自性而於六塵中隨緣任運時，識體中卻含藏無始劫來世世別有之七識所熏無明及業種；由有如是七轉識相應之無明及業種，故令衆生捨壽後仍將令其第八識隨於意根而受生輪迴。然七轉識起諸攀緣而於三界中運行時，此第八識仍本其清淨性、而於三界中隨緣任運，不起一切雜染心行，恆依其原有之清淨性而運行；故勝鬘夫人說此識「清淨心而有雜染，是一切未迴心大乘之大阿羅漢所不知」，已迴心之大阿羅漢，未証此識前亦不能知，何況印老未斷我見（取意識細心為不壞心）、未証此識、否定此識者，云何能知？是故彼諸隨學者不能知之証之，亦可逆料也。不知不證之人，即非證解般若之人，於大乘法中有何證量證德之可言者？而其徒衆說其爲有佛法之證量，豈可信之？審如是，則歐美諸研究佛學之大學敎授，亦皆可言是佛敎中之賢聖也，有是理乎？

印老及其隨學者，以及藏密應成派諸中觀師（宗喀巴、達賴喇嘛、創古……等人）悉皆於佛言說不能解義，生諸妄想；由妄想故建立諸法—建立緣起無常之意識細心爲不壞本體、建立一切法空爲般若主旨、建立斷滅空之一切法空爲究竟了義法見；由如是妄想建立故，必須對於諸經典中佛語加以斷章取義、曲解佛意，方能自圓其說。如是則必誹謗佛於一至三轉法輪諸經所說第八識如來藏爲無，墮於「斷誹謗」見中，成斷善根人，已斫喪三乘佛法之根本故。今者佛說：**「彼言說妄想，建立於諸法，以彼建立故，死墮泥犁中」**，印老及其隨學者、達賴喇嘛及其隨學者、修學宗喀巴諸論著者，應當引以爲戒，儘速思惟補救之道，方免未來臘月三十之憂。平實情切故語直，諸方大德務必深思！

「陰中無有我，陰非即是我，不如彼妄想，亦復非無我」：五陰中無我，五陰非即是不壞我故；但亦非如二乘愚人所說無我，無我則成斷滅故，法無我非是斷滅故，實相是非有我非無我故。

五陰中之一一陰，皆無眞實不壞我；若言五陰之某一陰是不滅之我（如義雲高、釋性圓、喜饒根登、徐恒志、上平居士……等人之執意識不滅，如月稱、宗喀巴、印順法師與達賴喇嘛之執意識細心與極細心之不滅），則墮常見外道我，此「我」非眞不滅者，眠熟等五位中必斷滅故。五陰之一一陰中，既皆無不壞我，是故佛說「陰中無有我」，故說五「陰非即是我」。

然五陰既非不壞我，五陰滅已（如阿羅漢入無餘涅槃）豈非成斷滅？是故五陰雖非不壞我，「亦復非無我」，有「非我」之「我」故。非我之我即是常住而恆不暫斷之第八識―名色所緣之識―即是如來藏也。此識云何名爲非我？離見聞覺知故，離思量性而不起覺觀故，離一切見（含我見）故，是故非我。云何名此非我之識爲「我」？無始劫來恆常不易其清淨自性故，無始劫來常住而不暫斷乃至一剎那故，無始劫來能變生眾生之三界有故，無始劫來恆爲一切法之所依故，無始劫來一向有其自體性故，是故《阿含經》中說之爲「我」―「非我、不異我、不相在」之「我」，異於常見外道五陰我之我。是故眞正之佛法乃是「非有我，非無我」，此如來藏自無始劫來，其自性（七轉識之自性除外）恆離我見我執故，故非有我，亦非斷滅之無我，如是方便說之爲「我」。

如是非我之我，《阿含經》中早已曾說，如《雜阿含經》卷一第三十經：「彼一切色，**不是我、不異我、不相在**，是名如實知。如是，受、想、行、識，若過去、若未來、若現在，若內若外，若粗若細，若好若醜，若遠若近，彼一切識**不是我、不異我、不相在**，是名如實知。」《雜阿含經》中尚有十餘經，佛皆如是說，今猶可稽。

此謂佛所說無我者，乃說常見外道及諸佛門凡夫所說意識覺知心之粗細心等，皆非常住不變不壞之我，故名無我；於三世五陰之一一陰中，無有一陰可是恆而不壞之法，故說五陰不是「我」—此「我」即是外道之梵我神我，乃是意識心之臆想所得我。《雜阿含經》所說之五陰**不是我、不異我、不相在**，所說之我，則是意識意根所緣之第八識，實非印順達賴等人所否定之五陰我，亦非印順所誣賴之「外道神我、梵我」，乃是恆住而不變異其清淨性之無我性如來藏—非我之「我」也；外道神我、梵我所說之常不壞我乃是覺知心意識，此我則是第八識，完全不同，印老何可混作一譚？無是理也。

「五陰非我、非異我、不相在」佛語中，早已顯示有此「非我之我」故，早已顯示佛所宣說之「無餘涅槃中滅盡五陰十八界」後非是斷滅空也。如是阿含諸經所說「非我、非異我、不相在」之佛旨，且待未來別造《阿含正義—唯識學探源》時，再行闡釋，今且舉而不述。

由如是阿含諸經所宣示「我」，非是色陰我乃至識陰我，非是外道之神我、梵我；外道之神我、梵我乃是五陰所攝之變異法故，色陰乃至七轉識皆非常住不變異法故，是十八界所攝有漏有爲法故，是故佛說「陰中無有我，陰非即是我」。印順、達賴…等凡夫衆生聞佛如是說已，不解佛意，轉墮他邊，謂大衆曰：「佛法說一切法空，無有眞實常恆不壞之『非我我』。」故墮斷見中，以一切法空爲佛法，悖離佛語眞實義，是故佛以重頌說云：「不如彼妄想，亦復非無我」。

學者當知：有我則流轉，無我則斷滅，悉墮二邊。「我」，謂凡夫衆生執色陰乃至識陰（覺知之意識及思量之意根）爲不壞我，此是顚倒妄想；若人執以爲實，必致世世流轉生死，永無盡期，不斷我見我執故，故說「有我則流轉」；若人效法印順師徒之建立意識細心爲「不壞我」，亦是顛倒妄想，亦必世世流轉生死，永無盡期，意識之細心仍是意識故，意識細心仍然不能外於「意法觸緣生意識」之依他起性我故。若謂五陰皆悉斷壞而名涅槃，自謂如是知見爲斷我見者，此人則墮斷見中，不離生死流轉；斷見實依常見心而起故。執取斷見不捨者，墮我見及見取見中，有「見」即不離意識故，諸見以意識爲本故，由意識生種種見故；是故「無我見」者亦不能眞離生死。

阿羅漢離生死，以不墮我見及無我見故；彼等雖未能証第八識，然依佛語，知有如是「非我非異我、不相在」之**識**，故滅我見我執，亦不畏滅「我」之後成爲斷滅，故能眞斷我見我執，故能解脫生死—滅五陰十八界之常見我，令彼「非我之我」常住涅槃：不復受生取五陰、離一切覺觀及思量，是名涅槃寂靜而非斷滅，是故佛說：「無我則斷滅」。

「一切悉有性，如凡愚妄想，若如彼所見，一切應見諦」：此四句佛偈所說者，即是今時惟覺法師、徐恒志、上平居士…等一類人也。彼等認爲六識之性（見性、聞性、嗅性、嚐性、觸性、知覺性）等一切體性，悉有眞實不壞性，而不知此六性非自然生、非因緣生—實由如來藏生；昧於如來藏所在，昧於如來藏之分明現前，而執如來藏所生六識之性（六識之心數法）爲眞實不壞性。乃更斷章取義而引《楞嚴經》中佛語，欲証成其邪說。惟覺法師則更加意根末那識之性於其中，謂意根時時思量之「處處作主」性爲不壞不變之法，則是於六識緣起法上再加遍計執性之妄想，距離解脫道更遠，亦完全悖違佛菩提道。

藏密四大派一切法王、仁波切、喇嘛、上師、格西、活佛等，自古迄今悉亦如是，皆以眼識之見性、耳識之聞性……乃至意識之知覺性爲不壞性，認爲此等知覺性悉有實性不壞，如諸凡夫愚痴者之妄想無二。若如彼惟覺、徐恒志、上平居士、義雲高、喜饒根登、密宗四大派法王……等人所見之妄想邪見，而可名之爲見諦者；則諸凡夫、常見外道等人所見既皆無異於彼等諸人，亦應彼諸外道及一切凡夫、民間信仰者等人，皆是已見眞諦者。是故彼惟覺法師、徐恒志、上平居士…等人，執著一切法（見聞知覺性）爲實有不壞法性者，若可謂之爲已經証悟者，則彼諸外道凡夫亦皆可稱之爲已見道者，所見無異故，同以見聞知覺性爲不壞性故。

「一切法無性，淨穢悉無有，不實如彼見，亦非無所有」：三界中四生二十五有等法界中，所有一切法皆無眞實不壞之自體性，乃至淨法如四聖法界（聲聞、緣覺、菩薩、佛法界）雖屬無漏，亦是有爲法；依涅槃實際而言，此四聖法界亦非實有，唯有涅槃實際（四聖各各五陰之根源——第八識）方是眞實不壞法，是故陰處界入等見聞知覺性一切法，悉皆無眞實性。唯有恆離見聞覺知性之第八識如來藏，離一切見故離一切淨穢，無諸煩惱，常住寂滅清涼，故說蘊處界等「一切法無性」，故說眞實心「淨穢悉無有」。

然諸凡夫聞說一切法無性，離於有見已，卻墮無見，猶如印順法師之誤會《般若經》，以一切法空爲般若正觀，便否定如來藏，不承認有七八二識。

當知世尊以「非心心、不念菩薩心、無心相心」之第八識如來藏爲前提，而說第八識所生之五陰十八界六入（見聞知覺性）虛妄，而說陰界入展轉所生一切法虛妄，故說一切法空；是故一切法空之說，乃說陰界入及其展轉而生之一切法悉無眞實不壞體性，非說第八識如來藏亦無眞實不壞體性。印老及其從學者，雖觀陰界入等一切法皆無實性，而不知不証第八識如來藏，是故便引一切法空說，否定如來藏，墮於斷滅見中。如斯類人非唯現今，古已有之；凡夫若不墮有，則必墮無故；由是佛說「不實如彼見，亦非無所有」。此謂陰界入及展轉所生一切法不實，如彼等所見無訛；但陰界入及一切法滅盡已，並非如虛空之無，非如斷滅空之空，非是一切法空，而有非形非色、離思量、離攀緣、離一切覺觀之不念菩薩心—非心心、無心相心獨存，而非成爲印順法師等人所說之一切法空—斷滅空。前來廣說依義不依語已，次說依智不依識：

「復次大慧！智識相，今當說。若善分別智識相者，汝及諸菩薩則能通達智識之相，疾得阿耨多羅三藐三菩提。大慧！彼智有三種，謂世間、出世間、出世間上上。」

疏：《「復次大慧！智相與識相之差別，如今應當爲汝宣說。若能善於分別智相及識相者，汝及諸菩薩則能通會了達智與識之相，迅速証得無上正等正覺。大慧！彼智總有三種，所謂世間智、出世間智、出世間上上智。」》

解：法末之季，修學佛法者雖有萬萬人，欲覓証道之人，億萬中無一，多被名師誤導所致。如是廣大師徒之所以絕緣於佛法正道者，多因不明智相與識相之差別所致，導致証道方向之偏差，起步已入歧途，遂致愈行愈遠——修行愈久愈精進者離道愈遠。若人能遇明師，善教授智識之相、冥契佛意者，則能迅速証入三乘菩提之一、乃至悉証；由是緣故，世尊主動說明智相識相差別，令當時及遺法弟子皆能速入佛道。先說智相；智相有三：世間智、出世間智、出世間上上智。

「云何世間智？謂一切外道凡夫，計著有無；云何出世間智？謂一切聲聞緣覺，墮自共相希望計著；云何出世間上上智？謂諸佛菩薩觀無所有法，見不生不滅，離有無品，入如來地人法無我，緣自得生。」

疏：《「說何法爲世間智？此謂一切外道及佛門中未見諦之凡夫，誤計及執著有無，是名世間智；說何法爲出世間智？此謂一切聲聞緣覺乘等聖者，墮於陰界入自相共相法中，希望証得有相智而取涅槃，誤計及執著有涅槃可証，是名出世間智；說何法爲出世間上上智？此謂諸佛及菩薩衆，善於觀察一切無所有法，於諸無所有法中，親見不生不滅之法，遠離『世間依有依無』二品邪見，次第進入如來地之「人無我」與「法無我」究竟境界，緣於自心眞如而得生起出世間上上智。」》

解：「云何世間智？謂一切外道凡夫，計著有無」：世間智者，謂世間俗人之智慧也。如諸外道及佛門內一切未見諦者，或有說言一切人皆自然生，非造物主所造；或有人言「無有過去世」；或有說言一切人皆因時節因緣而生，生已流轉生死；或有說言一切人皆因無明及父母爲因緣而生，非由時節故生；或有說言意識覺知之細心及無明爲因，父母四大爲緣，故有一切人生；或有……等九十六種外道及凡夫見，不離有無二邊而生誤計與執著，不離因之有無，不離果之有無，是名世間智；不曉二乘出世間智與大乘佛菩提之出世間上上智故。

「云何出世間智？謂一切聲聞緣覺，墮自共相希望計著」：出世間智者，謂二乘人所得智慧—盡智、無生智。彼等依於有相法而作觀行，故墮自共相中；此謂聲聞緣覺乘人，依於五陰十八界六入等一切有相法，觀察色受想行識無常變異故空，觀察十八界之一一界無常變異故空，觀察六入（見性、聞性、嗅性、嚐性、觸覺性、知覺性）之一一入，悉皆無常變異故空。無常變異故苦，無常變異故無我，由是斷盡陰界入貪愛，我見我執斷盡，希望捨壽入涅槃。

如是聲聞所証之盡智及無生智，其「能觀所觀」俱是有相法，不離五陰相、十八界相、六入相；依自身之陰界入相而觀，故墮自相；復觀彼彼有情悉有如是陰界入相，與己不異，故墮共相；不離自共相等有相法，而觀察陰界入一切法空、無常、無我，斷除我見我執，希望捨壽時入無餘涅槃。如是誤計涅槃而生執著，不知無餘涅槃之本際即是斷除分段生死現行之第八識——名色所緣之**識**，不知無餘涅槃乃依第八識中分段生死種子之斷除而立名，墮於自共相見中，於無餘涅槃而生計著，以爲即是究竟佛法，是名二乘無學之出世間智。

然二乘無學中，亦多有能知「涅槃非斷滅空、非一切法空」者，彼等聞佛說涅槃有本際不斷不壞，信佛語故。如《雜阿含經》卷五第一四經，及一〇六、二四九經等說；是故學人不應謗言：「漏盡阿羅漢身壞命終，更無所有」；不應謗言：「涅槃是一切法空，十八界滅已更無所有」。何以故？佛說涅槃有本際故，涅槃依無相心—第八識—不更受生而立名故。

「云何出世間上上智？謂諸佛菩薩觀無所有法，見不生不滅，離有無品，入如來地人法無我，緣自得生」：出世間上上智者，謂如是智不唯能令有情出世間生死，亦是二乘出世間智之所不及者，亦是三界一切出世間智之至高無上者，故名出世間上上智。

此謂諸佛菩薩衆，雖亦如同二乘聖人之觀察有相法—五陰十八界六入皆是無常變異、苦、空、無我；然於陰界入等非實有法中，觀此諸法皆無所有已，復於如是無所有法中，觀見不生不滅之法。此不生不滅之法離一切相—不墮六塵相、不貪不厭六塵相，故說此心名爲無相法；此法離六識見聞覺知相，故說無相，無六識心相故；如是無相法，不墮聲聞緣覺所觀自他之陰界入相，故離自共相。

諸佛菩薩由証如是不生不滅法故，了知此無相法即是一切法之實相，一切法依之而起，名爲涅槃之實際，即是斷除分段生死現行之第八識如來藏也。由証如是無相心故，離有無品—不取「世間依有、世間依無」邊見。由証如是無相法故，離相似般若慧，起實相般若慧，乃至漸起一切種智而証初地道種智，次第漸至十地而入如來地，圓成一切種智，進入如來地之人無我與法無我之具足修証圓滿境界；如是出世間上上智，皆是緣於自心眞如第八識，方得次第生起。是故一切大乘學人，當以修証自心如來藏爲要務，証此第八識已，生起實相般若，方能次第圓成。

「大慧！彼生滅者是識，不生不滅者是智。復次，墮相無相，及墮有無種種相因是識，超有無相是智。復次，長養相是識，非長養相是智。復次，有三種智：謂知生滅、知自共相、知不生不滅。復次，無礙相是智，境界種種礙相是識。復次，三事和合生方便相是識，無事方便自性相是智。復次，得相是識，不得相是智。自得聖智境界，不出不入，故如水中月。」

疏：（詳續第七輯中疏解，預定半年後出版。本輯完稿於公元二〇〇〇年十一月三日。）

佛菩提二主要道次第概要表——二道並修，以外無別佛法

佛菩提道——大菩提道

資糧位（外門廣修六度萬行）

十信位修集信心——一劫乃至一萬劫

初住位修集布施功德（以財施爲主）。

二住位修集持戒功德。

三住位修集忍辱功德。

四住位修集精進功德。

五住位修集禪定功德。

六住位修集般若功德（熏習般若中觀及斷我見，加行位也）。

七住位明心般若正觀現前，親證本來自性清淨涅槃。

八住位起於一切法現觀般若中道。漸除性障。

十住位眼見佛性，世界如幻觀成就。

見道位（內門廣修六度萬行）

一至十行位，於廣行六度萬行中，依般若中道慧，現觀陰處界猶如陽焰，至第十行滿心位，陽焰觀成就。

一至十迴向位熏習一切種智；修除性障，唯留最後一分思惑不斷。第十迴向滿心位成就菩薩道如夢觀。

遠波羅蜜多

初地：第十迴向位滿心時，成就道種智一分（八識心王一一親證後，領受五法、三自性、七種第一義、七種性自性、二種無我法）復由勇發十無盡願，成通達位菩薩。復又永伏性障而不具斷，能證慧解脫而不取證，由大願故留惑潤生。此地主修法施波羅蜜多及百法明門。證「猶如鏡像」現觀，故滿初地心。

二地：初地功德滿足以後，再成就道種智一分而入二地；主修戒波羅蜜多及一切種智。滿心位成就「猶如光影」現觀，戒行自然清淨。

解脫道：二乘菩提

→ 斷三縛結，成初果解脫

→ 薄貪瞋癡，成二果解脫

→ 斷五下分結，成三果解脫

入地前的四加行令煩惱障現行悉斷，成四果解脫，留惑潤生。分段生死已斷，煩惱障習氣種子開始斷除，兼斷無始無明上煩惱。

近波羅蜜多 — 大波羅蜜多 — 圓滿波羅蜜多

修道位 — 究竟位

三地：二地滿心再證道種智一分，故入三地。此地主修忍波羅蜜多及四禪八定、四無量心、五神通。能成就俱解脫果而不取證，留惑潤生。滿心位成就「猶如谷響」現觀及無漏妙定意生身。

四地：由三地再證道種智一分故入四地。主修精進波羅蜜多，於此土及他方世界廣度有緣，無有疲倦。進修一切種智，滿心位成就「如水中月」現觀。

五地：由四地再證道種智一分故入五地。主修禪定波羅蜜多及一切種智，斷除下乘涅槃貪。滿心位成就「變化所成」現觀。

六地：由五地再證道種智一分故入六地。此地主修般若波羅蜜多——依道種智現觀十二因緣一一有支及意生身化身，皆自心眞如變化所現，「非有似有」，成就細相觀，不由加行而自然證得滅盡定，成俱解脫大乘無學。

七地：由六地「非有似有」現觀，再證道種智一分故入七地。此地主修一切種智及方便波羅蜜多，由重觀十二有支一一支中之流轉門及還滅門一切細相，成就方便善巧，念念隨入滅盡定。滿心位證得「如犍闥婆城」現觀。

七地滿心斷除故意保留之最後一分思惑時，煩惱障所攝色、受、想三陰有漏習氣種子全部斷盡。

八地：由七地極細相觀成就故再證道種智一分而入八地。此地主修一切種智及願波羅蜜多。至滿心位純無相觀任運恆起，故於相土自在，滿心位復證「如實覺知諸法相意生身」故。

九地：由八地再證道種智一分故入九地。主修力波羅蜜多及一切種智，成就四無礙，滿心位證得「種類俱生無行作意生身」。

十地：由九地再證道種智一分故入此地。此地主修一切種智——智波羅蜜多。滿心位起大法智雲，及現起大法智雲所含藏種種功德，成受職菩薩。

等覺：由十地道種智成就故入此地。此地應修一切種智，圓滿等覺地無生法忍；於百劫中修集極廣大福德，以之圓滿三十二大人相及無量隨形好。

煩惱障所攝行、識二陰無漏習氣種子任運漸斷，所知障所攝上煩惱任運漸斷。

妙覺：示現受生人間已斷盡煩惱障一切習氣種子，並斷盡所知障一切隨眠，永斷變易生死無明，成就大般涅槃，四智圓明。人間捨壽後，報身常住色究竟天利樂十方地上菩薩；以諸化身利樂有情，永無盡期，成就究竟佛道。

斷盡變易生死
成就大般涅槃

圓滿成就究竟佛果

佛子蕭平實 謹製
（二〇〇九、〇二 修訂）
（二〇一二、〇二 增補）

佛教正覺同修會〈修學佛道次第表〉

第一階段

* 以憶佛及拜佛方式修習動中定力。
* 學第一義佛法及禪法知見。
* 無相拜佛功夫成就。
* 具備一念相續功夫—動靜中皆能看話頭。
* 努力培植福德資糧，勤修三福淨業。

第二階段

* 參話頭，參公案。
* 開悟明心，一片悟境。
* 鍛鍊功夫求見佛性。
* 眼見佛性〈餘五根亦如是〉親見世界如幻，成就如幻觀。
* 學習禪門差別智。
* 深入第一義經典。
* 修除性障及隨分修學禪定。
* 修證十行位陽焰觀。

第三階段

* 學一切種智眞實正理—楞伽經、解深密經、成唯識論…。
* 參究末後句。
* 解悟末後句。
* 透牢關—親自體驗所悟末後句境界，親見實相，無得無失。
* 救護一切衆生迴向正道。護持了義正法，修證十迴向位如夢觀。
* 發十無盡願，修習百法明門，親證猶如鏡像現觀。
* 修除五蓋，發起禪定。持一切善法戒。親證猶如光影現觀。
* 進修四禪八定、四無量心、五神通。進修大乘種智，求證猶如谷響現觀。

佛教正覺同修會 共修現況 及 招生公告　2016/1/16

一、共修現況：（請在共修時間來電，以免無人接聽。）

台北正覺講堂 103 台北市承德路三段 277 號九樓　捷運淡水線圓山站旁

Tel..**總機** 02-25957295（晚上）（**分機：九樓**辦公室 10、11；知客櫃檯 12、13。 **十樓**知客櫃檯 15、16；書局櫃檯 14。 **五樓**辦公室 18；知客櫃檯 19。**二樓**辦公室 20；知客櫃檯 21。）

Fax..25954493

第一講堂　台北市承德路三段 277 號九樓

禪淨班：週一晚上班、週三晚上班、週四晚上班、週五晚上班、週六下午班、週六上午班（皆須報名建立學籍後始可參加共修，欲報名者詳見本公告末頁）

增上班：瑜伽師地論詳解：每月第一、三、五週之週末 17.50～20.50 平實導師講解（僅限已明心之會員參加）

禪門差別智：每月第一週日全天　平實導師主講（事冗暫停）。

佛藏經詳解　平實導師主講。已於 2013/12/17 開講，歡迎已發成佛大願的菩薩種性學人，攜眷共同參與此殊勝法會聽講。詳解 釋迦世尊於《佛藏經》中所開示的眞實義理，更爲今時後世佛子四眾，闡述佛陀演說此經的本懷。眞實尋求佛菩提道的有緣佛子，親承聽聞如是勝妙開示，當能如實理解經中義理，亦能了知於大乘法中：如何是諸法實相？善知識、惡知識要如何簡擇？如何才是清淨持戒？如何才能清淨說法？於此末法之世，眾生五濁益重，不知佛、不解法、不識僧，唯見表相，不信眞實，貪著五欲，諸方大師不淨說法，各各將導大量徒眾趣入三塗，如是師徒俱堪憐憫。是故，平實導師以大慈悲心，用淺白易懂之語句，佐以實例、譬喻而爲演說，普令聞者易解佛意，皆得契入佛法正道，如實了知佛法大藏。

此經中，對於實相念佛多所著墨，亦指出念佛要點：以實相爲依，念佛者應依止淨戒、依止清淨僧寶，捨離違犯重戒之師僧，應受學清淨之法，遠離邪見。本經是現代佛門大法師所厭惡之經典：一者由於大法師們已全都落入意識境界而無法親證實相，故於此經中所說實相全無所知，都不樂有人聞此經名，以免讀後提出問疑時無法回答；二者現代大乘佛法地區，已經普被藏密喇嘛教滲透，許多有名之大法師們大多已曾或繼續在修練雙身法，都已失去聲聞戒體及菩薩戒體，成爲地獄種姓人，已非眞正出家之人，本質只是身著僧衣而住在寺院中的世俗人。這些人對於此經都是讀不懂的，也是極爲厭惡的；他們尚不樂見此經之印行，何況流通與講解？今爲救護廣大學佛人，兼欲護持佛教血脈永續常傳，特選此經宣講之。每逢週二 18.50~20.50 開示，不限制聽講資格。會外人士需憑身分證件換證入內聽講（此是大樓管理處之安全規定，敬請見諒）。桃園、台中、台南、高雄等地講堂，亦於每週二晚上播放平實導師所講本經之 DVD，不必出示身分證件即可入內聽講，歡迎各地善信同霑法益。

第二講堂　台北市承德路三段 267 號十樓。

禪淨班：週一晚上班、週六下午班。

進階班：週三晚上班、週四晚上班、週五晚上班（禪淨班結業後轉入共修）。

佛藏經詳解：平實導師講解。每週二 18.50~20.50（影像音聲即時傳輸）。本會學員憑上課證進入聽講，會外學人請以身分證件換證進入聽講（此為大樓管理處安全管理規定之要求，敬請諒解）。

第三講堂　台北市承德路三段 277 號五樓。

進階班：週一晚上班、週三晚上班、週四晚上班、週五晚上班。

佛藏經詳解：平實導師講解。每週二 18.50~20.50（影像音聲即時傳輸）。本會學員憑上課證進入聽講，會外學人請以身分證件換證進入聽講（此為大樓管理處安全管理規定之要求，敬請諒解）。

第四講堂　台北市承德路三段 267 號二樓。

進階班：週一晚上班、週三晚上班、週四晚上班、週五晚上班（禪淨班結業後轉入共修）。

佛藏經詳解：平實導師講解。每週二 18.50~20.50（影像音聲即時傳輸）。本會學員憑上課證進入聽講，會外學人請以身分證件換證進入聽講（此為大樓管理處安全管理規定之要求，敬請諒解）。

第五、第六講堂　為**開放式講堂**，不需以身分證件換證即可進入聽講，台北市承德路三段 267 號地下一樓、地下二樓。已規劃整修完成，每逢週二晚上講經時段開放給會外人士自由聽經，請由大樓側面梯階逕行進入聽講。**聽講者請尊重講者的著作權及肖像權，請勿錄音錄影，以免違法；若有錄音錄影被查獲者，將依法處理。**

正覺祖師堂　大溪鎮美華里信義路 650 巷坑底 5 之 6 號（台 3 號省道 34 公里處 妙法寺對面斜坡道進入）電話 03-3886110　傳眞 03-3881692 本堂供奉 克勤圓悟大師，專供會員每年四月、十月各二次精進禪三共修，兼作本會出家菩薩掛單常住之用。除禪三時間以外，每逢單月第一週之週日 9:00~17:00 開放會內、外人士參訪，當天並提供午齋結緣。教內共修團體或道場，得另申請其餘時間作團體參訪，務請事先與常住確定日期，以便安排常住菩薩接引導覽，亦免妨礙常住菩薩之日常作息及修行。

桃園正覺講堂（第一、第二講堂）：桃園市介壽路 286、288 號 10 樓（陽明運動公園對面）電話：03-3749363（請於共修時聯繫，或與台北聯繫）

禪淨班：週一晚上班、週三晚上班、週四晚上班、週五晚上班。

進階班：週六上午班、週五晚上班。

佛藏經詳解：平實導師講解。每週二晚上，以台北正覺講堂所錄 DVD 放映；歡迎會外學人共同聽講，不需出示身分證件。

新竹正覺講堂 新竹市東光路 55 號二樓之一　電話 03-5724297（晚上）

第一講堂：

禪淨班：週一晚上班、週五晚上班、週六上午班。

進階班：週三晚上班、週四晚上班（由禪淨班結業後轉入共修）。

佛藏經詳解：平實導師講解。每週二晚上，以台北正覺講堂所錄 DVD 放映。歡迎會外學人共同聽講，不需出示身分證件。

第二講堂：

禪淨班：週三晚上班、週四晚上班。

佛藏經詳解：每週二晚上與第一講堂同時播放佛藏經詳解 DVD。

台中正覺講堂 04-23816090（晚上）

第一講堂 台中市南屯區五權西路二段 666 號 13 樓之四（國泰世華銀行樓上。鄰近縣市經第一高速公路前來者，由五權西路交流道可以快速到達，大樓旁有停車場，對面有素食館）。

禪淨班：週三晚上班、週四晚上班。

進階班：週一晚上班、週六上午班（由禪淨班結業後轉入共修）。

增上班：單週週末以台北增上班課程錄成 DVD 放映之，限已明心之會員參加。

佛藏經詳解：平實導師講解。每週二晚上，以台北正覺講堂所錄 DVD 放映。歡迎會外學人共同聽講，不需出示身分證件。

第二講堂 台中市南屯區五權西路二段 666 號 4 樓

禪淨班：週一晚上班、週三晚上班、週六上午班。

進階班：週五晚上班（由禪淨班結業後轉入共修）。

佛藏經詳解：每週二晚上與第一講堂同時播放佛藏經詳解 DVD。

第三講堂、第四講堂：台中市南屯區五權西路二段 666 號 4 樓。

嘉義正覺講堂 嘉義市友愛路 288 號八樓之一　電話：05-2318228

第一講堂：

禪淨班：週一晚上班、週四晚上班、週五晚上班。

進階班：週三晚上班（由禪淨班結業後轉入共修）。

佛藏經詳解：平實導師講解。每週二晚上，以台北正覺講堂所錄 DVD 放映。歡迎會外學人共同聽講，不需出示身分證件。

第二講堂 嘉義市友愛路 288 號八樓之二。

台南正覺講堂

第一講堂 台南市西門路四段 15 號 4 樓。06-2820541（晚上）

禪淨班：週一晚上班、週三晚上班、週四晚上班、週五晚上班、週六下午班。

增上班：單週週末下午，以台北增上班課程錄成 DVD 放映之，限已明心之會員參加。

佛藏經詳解：平實導師講解。每週二晚上，以台北正覺講堂所錄 DVD 放映。歡迎會外學人共同聽講，不需出示身分證件。

第二講堂　台南市西門路四段 15 號 3 樓。

佛藏經詳解：每週二晚上與第一講堂同時播放佛藏經詳解 DVD。

第三講堂　台南市西門路四段 15 號 3 樓。

進階班：週三晚上班、週四晚上班、週六上午班（由禪淨班結業後轉入共修）。

佛藏經詳解：每週二晚上與第一講堂同時播放佛藏經詳解 DVD。

高雄正覺講堂　高雄市新興區中正三路 45 號五樓 07-2234248（晚上）

第一講堂（五樓）：

禪淨班：週一晚上班、週三晚上班、週四晚上班、週五晚上班、週六上午班。

增上班：單週週末下午，以台北增上班課程錄成 DVD 放映之，限已明心之會員參加。

佛藏經詳解：平實導師講解。每週二晚上，以台北正覺講堂所錄 DVD 放映。歡迎會外學人共同聽講，不需出示身分證件。

第二講堂（四樓）：

進階班：週三晚上班、週四晚上班、週六上午班（由禪淨班結業後轉入共修）。

佛藏經詳解：每週二晚上與第一講堂同時播放佛藏經詳解 DVD。

第三講堂（三樓）：

進階班：週四晚上班（由禪淨班結業後轉入共修）。

香港正覺講堂　**☆已遷移新址☆**

九龍觀塘，成業街 10 號，電訊一代廣場 27 樓 E 室。

（觀塘地鐵站 B1 出口，步行約 4 分鐘）。電話：(852) 23262231

英文地址：Unit E, 27th Floor, TG Place, 10 Shing Yip Street, Kwun Tong, Kowloon

禪淨班：雙週六下午班 14:30-17:30，已經額滿。
雙週日下午班 14:30-17:30，2016 年 4 月底前尚可報名。

進階班：雙週五晚上班（由禪淨班結業後轉入共修）。

增上班：單週週末上午，以台北增上班課程錄成 DVD 放映之，限已明心之會員參加。

妙法蓮華經詳解：平實導師講解。雙週六 19:00-21:00，以台北正覺講堂所錄 DVD 放映；歡迎會外學人共同聽講，不需出示身分證件。

美國洛杉磯正覺講堂　☆已遷移新址☆

825 S. Lemon Ave Diamond Bar, CA 91798 U.S.A.
Tel. (909) 595-5222（請於週六 9:00~18:00 之間聯繫）
Cell. (626) 454-0607

禪淨班：每逢週末 15：30~17：30 上課。

進階班：每逢週末上午 10：00~12：00 上課。

佛藏經詳解：平實導師講解。每週六下午 13：00~15：00，以台北正覺講堂所錄 DVD 放映。歡迎各界人士共享第一義諦無上法益，不需報名。

二、招生公告　**本會台北講堂及全省各講堂，每逢四月、十月下旬開新班，每週共修一次**（每次二小時。開課日起三個月內仍可插班）；**但美國洛杉磯共修處之禪淨班得隨時插班共修。各班共修期間皆爲二年半，欲參加者請向本會函索報名表**（各共修處皆於共修時間方有人執事，非共修時間請勿電詢或前來洽詢、請書），**或直接從本會官方網站**(http://www.enlighten.org.tw/newsflash/class)**或成佛之道網站下載報名表**。共修期滿時，若經報名禪三審核通過者，可參加四天三夜之禪三精進共修，有機會明心、取證如來藏，發起般若實相智慧，成爲實義菩薩，脫離凡夫菩薩位。

三、新春禮佛祈福 農曆**年假**期間停止共修：自農曆新年前七天起停止共修與弘法，正月 8 日起回復共修、弘法事務。新春期間正月初一～初七 9.00～17.00 開放台北講堂、正月初一~初三開放新竹講堂、台中講堂、台南講堂、高雄講堂，以及大溪禪三道場（正覺祖師堂），方便會員供佛、祈福及會外人士請書。美國洛杉磯共修處之休假時間，請逕詢該共修處。

密宗四大派修雙身法，是外道性力派的邪法；又以生滅的識陰作為常住法，是常見外道，是假的藏傳佛教。

西藏覺囊巴以他空見弘揚第八識如來藏勝法，才是真藏傳佛教

佛教正覺同修會　弘法行事表

2017/03/31

1、**禪淨班**　以無相念佛及拜佛方式修習動中定力，實證一心不亂功夫。傳授解脫道正理及第一義諦佛法，以及參禪知見。共修期間：二年六個月。每逢四月、十月開新班，詳見招生公告表。

2、**《佛藏經》**詳解　　平實導師主講。已於 2013/12/17 開講，歡迎已發成佛大願的菩薩種性學人，攜眷共同參與此殊勝法會聽講。詳解 釋迦世尊於《佛藏經》中所開示的眞實義理，更爲今時後世佛子四眾，闡述 佛陀演說此經的本懷。眞實尋求佛菩提道的有緣佛子，親承聽聞如是勝妙開示，當能如實理解經中義理，亦能了知於大乘法中：如何是諸法實相？善知識、惡知識要如何簡擇？如何才是清淨持戒？如何才能清淨說法？於此末法之世，眾生五濁益重，不知佛、不解法、不識僧，唯見表相，不信眞實，貪著五欲，諸方大師不淨說法，各各將導大量徒眾趣入三塗，如是師徒俱堪憐憫。是故，平實導師以大慈悲心，用淺白易懂之語句，佐以實例、譬喻而爲演說，普令聞者易解佛意，皆得契入佛法正道，如實了知佛法大藏。每逢週二 18.50~20.50 開示，不限制聽講資格。會外人士需憑身分證件換證入內聽講（此是大樓管理處之安全規定，敬請見諒）。桃園、新竹、台中、台南、高雄等地講堂，亦於每週二晚上播放平實導師講經之 DVD，不必出示身分證件即可入內聽講，歡迎各地善信同霑法益。

有某道場專弘淨土法門數十年，於教導信徒研讀《佛藏經》時，往往告誡信徒曰：「後半部不許閱讀。」由此緣故坐令信徒失去提升念佛層次之機緣，師徒只能低品位往生淨土，令人深覺愚癡無智。由有多人建議故，平實導師開始宣講《佛藏經》，藉以轉易如是邪見，並提升念佛人之知見與往生品位。此經中，對於實相念佛多所著墨，亦指出念佛要點：以實相爲依，念佛者應依止淨戒、依止清淨僧寶，捨離違犯重戒之師僧，應受學清淨之法，遠離邪見。本經是現代佛門大法師所厭惡之經典：一者由於大法師們已全都落入意識境界而無法親證實相，故於此經中所說實相全無所知，都不樂有人聞此經名，以免讀後提出問疑時無法回答；二者現代大乘佛法地區，已經普被藏密喇嘛教滲透，許多有名之大法師們大多已曾或繼續在修練雙身法，都已失去聲聞戒體及菩薩戒體，成爲地獄種姓人，已非眞正出家之人，本質上只是身著僧衣而住在寺院中的世俗人。這些人對於此經都是讀不懂的，也是極爲厭惡的；他們尙不樂見此經之印行，何況流通與講解？今爲救護廣大學佛人，兼欲護持佛教血脈永續常傳，特選此經宣講之，主講者平實導師。

3、**瑜伽師地論**詳解　詳解論中所言凡夫地至佛地等 17 師之修證境界與理論，從凡夫地、聲聞地……宣演到諸地所證一切種智之眞實正理。由平實導師開講，每逢一、三、五週之週末晚上開示，僅限已明心之會員參加。

4、**精進禪三**　主三和尙：平實導師。於四天三夜中，以克勤圓悟大師及大慧宗杲之禪風，施設機鋒與小參、公案密意之開示，幫助會員剋期取證，親證不生不滅之眞實心——人人本有之如來藏。每年四月、十月各舉辦二個梯次；平實導師主持。僅限本會會員參加禪淨班共修期滿，報名審核通過者，方可參加。並選擇會中定力、慧力、福德三條件皆已具足之已明心會員，給以指引，令得眼見自己無形無相之佛性遍佈山河大地，眞實而無障礙，得以肉眼現觀世界身心悉皆如幻，具足成就如幻觀，圓滿十住菩薩之證境。

5、**大法鼓經**詳解　詳解末法時代大乘佛法修行之道。佛教正法消毒妙藥塗於大鼓而以擊之，凡有眾生聞之者，一切邪見鉅毒悉皆消殞；此經即是大法鼓之正義，凡聞之者，所有邪見之毒悉皆滅除，見道不難；亦能發起菩薩無量功德，是故諸大菩薩遠從諸方佛土來此娑婆聞修此經。

本經破「有」而顯涅槃，以此名爲眞法；若墮在「有」中，皆名「非法」；若人如是宣揚佛法，名爲擊大法鼓；如是依「法」而捨「非法」，據以建立山門而爲眾說法，方可名爲法鼓山。此經中說，以「此經」爲菩薩道之本，以證得「此經」之正知見及法門作爲度人之「法」，方名眞實佛法，否則盡名「非法」。本經中對法與非法、有與涅槃，有深入之闡釋，歡迎教界一切善信（不論初機或久學菩薩），一同親沐 如來聖教，共沾法喜。由平實導師詳解。不限制聽講資格。

6、**不退轉法輪經**詳解　本經所說妙法極爲甚深難解，時至末法，已然無有知者；而其甚深絕妙之法，流傳至今依舊多人可證，顯示佛學眞是義學而非玄談，其中甚深極妙令人拍案稱絕之第一義諦妙義，平實導師將會加以解說。待《大法鼓經》宣講完畢時繼續宣講此經。

7、**阿含經**詳解　選擇重要之阿含部經典，依無餘涅槃之實際而加以詳解，令大眾得以現觀諸法緣起性空，亦復不墮斷滅見中，顯示經中所隱說之涅槃實際—如來藏—確實已於四阿含中隱說；令大眾得以聞後觀行，確實斷除我見乃至我執，證得**見到**眞現觀，乃至**身證**……等眞現觀；已得大乘或二乘見道者，亦可由此聞熏及聞後之觀行，除斷我所之貪著，成就慧解脫果。由平實導師詳解。不限制聽講資格。

8、**解深密經**詳解　重講本經之目的，在於令諸已悟之人明解大乘法道之成佛次第，以及悟後進修一切種智之內涵，確實證知三種自性性，並得據此證解七眞如、十眞如等正理。每逢週二 18.50~20.50 開示，由平實導師詳解。將於《大法鼓經》講畢後開講。不限制聽講資格。

9、**成唯識論**詳解　詳解一切種智眞實正理，詳細剖析一切種智之微細深妙廣大正理；並加以舉例說明，使已悟之會員深入體驗所證如來藏之微密行相；及證驗見分相分與所生一切法，皆由如來藏—阿賴耶識—直接或展轉而生，因此證知一切法無我，證知無餘涅槃之本際。將於增上班《瑜伽師地論》講畢後，由平實導師重講。僅限已明心之會員參加。

10、**精選如來藏系經典**詳解　精選如來藏系經典一部，詳細解說，以此完全印證會員所悟如來藏之眞實，得入不退轉住。另行擇期詳細解說之，由平實導師講解。僅限已明心之會員參加。

11、**禪門差別智**　藉禪宗公案之微細淆訛難知難解之處，加以宣說及剖析，以增進明心、見性之功德，啓發差別智，建立擇法眼。每月第一週日全天，由平實導師開示，僅限破參明心後，復又眼見佛性者參加（事冗暫停）。

12、**枯木禪**　先講智者大師的《小止觀》，後說《釋禪波羅蜜》，詳解四禪八定之修證理論與實修方法，細述一般學人修定之邪見與岔路，及對禪定證境之誤會，消除枉用功夫、浪費生命之現象。已悟般若者，可以藉此而實修初禪，進入大乘通教及聲聞教的三果心解脫境界，配合應有的大福德及後得無分別智、十無盡願，即可進入初地心中。親教師：平實導師。未來緣熟時將於大溪正覺寺開講。不限制聽講資格。

註：本會例行年假，自 2004 年起，改爲每年農曆新年前七天開始停息弘法事務及共修課程，農曆正月 8 日回復所有共修及弘法事務。新春期間（每日 9.00~17.00）開放台北講堂，方便會員禮佛祈福及會外人士請書。大溪區的正覺祖師堂，開放參訪時間，詳見〈正覺電子報〉或成佛之道網站。本表得因時節因緣需要而隨時修改之，不另作通知。

佛教正覺同修會　贈閱書籍 目錄

2015/09/29

1.**無相念佛**　平實導師著　回郵 10 元
2.**念佛三昧修學次第**　平實導師述著　回郵 25 元
3.**正法眼藏—護法集**　平實導師述著　回郵 35 元
4.**真假開悟簡易辨正法&佛子之省思**　平實導師著　回郵 3.5 元
5.**生命實相之辨正**　平實導師著　回郵 10 元
6.**如何契入念佛法門**（附：印順法師否定極樂世界）平實導師著　回郵 3.5 元
7.**平實書箋**—答元覽居士書　平實導師著　回郵 35 元
8.**三乘唯識**—如來藏系經律彙編　平實導師編　回郵 80 元
（精裝本　長 27 cm　寬 21 cm　高 7.5 cm　重 2.8 公斤）
9.**三時繫念全集**—修正本　回郵掛號 40 元（長 26.5 cm×寬 19 cm）
10.**明心與初地**　平實導師述　回郵 3.5 元
11.**邪見與佛法**　平實導師述著　回郵 20 元
12.**菩薩正道**—回應義雲高、釋性圓…等外道之邪見　正燦居士著　回郵 20 元
13.**甘露法雨**　平實導師述　回郵 20 元
14.**我與無我**　平實導師述　回郵 20 元
15.**學佛之心態**—修正錯誤之學佛心態始能與正法相應　孫正德老師著　回郵35元
附錄：平實導師著**《略說八、九識並存…等之過失》**
16.**大乘無我觀**—《悟前與悟後》別說　平實導師述著　回郵 20 元
17.**佛教之危機**—中國台灣地區現代佛教之真相（附錄：公案拈提六則）
平實導師著　回郵 25 元
18.**燈　影**—燈下黑（覆「求教後學」來函等）　平實導師著　回郵 35 元
19.**護法與毀法**—覆上平居士與徐恒志居士網站毀法二文
張正圜老師著　回郵 35 元
20.**淨土聖道**—兼評**選擇本願念佛**　正德老師著　**由正覺同修會購贈**　回郵 25 元
21.**辨唯識性相**—對「紫蓮心海《辯唯識性相》書中否定阿賴耶識」之回應
正覺同修會 台南共修處法義組 著　回郵 25 元
22.**假如來藏**—對法蓮法師《如來藏與阿賴耶識》書中否定阿賴耶識之回應
正覺同修會 台南共修處法義組 著　回郵 35 元
23.**入不二門**—公案拈提集錦 第一輯（於平實導師公案拈提諸書中選錄約二十則，
合輯爲一冊流通之）平實導師著　回郵 20 元
24.**真假邪說**—西藏密宗索達吉喇嘛《破除邪說論》真是邪說
釋正安法師著　回郵 35 元
25.**真假開悟**—真如、如來藏、阿賴耶識間之關係　平實導師述著　回郵 35 元
26.**真假禪和**—辨正釋傳聖之謗法謬說　孫正德老師著　回郵 30 元

27.**眼見佛性**—駁慧廣法師眼見佛性的含義文中謬說

游正光老師著　回郵25元

28.**普門自在**—公案拈提集錦 第二輯（於平實導師公案拈提諸書中選錄約二十則，合輯為一冊流通之）平實導師著　回郵25元

29.**印順法師的悲哀**—以現代禪的質疑為線索　恒毓博士著　回郵25元

30.**識蘊真義**—現觀識蘊內涵、取證初果、親斷三縛結之具體行門。

—依《成唯識論》及《唯識述記》正義，略顯安慧《大乘廣五蘊論》之邪謬

平實導師著　回郵35元

31.**正覺電子報** 各期紙版本　免附回郵　每次最多函索三期或三本。

（已無存書之較早各期，不另增印贈閱）

32.**現代人應有的宗教觀**　蔡正禮老師 著　回郵3.5元

33.**遠惑趣道**—正覺電子報般若信箱問答錄　第一輯　回郵20元

34.**遠惑趣道**—正覺電子報般若信箱問答錄　第二輯　回郵20元

35.**確保您的權益**—器官捐贈應注意自我保護　游正光老師 著　回郵10元

36.**正覺教團電視弘法三乘菩提 DVD 光碟（一）**

由正覺教團多位親教師共同講述錄製 DVD 8片，MP3 一片，共9片。有二大講題：一為「三乘菩提之意涵」，二為「學佛的正知見」。內容精闢，深入淺出，精彩絕倫，幫助大眾快速建立三乘法道的正知見，免被外道邪見所誤導。有志修學三乘佛法之學人不可不看。（製作工本費100元，回郵 25元）

37.**正覺教團電視弘法 DVD 專輯（二）**

總有二大講題：一為「三乘菩提之念佛法門」，一為「學佛正知見（第二篇）」，由正覺教團多位親教師輪番講述，內容詳細闡述如何修學念佛法門、實證念佛三昧，以及學佛應具有的正確知見，可以幫助發願往生西方極樂淨土之學人，得以把握往生，更可令學人快速建立三乘法道的正知見，免於被外道邪見所誤導。有志修學三乘佛法之學人不可不看。（一套17片，工本費160元。回郵 35元）

38.**佛藏經** 燙金精裝本 每冊回郵20元。正修佛法之道場欲大量索取者，請正式發函並蓋用大印寄來索取（2008.04.30 起開始敬贈）

39.**喇嘛性世界**—揭開假藏傳佛教譚崔瑜伽的面紗　張善思 等人合著

由正覺同修會購贈　回郵20元

40.**假藏傳佛教的神話**—性、謊言、喇嘛教　張正玄教授編著　回郵20元

由正覺同修會購贈　回郵20元

41.**隨 緣**—理隨緣與事隨緣　平實導師述　回郵20元。

42.**學佛的覺醒**　正枝居士 著　回郵25元

43.**導師之真實義**　蔡正禮老師 著　回郵10元

44.**淺談達賴喇嘛之雙身法**—兼論解讀「密續」之達文西密碼

吳明芷居士 著　回郵10元

45.**魔界轉世**　張正玄居士 著　回郵10元

46.**一貫道與開悟**　蔡正禮老師 著　回郵10元

47.**博愛**—愛盡天下女人　正覺教育基金會 編印　回郵 10 元

48.**意識虛妄經教彙編**—實證解脫道的關鍵經文　正覺同修會編印　回郵 25 元

49.**邪箭囈語**—破斥藏密外道多識仁波切《破魔金剛箭雨論》之邪說

陸正元老師著　上、下冊回郵各 30 元

50.**真假沙門**—依 佛聖教闡釋佛教僧寶之定義

蔡正禮老師著　俟正覺電子報連載後結集出版

51.**真假禪宗**—藉評論釋性廣《印順導師對變質禪法之批判

及對禪宗之肯定》以顯示真假禪宗

附論一：凡夫知見 無助於佛法之信解行證

附論二：世間與出世間一切法皆從如來藏實際而生而顯

余正偉老師著　俟正覺電子報連載後結集出版　回郵未定

52.**假鋒虛焰金剛乘**—揭示顯密正理，兼破索達吉師徒《般若鋒兮金剛焰》。

釋正安 法師著　俟正覺電子報連載後結集出版

★ 上列贈書之郵資，係台灣本島地區郵資，大陸、港、澳地區及外國地區，請另計酌增（大陸、港、澳、國外地區之郵票不許通用）。尚未出版之書，請勿先寄來郵資，以免增加作業煩擾。

★ 本目錄若有變動，唯於後印之書籍及「成佛之道」網站上修正公佈之，不另行個別通知。

函索書籍請寄：佛教正覺同修會　103 台北市承德路 3 段 277 號 9 樓
台灣地區函索書籍者請附寄郵票，無時間購買郵票者可以等值現金抵用，但不接受郵政劃撥、支票、匯票。大陸地區得以人民幣計算，國外地區請以美元計算（請勿寄來當地郵票，在台灣地區不能使用）。欲以掛號寄遞者，請另附掛號郵資。

親自索閱：正覺同修會各共修處。　★請於共修時間前往取書，餘時無人在道場，請勿前往索取；共修時間與地點，詳見書末正覺同修會共修現況表（以近期之共修現況表為準）。

註：正智出版社發售之局版書，請向各大書局購閱。若書局之書架上已經售出而無陳列者，請向書局櫃台指定洽購；若書局不便代購者，請於正覺同修會共修時間前往各共修處請購，正智出版社已派人於共修時間送書前往各共修處流通。 郵政劃撥購書及 大陸地區 購書，請詳別頁正智出版社發售書籍目錄最後頁之說明。

成佛之道 網站：http://www.a202.idv.tw　正覺同修會已出版之結緣書籍，多已登載於 成佛之道 網站，若住外國、或住處遙遠，不便取得正覺同修會贈閱書籍者，可以從本網站閱讀及下載。　書局版之《宗通與說通》亦已上網，台灣讀者可向書局洽購，售價 300 元。《狂密與眞密》第一輯~第四輯，亦於 2003.5.1.全部於本網站登載完畢；台灣地區讀者請向書局洽購，每輯約 400 頁，售價 300 元（網站下載紙張費用較貴，容易散失，難以保存，亦較不精美）。

＊＊假藏傳佛教修雙身法，非佛教＊＊

正智出版社 籌募弘法基金發售書籍目錄　2017/04/22

1.**宗門正眼**—公案拈提 第一輯 重拈　平實導師著　500 元

因重寫內容大幅度增加故，字體必須改小，並增為 576 頁 主文 546 頁。比初版更精彩、更有內容。初版《禪門摩尼寶聚》之讀者，可寄回本公司免費調換新版書。免附回郵，亦無截止期限。（2007 年起，每冊附贈本公司精製公案拈提〈超意境〉CD 一片。市售價格 280 元，多購多贈。）

2.**禪淨圓融**　平實導師著　200 元（第一版舊書可換新版書。）

3.**真實如來藏**　平實導師著　400 元

4.**禪—悟前與悟後**　平實導師著　上、下冊，每冊 250 元

5.**宗門法眼**—公案拈提 第二輯　平實導師著　500 元
（2007 年起，每冊附贈本公司精製公案拈提〈超意境〉CD 一片）

6.**楞伽經詳解**　平實導師著　全套共 10 輯　每輯 250 元

7.**宗門道眼**—公案拈提 第三輯　平實導師著　500 元
（2007 年起，每冊附贈本公司精製公案拈提〈超意境〉CD 一片）

8.**宗門血脈**—公案拈提 第四輯　平實導師著　500 元
（2007 年起，每冊附贈本公司精製公案拈提〈超意境〉CD 一片）

9.**宗通與說通**—成佛之道 平實導師著 主文 381 頁 全書 400 頁售價 300 元

10.**宗門正道**—公案拈提 第五輯　平實導師著　500 元
（2007 年起，每冊附贈本公司精製公案拈提〈超意境〉CD 一片）

11.**狂密與真密 一～四輯**　平實導師著　西藏密宗是人間最邪淫的宗教，本質不是佛教，只是披著佛教外衣的印度教性力派流毒的喇嘛教。此書中將西藏密宗密傳之男女雙身合修樂空雙運所有祕密與修法，毫無保留完全公開，並將全部喇嘛們所不知道的部分也一併公開。內容比大辣出版社喧騰一時的《西藏慾經》更詳細。並且函蓋藏密的所有祕密及其錯誤的中觀見、如來藏見……等，藏密的所有法義都在書中詳述、分析、辨正。每輯主文三百餘頁　每輯全書約 400 頁　售價每輯 300 元

12.**宗門正義**—公案拈提 第六輯　平實導師著　500 元
（2007 年起，每冊附贈本公司精製公案拈提〈超意境〉CD 一片）

13.**心經密意**—心經與解脫道、佛菩提道、祖師公案之關係與密意　平實導師述　300 元

14.**宗門密意**—公案拈提 第七輯　平實導師著　500 元
（2007 年起，每冊附贈本公司精製公案拈提〈超意境〉CD 一片）

15.**淨土聖道**—兼評「選擇本願念佛」　正德老師著　200 元

16.**起信論講記**　平實導師述著　共六輯　每輯三百餘頁　售價各 250 元

17.**優婆塞戒經講記**　平實導師述著 共八輯 每輯三百餘頁 售價各 250 元

18.**真假活佛**—略論附佛外道盧勝彥之邪說（對前岳靈犀網站主張「盧勝彥是證悟者」之修正）　正犀居士（岳靈犀）著　流通價 140 元

19.**阿含正義**—唯識學探源　平實導師著　共七輯　每輯 300 元

20.**超意境** CD 以平實導師公案拈提書中超越意境之頌詞，加上曲風優美的旋律，錄成令人嚮往的超意境歌曲，其中包括正覺發願文及平實導師親自譜成的黃梅調歌曲一首。詞曲雋永，殊堪翫味，可供學禪者吟詠，有助於見道。內附設計精美的彩色小冊，解說每一首詞的背景本事。每片 280 元。【每購買公案拈提書籍一冊，即贈送一片。】

21.**菩薩底憂鬱** CD 將菩薩情懷及禪宗公案寫成新詞，並製作成超越意境的優美歌曲。 1.主題曲〈菩薩底憂鬱〉，描述地後菩薩能離三界生死而迴向繼續生在人間，但因尚未斷盡習氣種子而有極深沈之憂鬱，非三賢位菩薩及二乘聖者所知，此憂鬱在七地滿心位方才斷盡；本曲之詞中所說義理極深，昔來所未曾見；此曲係以優美的情歌風格寫詞及作曲，聞者得以激發嚮往諸地菩薩境界之大心，詞、曲都非常優美，難得一見；其中勝妙義理之解說，已印在附贈之彩色小冊中。 2.以各輯公案拈提中直示禪門入處之頌文，作成各種不同曲風之超意境歌曲，值得玩味、參究；聆聽公案拈提之優美歌曲時，請同時閱讀內附之印刷精美說明小冊，可以領會超越三界的證悟境界；未悟者可以因此引發求悟之意向及疑情，眞發菩提心而邁向求悟之途，乃至因此眞實悟入般若，成眞菩薩。 3.正覺總持咒新曲，總持佛法大意；總持咒之義理，已加以解說並印在隨附之小冊中。本 CD 共有十首歌曲，長達 63 分鐘。每盒各附贈二張購書優惠券。每片 280 元。

22.**禪意無限** CD 平實導師以公案拈提書中偈頌寫成不同風格曲子，與他人所寫不同風格曲子共同錄製出版，幫助參禪人進入禪門超越意識之境界。盒中附贈彩色印製的精美解說小冊，以供聆聽時閱讀，令參禪人得以發起參禪之疑情，即有機會證悟本來面目而發起實相智慧，實證大乘菩提般若，能如實證知般若經中的眞實意。本 CD 共有十首歌曲，長達 69 分鐘，每盒各附贈二張購書優惠券。每片 280 元。

23.**我的菩提路**第一輯　釋悟圓、釋善藏等人合著　售價 300 元

24.**我的菩提路**第二輯　郭正益、張志成等人合著　售價 300 元

25.**我的菩提路**第三輯　王美伶等人合著　預定 2017/6/30 發行　售價 300 元

26.**鈍鳥與靈龜**—考證後代凡夫對大慧宗杲禪師的無根誹謗。

平實導師著 共 458 頁 售價 350 元

27.**維摩詰經講記** 平實導師述 共六輯 每輯三百餘頁 售價各 250 元

28.**真假外道**—破劉東亮、杜大威、釋證嚴常見外道見　正光老師著　200 元

29.**勝鬘經講記**—兼論印順《勝鬘經講記》對於《勝鬘經》之誤解。

平實導師述　共六輯　每輯三百餘頁　售價250 元

30.**楞嚴經講記** 平實導師述 共 **15** 輯，每輯三百餘頁 售價 300 元

31.**明心與眼見佛性**—駁慧廣〈蕭氏「眼見佛性」與「明心」之非〉文中謬說

正光老師著　共 448 頁　售價 300 元

32.**見性與看話頭** 黃正倖老師 著，本書是禪宗參禪的方法論。

內文 375 頁，全書 416 頁，售價 300 元。

33.**達賴真面目**—玩盡天下女人 白正偉老師 等著 中英對照彩色精裝大本 800 元
34.**喇嘛性世界**—揭開假藏傳佛教譚崔瑜伽的面紗　張善思 等人著　200 元
35.**假藏傳佛教的神話**—性、謊言、喇嘛教　正玄教授編著　200 元
36.**金剛經宗通**　平實導師述　共九輯　每輯售價 250 元。
37.**空行母**—性別、身分定位，以及藏傳佛教。
珍妮・坎貝爾著 呂艾倫 中譯 售價 250 元
38.**末代達賴**—性交教主的悲歌　張善思、呂艾倫、辛燕編著 售價 250 元
39.**霧峰無霧**—給哥哥的信　辨正釋印順對佛法的無量誤解
游宗明 老師著　售價 250 元
40.**第七意識與第八意識？**—穿越時空「超意識」
平實導師述　每冊 300 元
41.**黯淡的達賴**—失去光彩的諾貝爾和平獎
正覺教育基金會編著　每冊 250 元
42.**童女迦葉考**—論呂凱文〈佛教輪迴思想的論述分析〉之謬。
平實導師 著 定價 180 元
43.**人間佛教**—實證者必定不悖三乘菩提
平實導師 述，定價 400 元
44.**實相經宗通**　平實導師述　共八輯　每輯 250 元
45.**真心告訴您(一)**—達賴喇嘛在幹什麼？
正覺教育基金會編著　售價 250 元
46.**中觀金鑑**—詳述應成派中觀的起源與其破法本質
孫正德老師著　分爲上、中、下三冊，每冊 250 元
47.**佛法入門**—迅速進入三乘佛法大門，消除久學佛法漫無方向之窘境。
○○居士著　將於正覺電子報連載後出版。售價 250 元
48.**藏傳佛教要義**—《狂密與真密》之簡體字版　平實導師 著 上、下冊
僅在大陸流通　每冊 300 元
49.**法華經講義**　平實導師述　共二十五輯　每輯 300 元
已於 2015/05/31 起開始出版，每二個月出版一輯
50.**西藏「活佛轉世」制度**—附佛、造神、世俗法
許正豐、張正玄老師合著　定價 150 元
51.**廣論三部曲**　郭正益老師著　定價 150 元
52.**真心告訴您(二)**—達賴喇嘛是佛教僧侶嗎？
—補祝達賴喇嘛八十大壽
正覺教育基金會編著　售價 300 元
53.**廣論之平議**—宗喀巴《菩提道次第廣論》之平議　正雄居士著
約二或三輯　俟正覺電子報連載後結集出版　書價未定
54.**末法導護**—對印順法師中心思想之綜合判攝　正慶老師著　書價未定
55.**菩薩學處**—菩薩四攝六度之要義　陸正元老師著　出版日期未定。
56.**八識規矩頌**詳解　○○居士 註解　出版日期另訂　書價未定。

57.**印度佛教史**—法義與考證。依法義史實評論印順《印度佛教思想史、佛教史地考論》之謬說　正偉老師著　出版日期未定　書價未定

58.**中國佛教史**—依中國佛教正法史實而論。○○老師 著　書價未定。

59.**中論正義**—釋龍樹菩薩《中論》頌正理。

孫正德老師著　出版日期未定　書價未定

60.**中觀正義**—註解平實導師《中論正義頌》。

○○法師（居士）著　出版日期未定　書價未定

61.**佛藏經講記**　平實導師述　出版日期未定　書價未定

62.**阿含經講記**—將選錄四阿含中數部重要經典全經講解之，講後整理出版。

平實導師述　約二輯　每輯300元　出版日期未定

63.**寶積經講記**　平實導師述　每輯三百餘頁 優惠價300元 出版日期未定

64.**解深密經講記**　平實導師述 約四輯　將於重講後整理出版

65.**成唯識論略解**　平實導師著　五～六輯　每輯300元　出版日期未定

66.**修習止觀坐禪法要講記**　平實導師述　每輯三百餘頁

將於正覺寺建成後重講、以講記逐輯出版　出版日期未定

67.**無門關**—《無門關》公案拈提　平實導師著　出版日期未定

68.**中觀再論**—兼述印順《中觀今論》謬誤之平議。正光老師著 出版日期未定

69.**輪迴與超度**—佛教超度法會之真義。

○○法師（居士）著　出版日期未定　書價未定

70.**《釋摩訶衍論》平議**—對偽稱龍樹所造《釋摩訶衍論》之平議

○○法師（居士）著　出版日期未定　書價未定

71.**正覺發願文**註解—以真實大願為因 得證菩提

正德老師著　出版日期未定　書價未定

72.**正覺總持咒**—佛法之總持　正圜老師著　出版日期未定　書價未定

73.**涅槃**—論四種涅槃　平實導師著　出版日期未定　書價未定

74.**三自性**—依四食、五蘊、十二因緣、十八界法，說三性三無性。

作者未定　出版日期未定

75.**道品**—從三自性說大小乘三十七道品　作者未定　出版日期未定

76.**大乘緣起觀**—依四聖諦七真如現觀十二緣起 作者未定　出版日期未定

77.**三德**—論解脫德、法身德、般若德。　作者未定　出版日期未定

78.**真假如來藏**—對印順《如來藏之研究》謬說之平議　作者未定 出版日期未定

79.**大乘道次第**　作者未定　出版日期未定　書價未定

80.**四緣**—依如來藏故有四緣。　作者未定　出版日期未定

81.**空之探究**—印順《空之探究》謬誤之平議　作者未定 出版日期未定

82.**十法義**—論阿含經中十法之正義　作者未定　出版日期未定

83.**外道見**—論述外道六十二見　作者未定　出版日期未定

正智出版社有限公司　書籍介紹

禪淨圓融：言淨土諸祖所未曾言，示諸宗祖師所未曾示；禪淨圓融，另闢成佛捷徑，兼顧自力他力，闡釋淨土門之速行易行道，亦同時揭櫫聖教門之速行易行道；令廣大淨土行者得免緩行難證之苦，亦令聖道門行者得以藉著淨土速行道而加快成佛之時劫。乃前無古人之超勝見地，非一般弘揚禪淨法門典籍也，先讀爲快。平實導師著　200元。

宗門正眼—公案拈提第一輯：繼承克勤圜悟大師碧巖錄宗旨之禪門鉅作。先則舉示當代大法師之邪說，消弭當代禪門大師鄉愿之心態，摧破當今禪門「世俗禪」之妄談；次則旁通教法，表顯宗門正理；繼以道之次第，消弭古今狂禪；後藉言語及文字機鋒，直示宗門入處。悲智雙運，禪味十足，數百年來難得一睹之禪門鉅著也。平實導師著　500元（原初版書《禪門摩尼寶聚》，改版後補充爲五百餘頁新書，總計多達二十四萬字，內容更精彩，並改名爲《宗門正眼》，讀者原購初版《禪門摩尼寶聚》皆可寄回本公司免費換新，免附回郵，亦無截止期限）（2007年起，凡購買公案拈提第一輯至第七輯，每購一輯皆贈送本公司精製公案拈提〈超意境〉CD一片，市售價格280元，多購多贈）。

禪—悟前與悟後：本書能建立學人悟道之信心與正確知見，圓滿具足而有次第地詳述禪悟之功夫與禪悟之內容，指陳參禪中細微淆訛之處，能使學人明自眞心、見自本性。若未能悟入，亦能以正確知見辨別古今中外一切大師究係眞悟？或屬錯悟？便有能力揀擇，捨名師而選明師，後時必有悟道之緣。一旦悟道，遲者七次人天往返，便出三界，速者一生取辦。學人欲求開悟者，不可不讀。　平實導師著。上、下冊共500元，單冊250元。

真實如來藏：如來藏眞實存在，乃宇宙萬有之本體，並非印順法師、達賴喇嘛等人所說之「唯有名相、無此心體」。如來藏是涅槃之本際，是一切有智之人竭盡心智、不斷探索而不能得之生命實相；是古今中外許多大師自以爲悟而當面錯過之生命實相。如來藏即是阿賴耶識，乃是一切有情本自具足、不生不滅之眞實心。當代中外大師於此書出版之前所未能言者，作者於本書中盡情流露、詳細闡釋。眞悟者讀之，必能增益悟境、智慧增上；錯悟者讀之，必能檢討自己之錯誤，免犯大妄語業；未悟者讀之，能知參禪之理路，亦能以之檢查一切名師是否眞悟。此書是一切哲學家、宗教家、學佛者及欲昇華心智之人必讀之鉅著。　平實導師著　售價400元。

宗門法眼—公案拈提第二輯：列舉實例，闡釋土城廣欽老和尚之悟處；並直示這位不識字的老和尚妙智橫生之根由，繼而剖析禪宗歷代大德之開悟公案，解析當代密宗高僧卡盧仁波切之錯悟證據，並例舉當代顯宗高僧、大居士之錯悟證據（凡健在者，爲免影響其名聞利養，皆隱其名）。藉辨正當代名師之邪見，向廣大佛子指陳禪悟之正道，彰顯宗門法眼。悲勇兼出，強捋虎鬚；慈智雙運，巧探驪龍；摩尼寶珠在手，直示宗門入處，禪味十足；若非大悟徹底，不能爲之。禪門精奇人物，允宜人手一冊，供作參究及悟後印證之圭臬。本書於2008年4月改版，增寫爲大約500頁篇幅，以利學人研讀參究時更易悟入宗門正法，以前所購初版首刷及初版二刷舊書，皆可免費換取新書。平實導師著　500元（2007年起，凡購買公案拈提第一輯至第七輯，每購一輯皆贈送本公司精製公案拈提〈超意境〉CD一片，市售價格280元，多購多贈）。

宗門道眼—公案拈提第三輯：繼宗門法眼之後，再以金剛之作略、慈悲之胸懷、犀利之筆觸，舉示寒山、拾得、布袋三大士之悟處，消弭當代錯悟者對於寒山大士……等之誤會及誹謗。　亦舉出民初以來與虛雲和尚齊名之蜀郡鹽亭袁煥仙夫子——南懷瑾老師之師，其「悟處」何在？並蒐羅許多眞悟祖師之證悟公案，顯示禪宗歷代祖師之睿智，指陳部分祖師、奧修及當代顯密大師之謬悟，作爲殷鑑，幫助禪子建立及修正參禪之方向及知見。假使讀者閱此書已，一時尚未能悟，亦可一面加功用行，一面以此宗門道眼辨別眞假善知識，避開錯誤之印證及歧路，可免大妄語業之長劫慘痛果報。欲修禪宗之禪者，務請細讀。平實導師著　售價500元（2007年起，凡購買公案拈提第一輯至第七輯，每購一輯皆贈送本公司精製公案拈提〈超意境〉CD一片，市售價格280元，多購多贈）。

楞伽經詳解：本經是禪宗見道者印證所悟眞僞之根本經典，亦是禪宗見道者悟後起修之依據經典；故達摩祖師於印證二祖慧可大師之後，將此經典連同佛缽祖衣一併交付二祖，令其依此經典佛示金言、進入修道位，修學一切種智。由此可知此經對於眞悟之人修學佛道，是非常重要之一部經典。此經能破外道邪說，亦破佛門中錯悟名師之謬說，亦破禪宗部分祖師之狂禪：不讀經典、一向主張「一悟即成究竟佛」之謬執。並開示愚夫所行禪、觀察義禪、攀緣如禪、如來禪等差別，令行者對於三乘禪法差異有所分辨；亦糾正禪宗祖師古來對於如來禪之誤解，嗣後可免以訛傳訛之弊。此經亦是法相唯識宗之根本經典，禪者悟後欲修一切種智而入初地者，必須詳讀。 平實導師著，全套共十輯，已全部出版完畢，每輯主文約320頁，每冊約352頁，定價250元。

宗門血脈—公案拈提第四輯：末法怪象—許多修行人自以爲悟，每將無念靈知認作眞實；崇尚二乘法諸師及其徒衆，則將外於如來藏之緣起性空—無因論之無常空、斷滅空、一切法空—錯認爲 佛所說之般若空性。這兩種現象已於當今海峽兩岸及美加地區顯密大師之中普遍存在；人人自以爲悟，心高氣壯，便敢寫書解釋祖師證悟之公案，大多出於意識思惟所得，言不及義，錯誤百出，因此誤導廣大佛子同陷大妄語之地獄業中而不能自知。彼等書中所說之悟處，其實處處違背第一義經典之聖言量。彼等諸人不論是否身披袈裟，都非佛法宗門血脈，或雖有禪宗法脈之傳承，亦只徒具形式；猶如螟蛉，非眞血脈，未悟得根本眞實故。禪子欲知 佛、祖之眞血脈者，請讀此書，便知分曉。平實導師著，主文452頁，全書464頁，定價500元（2007年起，凡購買公案拈提第一輯至第七輯，每購一輯皆贈送本公司精製公案拈提〈超意境〉CD一片，市售價格280元，多購多贈）。

宗通與說通：古今中外，錯誤之人如麻似粟，每以常見外道所說之靈知心，認作眞心；或妄想虛空之勝性能量爲眞如，或錯認物質四大元素藉冥性（靈知心本體）能成就吾人色身及知覺，或認初禪至四禪中之了知心爲不生不滅之涅槃心。此等皆非通宗者之見地。復有錯悟之人一向主張「宗門與教門不相干」，此即尚未通達宗門之人也。其實宗門與教門互通不二，宗門所證者乃是眞如與佛性，教門所說者乃說宗門證悟之眞如佛性，故教門與宗門不二。本書作者以宗教二門互通之見地，細說「宗通與說通」，從初見道至悟後起修之道、細說分明；並將諸宗諸派在整體佛教中之地位與次第，加以明確之教判，學人讀之即可了知佛法之梗概也。欲擇明師學法之前，允宜先讀。平實導師著，主文共381頁，全書392頁，只售成本價300元。

宗門正道—公案拈提第五輯：修學大乘佛法有二果須證—解脫果及大菩提果。二乘人不證大菩提果，唯證解脫果；此果之智慧，名爲聲聞菩提、緣覺菩提。大乘佛子所證二果之菩提果爲佛菩提，故名大菩提果，其慧名爲一切種智—函蓋二乘解脫果。然此大乘二果修證，須經由禪宗之宗門證悟方能相應。而宗門證悟極難，自古已然；其所以難者，咎在古今佛教界普遍存在三種邪見：1.以修定認作佛法，2.以無因論之緣起性空—否定涅槃本際如來藏以後之一切法空作爲佛法。3.以常見外道邪見（離語言妄念之靈知性）作爲佛法。如是邪見，或因自身正見未立所致，或因邪師之邪教導所致，或因無始劫來虛妄熏習所致。若不破除此三種邪見，永劫不悟宗門眞義、不入大乘正道，唯能外門廣修菩薩行。平實導師於此書中，有極爲詳細之說明，有志佛子欲摧邪見、入於內門修菩薩行者，當閱此書。主文共496頁，全書512頁。售價500元（2007年起，凡購買公案拈提第一輯至第七輯，每購一輯皆贈送本公司精製公案拈提〈超意境〉CD一片，市售價格280元，多購多贈）。

狂密與眞密：密教之修學，皆由有相之觀行法門而入，其最終目標仍不離顯教經典所說第一義諦之修證；若離顯教第一義經典、或違背顯教第一義經典，即非佛教。西藏密教之觀行法，如灌頂、觀想、遷識法、寶瓶氣、大聖歡喜雙身修法、喜金剛、無上瑜伽、大樂光明、樂空雙運等，皆是印度教兩性生生不息思想之轉化，自始至終皆以如何能運用交合淫樂之法達到全身受樂爲其中心思想，純屬欲界五欲的貪愛，不能令人超出欲界輪迴，更不能令人斷除我見；何況大乘之明心與見性，更無論矣！故密宗之法絕非佛法也。而其明光大手印、大圓滿法教，又皆同以常見外道所說離語言妄念之無念靈知心錯認爲佛地之眞如，不能直指不生不滅之眞如。西藏密宗所有法王與徒衆，都尚未開頂門眼，不能辨別眞僞，以依人不依法、依密續不依經典故，不肯將其上師喇嘛所說對照第一義經典，純依密續之藏密祖師所說爲準，因此而誇大其證德與證量，動輒謂彼祖師上師爲究竟佛、爲地上菩薩；如今台海兩岸亦有自謂其師證量高於釋迦文佛者，然觀其師所述，猶未見道，仍在觀行即佛階段，尚未到禪宗相似即佛、分證即佛階位，竟敢標榜爲究竟佛及地上法王，誑惑初機學人。凡此怪象皆是狂密，不同於眞密之修行者。近年狂密盛行，密宗行者被誤導者極衆，動輒自謂已證佛地眞如，自視爲究竟佛，陷於大妄語業中而不知自省，反謗顯宗眞修實證者之證量粗淺；或如義雲高與釋性圓…等人，於報紙上公然誹謗眞實證道者爲「騙子、無道人、人妖、癩蛤蟆…」等，造下誹謗大乘勝義僧之大惡業；或以外道法中有爲有作之甘露、魔術……等法，誑騙初機學人，狂言彼外道法爲眞佛法。如是怪象，在西藏密宗及附藏密之外道中，不一而足，舉之不盡，學人宜應愼思明辨，以免上當後又犯毀破菩薩戒之重罪。密宗學人若欲遠離邪知邪見者，請閱此書，即能了知密宗之邪謬，從此遠離邪見與邪修，轉入眞正之佛道。平實導師著 共四輯 每輯約400頁（主文約340頁）每輯售價300元。

宗門正義—公案拈提第六輯：佛教有六大危機，乃是藏密化、世俗化、膚淺化、學術化、宗門密意失傳、悟後進修諸地之次第混淆；其中尤以宗門密意之失傳，爲當代佛教最大之危機。由宗門密意失傳故，易令 世尊本懷普被錯解，易令 世尊正法被轉易爲外道法，以及加以淺化、世俗化，是故宗門密意之廣泛弘傳與具緣佛弟子，極爲重要。然而欲令宗門密意之廣泛弘傳予具緣之佛弟子者，必須同時配合錯誤知見之解析、普令佛弟子知之，然後輔以公案解析之直示入處，方能令具緣之佛弟子悟入。而此二者，皆須以公案拈提之方式爲之，方易成其功、竟其業，是故平實導師續作宗門正義一書，以利學人。　全書500餘頁，售價500元（2007年起，凡購買公案拈提第一輯至第七輯，每購一輯皆贈送本公司精製公案拈提〈超意境〉CD一片，市售價格280元，多購多贈）。

心經密意—心經與解脫道、佛菩提道、祖師公案之關係與密意。　二乘菩提所證之解脫道，實依第八識心之斷除煩惱障現行而立解脫之名；大乘菩提所證之佛菩提道，實依親證第八識如來藏之涅槃性、清淨自性、及其中道性而立般若之名；禪宗祖師公案所證之眞心，即是此第八識如來藏；是故三乘佛法所修所證之三乘菩提，皆依此如來藏心而立名也。此第八識心，即是《心經》所說之心也。證得此如來藏已，即能漸入大乘佛菩提道，亦可因證知此心而了知二乘無學所不能知之無餘涅槃本際，是故《心經》之密意，與三乘佛菩提之關係極爲密切、不可分割，三乘佛法皆依此心而立名故。今者平實導師以其所證解脫道之無生智及佛菩提之般若種智，將《心經》與解脫道、佛菩提道、祖師公案之關係與密意，以演講之方式，用淺顯之語句和盤托出，發前人所未言，呈三乘菩提之眞義，令人藉此《心經密意》一舉而窺三乘菩提之堂奧，迥異諸方言不及義之說；欲求眞實佛智者、不可不讀！主文317頁，連同跋文及序文…等共384頁，售價300元。

宗門密意—公案拈提第七輯：佛教之世俗化，將導致學人以信仰作爲學佛，則將以感應及世間法之庇祐，作爲學佛之主要目標，不能了知學佛之主要目標爲親證三乘菩提。大乘菩提則以般若實相智慧爲主要修習目標，以二乘菩提解脫道爲附帶修習之標的；是故學習大乘法者，應以禪宗之證悟爲要務，能親入大乘菩提之實相般若智慧中故，般若實相智慧非二乘聖人所能知故。此書則以台灣世俗化佛教之三大法師，說法似是而非之實例，配合眞悟祖師之公案解析，提示證悟般若之關節，令學人易得悟入。平實導師著，全書五百餘頁，售價500元（2007年起，凡購買公案拈提第一輯至第七輯，每購一輯皆贈送本公司精製公案拈提〈超意境〉CD一片，市售價格280元，多購多贈）。

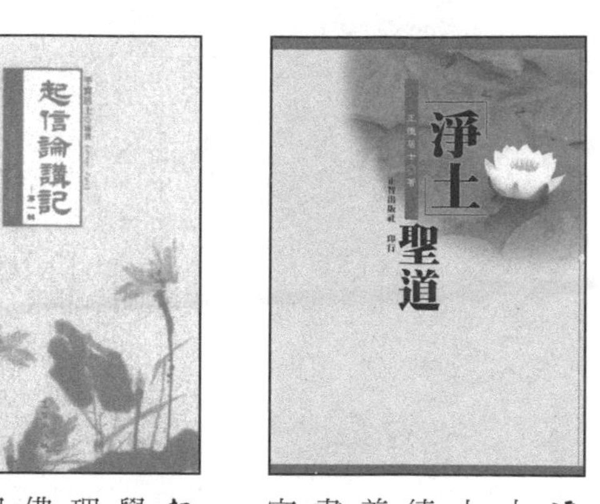

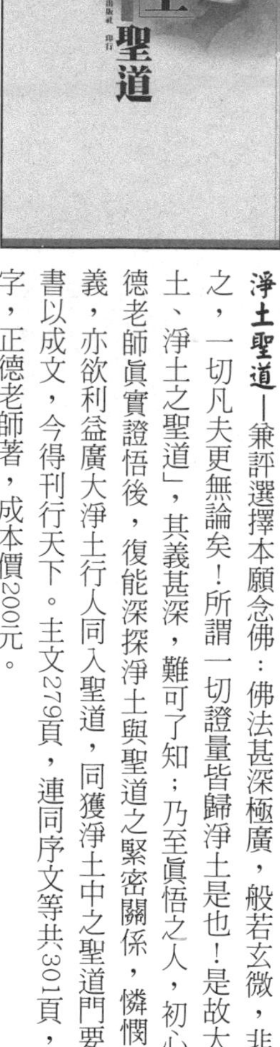

淨土聖道—兼評選擇本願念佛：佛法甚深極廣，般若玄微，非諸二乘聖僧所能知之，一切凡夫更無論矣！所謂一切證量皆歸淨土是也！是故大乘法中「聖道之淨土、淨土之聖道」，其義甚深，難可了知；乃至眞悟之人，初心亦難知也。今有正德老師眞實證悟後，復能深探淨土與聖道之緊密關係，憐憫衆生之誤會淨土實義，亦欲利益廣大淨土行人同入聖道，同獲淨土中之聖道門要義，乃振奮心神、書以成文，今得刊行天下。主文279頁，連同序文等共301頁，總有十一萬六千餘字，正德老師著，成本價200元。

起信論講記：詳解大乘起信論心生滅門與心眞如門之眞實意旨，消除以往大師與學人對起信論所說心生滅門之誤解，由是而得了知眞心如來藏之非常非斷中道正理；亦因此一講解，令此論以往隱晦而被誤解之眞實義，得以如實顯示，令大乘佛菩提道之正理得以顯揚光大；初機學者亦可藉此正論所顯示之法義，對大乘法理生起正信，從此得以眞發菩提心，眞入大乘法中修學，世世常修菩薩正行。平實導師演述，共六輯，都已出版，每輯三百餘頁，售價各250元。

優婆塞戒經講記：本經詳述在家菩薩修學大乘佛法，應如何受持菩薩戒？對人間善行應如何看待？對三寶應如何護持？應如何正確地修集此世後世證法之福德？應如何修集後世「行菩薩道之資糧」？並詳述第一義諦之正義：五蘊非我非異我、自作自受、異作異受、不作不受……等深妙法義，乃是修學大乘佛法、行菩薩行之在家菩薩所應當了知者。出家菩薩今世或未來世登地已，捨報之後多數將如華嚴經中諸大菩薩，以在家菩薩身而修行菩薩行，故亦應以此經所述正理而修之，配合《楞伽經、解深密經、楞嚴經、華嚴經》等道次第正理，方得漸次成就佛道；故此經是一切大乘行者皆應證知之正法。平實導師講述，每輯三百餘頁，售價各250元；共八輯，已全部出版。

真假活佛—略論附佛外道盧勝彥之邪說：人人身中都有眞活佛，永生不滅而有大神用，但衆生都不了知，所以常被身外的西藏密宗假活佛籠罩欺瞞。本來就眞實存在的眞活佛，才是眞正的密宗無上密！諾那活佛因此而說禪宗是大密宗，但藏密的所有活佛都不知道、也不曾實證自身中的眞活佛。本書詳實宣示眞活佛的道理，舉證盧勝彥的「佛法」不是眞佛法，也顯示盧勝彥是假活佛，直接的闡釋第一義佛法見道的眞實正理。眞佛宗的所有上師與學人們，都應該詳細閱讀，包括盧勝彥個人在內。正犀居士著，優惠價140元。

阿含正義—唯識學探源：廣說四大部《阿含經》諸經中隱說之眞正義理，一一舉示佛陀本懷，令阿含時期初轉法輪根本經典之眞義，如實顯現於佛子眼前。並提示末法大師對於阿含眞義誤解之實例，一一比對之，證實唯識增上慧學確於原始佛法之阿含諸經中已隱覆密意而略說之，證實 世尊確於原始佛法中已曾密意而說第八識如來藏之總相；亦證實 世尊在四阿含中已說此藏識是名色十八界之因、之本—證明如來藏是能生萬法之根本心。佛子可據此修正以往受諸大師（譬如西藏密宗應成派中觀師：印順、昭慧、性廣、大願、達賴、宗喀巴、寂天、月稱、……等人）誤導之邪見，建立正見，轉入正道乃至親證初果而無困難；書中並詳說三果所證的心解脫，以及四果慧解脫的親證，都是如實可行的具體知見與行門。全書共七輯，已出版完畢。平實導師著，每輯三百餘頁，售價300元。

超意境CD：以平實導師公案拈提書中超越意境之頌詞，加上曲風優美的旋律，錄成令人嚮往的超意境歌曲，其中包括正覺發願文及平實導師親自譜成的黃梅調歌曲一首。詞曲雋永，殊堪翫味，可供學禪者吟詠，有助於見道。內附設計精美的彩色小冊，解說每一首詞的背景本事。每片280元。【每購買公案拈提書籍一冊，即贈送一片。】

我的菩提路第一輯：凡夫及二乘聖人不能實證的佛菩提證悟，末法時代的今天仍然有人能得實證，由正覺同修會釋悟圓、釋善藏法師等二十餘位實證如來藏者所寫的見道報告，已爲當代學人見證宗門正法之絲縷不絕，證明大乘義學的法脈仍然存在，爲末法時代求悟般若之學人照耀出光明的坦途。由二十餘位大乘見道者所繕，敘述各種不同的學法、見道因緣與過程，參禪求悟者必讀。全書三百餘頁，售價300元。

我的菩提路第二輯：由郭正益老師等人合著，書中詳述彼等諸人歷經各處道場學法，一一修學而加以檢擇之不同過程以後，因閱讀正覺同修會、正智出版社書籍而發起抉擇分，轉入正覺同修會中修學；乃至學法及見道之過程，都一一詳述之。其中張志成等人係由前現代禪轉進正覺同修會，張志成原爲現代禪副宗長，以前未閱本會書籍時，曾被人藉其名義著文評論 平實導師（詳見《宗通與說通》辨正及《眼見佛性》書末附錄…等）；後因偶然接觸正覺同修會書籍，深覺以前聽人評論平實導師之語不實，於是投入極多時間閱讀本會書籍、深入思辨，詳細探索中觀與唯識之關聯與異同，認爲正覺之法義方是正法，深覺相應；亦解開多年來對佛法的迷雲，確定應依八識論正理修學方是正法。乃不顧面子，毅然前往正覺同修會面見平實導師懺悔，並正式學法求悟。今已與其同修王美伶（亦爲前現代禪傳法老師），同樣證悟如來藏而證得法界實相，生起實相般若眞智。此書中尚有七年來本會第一位眼見佛性者之見性報告一篇，一同供養大乘佛弟子。全書四百頁，售價300元。

我的菩提路第三輯：由王美伶老師等人合著。自從正覺同修會成立以來，每年夏初、冬初都舉辦精進禪三共修，藉以助益會中同修們得以證悟明心發起般若實相智慧；凡已實證而被平實導師印證者，皆書具見道報告用以證明佛法之眞實可證而非玄學，證明佛法並非純屬思想、理論而無實質，是故每年都能有人證明正覺同修會的「實證佛教」主張並非虛語。特別是眼見佛性一法，自古以來中國禪宗祖師實證者極寡，較之明心開悟的證境更難令人信受；至2017年初，正覺同修會中的證悟明心者已近五百人，然而其中眼見佛性者至今唯十餘人爾，可謂難能可貴，是故明心後欲冀眼見佛性者實屬不易。黃正倖老師是懸絕七年無人見性後的第一人，她於2009年的見性報告刊於本書的第二輯中，爲大衆證明佛性確實可以眼見；其後七年之中求見性者都屬解悟佛性而無人眼見，幸而又經七年後的2016冬初，以及2017夏初的禪三，復有三人眼見佛性，希冀鼓舞四衆佛子求見佛性之大心，今則具載一則於書末，顯示求見佛性之事實經歷，供養現代佛教界欲得見性之四衆弟子。全書四百頁，售價300元，預定2017年6月30日發行。

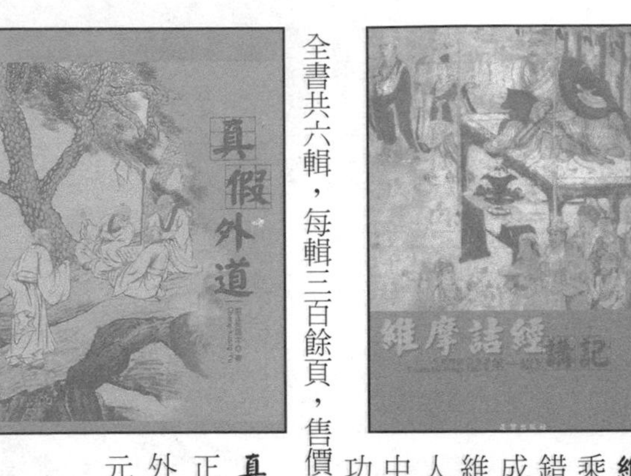

鈍鳥與靈龜：鈍鳥及靈龜二物，被宗門證悟者說爲二種人：前者是精修禪定而無智慧者，也是以定爲禪的愚癡禪人；後者是或有禪定、或無禪定的宗門證悟者，凡已證悟者皆是靈龜。但後來被人虛造事實，用以嘲笑大慧宗杲禪師，說他雖是靈龜，卻不免被天童禪師預記「患背」痛苦而亡：「鈍鳥離巢易，靈龜脫殼難。」藉以貶低大慧宗杲的證量。同時將天童禪師實證如來藏的證量，曲解爲意識境界的離念靈知。自從大慧禪師入滅以後，錯悟凡夫對他的不實毀謗就一直存在著，不曾止息，並且捏造的假事實也隨著年月的增加而越來越多，終至編成「鈍鳥與靈龜」的假公案、假故事。本書是考證大慧與天童之間的不朽情誼，顯現這件假公案的虛妄不實；更見大慧宗杲面對惡勢力時的正直不阿，亦顯示大慧對天童禪師的至情深義，將使後人對大慧宗杲的誣謗至此而止，不再有人誤犯毀謗賢聖的惡業。書中亦舉證宗門的所悟確以第八識如來藏爲標的，詳讀之後必可改正以前被錯悟大師誤導的參禪知見，日後必定有助於實證禪宗的開悟境界，得階大乘眞見道位中，即是實證般若之賢聖。全書459頁，售價350元。

維摩詰經講記：本經係 世尊在世時，由等覺菩薩維摩詰居士藉疾病而演說之大乘菩提無上妙義，所說函蓋甚廣，然極簡略，是故今時諸方大師與學人讀之悉皆錯解，何況能知其中隱含之深妙正義，是故普遍無法爲人解說；若強爲人說，則成依文解義而有諸多過失。今由平實導師公開宣講之後，詳實解釋其中密意，令維摩詰菩薩所說大乘不可思議解脫之深妙正法得以正確宣流於人間，利益當代學人及與諸方大師。書中詳實演述大乘佛法深妙不共二乘之智慧境界，顯示諸法之中絕待之實相境界，建立大乘菩薩妙道於永遠不敗不壞之地，以此成就護法偉功，欲冀永利娑婆人天。已經宣講圓滿整理成書流通，以利諸方大師及諸學人。全書共六輯，每輯三百餘頁，售價各250元。

真假外道：本書具體舉證佛門中的常見外道知見實例，並加以教證及理證上的辨正，幫助讀者輕鬆而快速的了知常見外道的錯誤知見，進而遠離佛門內外的常見外道知見，因此即能改正修學方向而快速實證佛法。游正光老師著　。成本價200元。

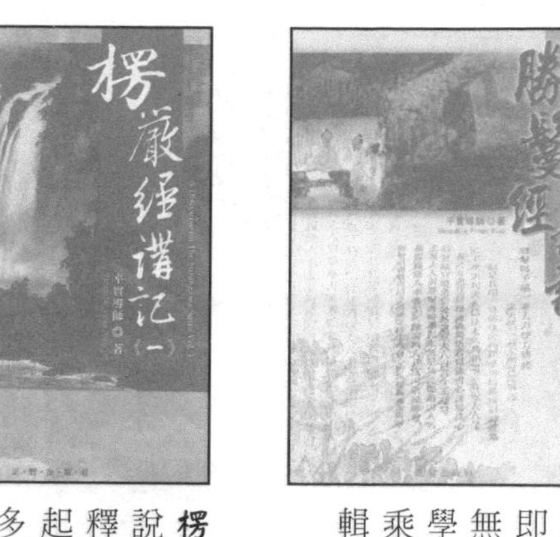

勝鬘經講記：如來藏爲三乘菩提之所依，若離如來藏心體及其含藏之一切種子，即無三界有情及一切世間法，亦無二乘菩提緣起性空之出世間法；本經詳說無始無明、一念無明皆依如來藏而有之正理，藉著詳解煩惱障與所知障間之關係，令學人深入了知二乘菩提與佛菩提相異之妙理；聞後即可了知佛菩提之特勝處及三乘修道之方向與原理，邁向攝受正法而速成佛道的境界中。平實導師講述，共六輯，每輯三百餘頁，售價各250元。

楞嚴經講記：楞嚴經係密教部之重要經典，亦是顯教中普受重視之經典；經中宣說明心與見性之內涵極爲詳細，將一切法都會歸如來藏及佛性—妙眞如性；亦闡釋佛菩提道修學過程中之種種魔境，以及外道誤會涅槃之狀況，旁及三界世間之起源。然因言句深澀難解，法義亦復深妙寬廣，學人讀之普難通達，是故讀者大多誤會，不能如實理解佛所說之明心與見性內涵，亦因是故多有悟錯之人引爲開悟之證言，成就大妄語罪。今由平實導師詳細講解之後，整理成文，以易讀易懂之語體文刊行天下，以利學人。全書十五輯，全部出版完畢。每輯三百餘頁，售價每輯300元。

明心與眼見佛性：本書細述明心與眼見佛性之異同，同時顯示了中國禪宗破初參明心與重關眼見佛性二關之間的關聯；書中又藉法義辨正而旁述其他許多勝妙法義，讀後必能遠離佛門長久以來積非成是的錯誤知見，令讀者在佛法的實證上有極大助益。也藉慧廣法師的謬論來教導佛門學人回歸正知正見，遠離古今禪門錯悟者所墮的意識境界，非唯有助於斷我見，也對未來的開悟明心實證第八識如來藏有所助益，是故學禪者都應細讀之。游正光老師著　共448頁　售價300元。

菩薩底憂鬱CD：將菩薩情懷及禪宗公案寫成新詞，並製作成超越意境的優美歌曲。1.主題曲〈菩薩底憂鬱〉，描述地後菩薩能離三界生死而迴向繼續生在人間，但因尚未斷盡習氣種子而有極深沈之憂鬱，非三賢位菩薩及二乘聖者所知，此憂鬱在七地滿心位方才斷盡；本曲之詞中所說義理極深，昔來所未曾見；此曲係以優美的情歌風格寫詞及作曲，聞者得以激發嚮往諸地菩薩境界之大心，詞、曲都非常優美，難得一見；其中勝妙義理之解說，已印在附贈之彩色小冊中。2.以各輯公案拈提中直示禪門入處之頌文，作成各種不同曲風之超意境歌曲，值得玩味、參究；聆聽公案拈提之優美歌曲時，請同時閱讀內附之印刷精美說明小冊，可以領會超越三界的證悟境界；未悟者可以因此引發求悟之意向及疑情，眞發菩提心而邁向求悟之途，乃至因此眞實悟入般若，成眞菩薩。3.正覺總持咒新曲，總持佛法大意；總持咒之義理，已加以解說並印在隨附之小冊中。本CD共有十首歌曲，長達63分鐘，附贈二張購書優惠券。每片280元。

禪意無限CD：平實導師以公案拈提書中偈頌寫成不同風格曲子，與他人所寫不同風格曲子共同錄製出版，幫助參禪人進入禪門超越意識之境界。盒中附贈彩色印製的精美解說小冊，以供聆聽時閱讀，令參禪人得以發起參禪之疑情，即有機會證悟本來面目，實證大乘菩提般若。本CD共有十首歌曲，長達69分鐘，每盒各附贈二張購書優惠券。每片280元。

金剛經宗通：三界唯心，萬法唯識，是成佛之修證內容，是諸地菩薩之所修；般若則是成佛之道（實證三界唯心、萬法唯識）的入門，若未證悟實相般若，即無成佛之可能，必將永在外門廣行菩薩六度，永在凡夫位中。然而實相般若的發起，全賴實證萬法的實相；若欲證知萬法的眞相，則必須探究萬法之所從來，則須實證自心如來—金剛心如來藏，然後現觀這個金剛心的金剛性、眞實性、如如性、清淨性、涅槃性、能生萬法的自性性、本住性，名爲證眞如；進而現觀三界六道唯是此金剛心所成，人間萬法須藉八識心王和合運作方能現起。如是實證

《華嚴經》的「三界唯心、萬法唯識」以後，由此等現觀而發起實相般若智慧，繼續進修第十住位的如幻觀、第十行位的陽焰觀、第十迴向位的如夢觀，再生起增上意樂而勇發十無盡願，方能滿足三賢位的實證，轉入初地；自知成佛之道而無偏倚，從此按部就班、次第進修乃至成佛。第八識自心如來是般若智慧之所依，般若智慧的修證則要從實證金剛心自心如來開始；《金剛經》則是解說自心如來之經典，是一切三賢位菩薩所應進修之實相般若經典。這一套書，是將平實導師宣講的《金剛經宗通》內容，整理成文字而流通之；書中所說義理，迥異古今諸家依文解義之說，指出大乘見道方向與理路，有益於禪宗學人求開悟見道，及轉入內門廣修六度萬行。講述完畢後結集出版，總共9輯，每輯約三百餘頁，售價各250元。

空行母—性別、身分定位，以及藏傳佛教：本書作者為蘇格蘭哲學家，因為嚮往佛教深妙的哲學內涵，於是進入當年盛行於歐美的假藏傳佛教密宗，擔任卡盧仁波切的翻譯工作多年以後，被邀請成為卡盧的空行母（又名佛母、明妃），開始了她在密宗裡的實修過程；後來發覺在密宗雙身法中的修行，其實無法使自己成佛，也發覺密宗對女性岐視而處處貶抑，並剝奪女性在雙身法中擔任一半角色時應有的身分定位。當她發覺自己只是雙身法中被喇嘛利用的工具，沒有獲得絲毫應有的尊重與基本定位時，發現了密宗的父權社會控制女性的本質；於是作者傷心地離開了卡盧仁波切與密宗，但是卻被恐嚇不許講出她在密宗裡的經歷，也不許她說出自己對密宗的教義與教制下對女性剝削的本質，否則將被咒殺死亡。後來她去加拿大定居，十餘年後方才擺脫這個恐嚇陰影，下定決心將親身經歷的實情及觀察到的事實寫下來並且出版，公諸於世。出版之後，她被流亡的達賴集團人士大力攻訐，誣指她為精神狀態失常、說謊……等。但有智之士並未被達賴集團的政治操作及各國政府政治運作吹捧達賴的表相所欺，使她的書銷售無阻而又再版。正智出版社鑑於作者此書是親身經歷的事實，所說具有針對「藏傳佛教」而作學術研究的價值，也有使人認清假藏傳佛教剝削佛母、明妃的男性本位實質，因此洽請作者同意中譯而出版於華人地區。珍妮·坎貝爾女士著，呂艾倫 中譯，每冊250元。

霧峰無霧—給哥哥的信 本書作者藉兄弟之間信件往來論義，略述佛法大義；並以多篇短文辨義，舉出釋印順對佛法的無量誤解證據，並一一給予簡單而清晰的辨正，令人一讀即知。久讀、多讀之後即能認清楚釋印順的六識論見解，與眞實佛法之牴觸是多麼嚴重；於是在久讀、多讀之後，於不知不覺之間提升了對佛法的極深入理解，正知正見就在不知不覺間建立起來了。當三乘佛法的正知見建立起來之後，對於三乘菩提的見道條件便將隨之具足，於是聲聞解脫道的見道也就水到渠成；接著大乘見道的因緣也將次第成熟，未來自然也會有親見大乘菩提之道的因緣，悟入大乘實相般若也將自然成功，自能通達般若系列諸經而成實義菩薩。作者居住於南投縣霧峰鄉，自喻見道之後不復再見霧峰之霧，故鄉原野美景一一明見，於是立此書名為《霧峰無霧》；讀者若欲撥霧見月，可以此書為緣。游宗明 老師著 售價250元。

假藏傳佛教的神話—性、謊言、喇嘛教：本書編著者是由一首名叫「阿姊鼓」的歌曲為緣起，展開了序幕，揭開假藏傳佛教—喇嘛教—的神秘面紗。其重點是蒐集、摘錄網路上質疑「喇嘛教」的帖子，以揭穿「假藏傳佛教的神話」為主題，串聯成書，並附加彩色插圖以及說明，讓讀者們瞭解西藏密宗及相關人事如何被操作為「神話」的過程，以及神話背後的眞相。作者：張正玄教授。售價200元。

達賴真面目—玩盡天下女人：假使您不想戴綠帽子，請記得詳細閱讀此書；假使您不想讓好朋友戴綠帽子，請您將此書介紹給您的好朋友。假使您想保護家中的女性，也想要保護好朋友的女眷，請記得將此書送給家中的女性和好友的女眷都來閱讀。本書為印刷精美的大本彩色中英對照精裝本，為您揭開達賴喇嘛的眞面目，內容精彩不容錯過，為利益社會大眾，特別以優惠價格嘉惠所有讀者。編著者：白志偉等。大開版雪銅紙彩色精裝本。售價800元。

童女迦葉考—論呂凱文〈佛教輪迴思想的論述分析〉之謬：童女迦葉是佛世率領五百大比丘遊行於人間的歷史事實，是以童貞行而依止菩薩戒弘化於人間的大菩薩，不依別解脫戒（聲聞戒）來弘化於人間。這是大乘佛教與聲聞佛教同時存在於佛世的歷史明證，證明大乘佛教不是從聲聞法中分裂出來的部派佛教的產物，卻是聲聞佛教分裂出來的部派佛教聲聞凡夫僧所不樂見的史實；於是古今聲聞法中的凡夫都欲加以扭曲而作詭說，更是末法時代高聲大呼「大乘非佛說」的六識論聲聞凡夫極力想要扭曲的佛教史實之一，於是想方設法扭曲迦葉菩薩爲聲聞僧，以及扭曲迦葉童女爲比丘僧等荒謬不實之論著便陸續出現，古時聲聞僧寫作的《分別功德論》是最具體之事例，現代之代表作則是呂凱文先生的〈佛教輪迴思想的論述分析〉論文。鑑於如是假藉學術考證以籠罩大衆之不實謬論，未來仍將繼續造作及流竄於佛教界，繼續扼殺大乘佛教學人法身慧命，必須舉證辨正之，遂成此書。平實導師 著，每冊180元。

末代達賴—性交教主的悲歌：簡介從藏傳僞佛教（喇嘛教）的修行核心—性力派男女雙修，探討達賴喇嘛及藏傳僞佛教的修行內涵。書中引用外國知名學者著作、世界各地新聞報導，包含：歷代達賴喇嘛的祕史、達賴六世修雙身法的事蹟，以及《時輪續》中的性交灌頂儀式……等；達賴喇嘛書中開示的雙修法、達賴喇嘛的黑暗政治手段；達賴喇嘛所領導的寺院爆發喇嘛性侵兒童；新聞報導《西藏生死書》作者索甲仁波切性侵女信徒、澳洲喇嘛秋達公開道歉、美國最大假藏傳佛教組織領導人邱陽創巴仁波切的性氾濫，等等事件背後眞相的揭露。作者：張善思、呂艾倫、辛燕。售價250元。

黯淡的達賴—失去光彩的諾貝爾和平獎：本書舉出很多證據與論述，詳述達賴喇嘛不爲世人所知的一面，顯示達賴喇嘛並不是眞正的和平使者，而是假借諾貝爾和平獎的光環來欺騙世人；透過本書的說明與舉證，讀者可以更清楚的瞭解，達賴喇嘛是結合暴力、黑暗、淫欲於喇嘛教裡的集團首領，其政治行爲與宗教主張，早已讓諾貝爾和平獎的光環染污了。　本書由財團法人正覺教育基金會寫作、編輯，由正覺出版社印行，每冊250元。

第七意識與第八意識？—穿越時空「超意識」：「三界唯心，萬法唯識」是佛教中應該實證的聖教，也是《華嚴經》中明載而可以實證的法界實相。唯心者，三界一切境界、一切諸法唯是一心所成就，即是每一個有情的第八識如來藏，不是意識心。唯識者，即是人類各各都具足的八識心王——眼識、耳鼻舌身意識、意根、阿賴耶識，第八阿賴耶識又名如來藏，人類五陰相應的萬法，莫不由八識心王共同運作而成就，故說萬法唯識。依聖教量及現量、比量，都可以證明意識是二法因緣生，是由第八識藉意根與法塵二法爲因緣而出生，又是夜夜斷滅不存之生滅心，即無可能反過來出生第七識意根、第八識如來藏，當知不可能從生滅性的意識心中，細分出恆審思量的第七識意根，更無可能細分出恆而不審的第八識如來藏。本書是將演講內容整理成文字，細說如是內容，並已在〈正覺電子報〉連載完畢，今彙集成書以廣流通，欲幫助佛門有緣人斷除意識我見，跳脫於識陰之外而取證聲聞初果；嗣後修學禪宗時即得不墮外道神我之中，得以求證第八識金剛心而發起般若實智。平實導師 述，每冊300元。

中觀金鑑—詳述應成派中觀的起源與其破法本質：學佛人往往迷於中觀學派之不同學說，被應成派與自續派所迷惑；修學般若中觀二十年後自以爲實證般若中觀了，卻仍不曾入門，甫聞實證般若中觀者之所說，則茫無所知，迷惑不解；隨後信心盡失，不知如何實證佛法；凡此，皆因惑於這二派中觀學說所致。自續派中觀所說同於常見，以意識境界立爲第八識如來藏之境界，應成派所說則同於斷見，但又同立意識爲常住法，故亦具足斷常二見。今者孫正德老師有鑑於此，乃將起源於密宗的應成派中觀學說，追本溯源，詳考其來源之外，亦一一舉證其立論內容，詳加辨正，令密宗雙身法祖師以識陰境界而造之應成派中觀學說本質，詳細呈現於學人眼前，令其維護雙身法之目的無所遁形。若欲遠離密宗此二大派中觀謬說，欲於三乘菩提有所進道者，允宜具足閱讀並細加思惟，反覆讀之以後將可捨棄邪道返歸正道，則於般若之實證即有可能，證後自能現觀如來藏之中道境界而成就中觀。本書分上、中、下三冊，每冊250元，全部出版完畢。

人間佛教—實證者必定不悖三乘菩提：「大乘非佛說」的講法似乎流傳已久，卻只是日本人企圖擺脫中國正統佛教的影響，而在明治維新時期才開始提出來的說法；台灣佛教、大陸佛教的淺學無智之人，由於未曾實證佛法而迷信日本人錯誤的學術考證，錯認為這些別有用心的日本佛學考證的講法為天竺佛教的眞實歷史；甚至還有更激進的反對佛教者提出「釋迦牟尼佛並非眞實存在，只是後人捏造的假歷史人物」，竟然也有少數人願意跟著「學術」的假光環而信受不疑，於是開始有一些佛教界人士造作了反對中國佛教而推崇南洋小乘佛教的行為，使佛教的信仰者難以檢擇，導致一般大陸人士開始轉入基督教的盲目迷信中。在這些佛教及外教人士之中，也就有一分人根據此邪說而大聲主張「大乘非佛說」的謬論，這些人以「人間佛教」的名義來抵制中國正統佛教，公然宣稱中國的大乘佛教是由聲聞部派佛教的凡夫僧所創造出來的。這樣的說法流傳於台灣及大陸佛教界凡夫僧之中已久，卻非眞正的佛教歷史中曾經發生過的事，只是繼承六識論的聲聞法中凡夫僧依自己的意識境界立場，純憑臆想而編造出來的妄想說法，卻已經影響許多無智之凡夫僧俗信受不移。本書則是從佛教的經藏法義實質及實證的現量內涵本質立論，證明大乘佛法本是佛說，是從《阿含正義》尚未說過的不同面向來討論「人間佛教」的議題，證明「大乘眞佛說」。閱讀本書可以斷除六識論邪見，迴入三乘菩提正道發起實證的因緣；也能斷除禪宗學人學禪時普遍存在之錯誤知見，對於建立參禪時的正知見有很深的著墨。平實導師　述，內文488頁，全書528頁，定價400元。

喇嘛性世界—揭開假藏傳佛教譚崔瑜伽的面紗：這個世界中的喇嘛，號稱來自世外桃源的香格里拉，穿著或紅或黃的喇嘛長袍，散布於我們的身邊傳教灌頂，吸引了無數的人嚮往學習；這些喇嘛虔誠地為大眾祈福，手中拿著寶杵（金剛）與寶鈴（蓮花），口中唸著咒語：「唵．嘛呢．叭咪．吽……」，咒語的意思是說：「我至誠歸命金剛杵上的寶珠伸向蓮花寶穴之中」！「喇嘛性世界」是什麼樣的「世界」呢？本書將為您呈現喇嘛世界的面貌。當您發現眞相以後，您將會唸：「噢！喇嘛．性．世界，譚崔性交嘛！」作者：張善思、呂艾倫。售價200元。

見性與看話頭：黃正倖老師的《見性與看話頭》於《正覺電子報》連載完畢，今結集出版。書中詳說禪宗看話頭的詳細方法，並細說看話頭與眼見佛性的關係，以及眼見佛性者求見佛性前必須具備的條件。本書是禪宗實修者追求明心開悟時參禪的方法書，也是求見佛性者作功夫時必讀的方法書，內容兼顧眼見佛性的理論與實修之方法，是依實修之體驗配合理論而詳述，條理分明而且極爲詳實、周全、深入。本書內文375頁，全書416頁，售價300元。

實相經宗通：學佛之目的在於實證一切法界背後之實相，禪宗稱之爲本來面目或本地風光，佛菩提道中稱之爲實相法界；此實相法界即是金剛藏，又名佛法之祕密藏，即是能生有情五陰、十八界及宇宙萬有（山河大地、諸天、三惡道世間）的第八識如來藏，又名阿賴耶識心，即是禪宗祖師所說的眞如心，此心即是三界萬有背後的實相。證得此第八識心時，自能瞭解般若諸經中隱說的種種密意，即得發起實相般若——實相智慧。每見學佛人修學佛法二十年後仍對實相般若茫然無知，亦不知如何入門，茫無所趣；更因不知三乘菩提的互異互同，是故越是久學者對佛法越覺茫然，都肇因於尚未瞭解佛法的全貌，亦未瞭解佛法的修證內容即是第八識心所致。本書對於修學佛法者所應實證的實相境界提出明確解析，並提示趣入佛菩提道的入手處，有心親證實相般若的佛法實修者，宜詳讀之，於佛菩提道之實證即有下手處。平實導師述著，共八輯，已全部出版完畢，每輯成本價250元。

真心告訴您（一）—達賴喇嘛在幹什麼？這是一本報導篇章的選集，更是「破邪顯正」的暮鼓晨鐘。「破邪」是戳破假象，說明達賴喇嘛及其所率領的密宗四大派法王、喇嘛們，弘傳的佛法是仿冒的佛法；他們是假藏傳佛教，是坦特羅（譚崔性交）外道法和藏地崇奉鬼神的苯教混合成的「喇嘛教」，推廣的是以所謂「無上瑜伽」的男女雙身法冒充佛法的假佛教，詐財騙色誤導衆生，常常造成信徒家庭破碎、家中兒少失怙的嚴重後果。「顯正」是揭櫫眞相，指出眞正的藏傳佛教只有一個，就是覺囊巴，傳的是 釋迦牟尼佛演繹的第八識如來藏妙法，稱爲他空見大中觀。正覺教育基金會即以此古今輝映的如來藏正法正知見，在眞心新聞網中逐次報導出來，將箇中原委「眞心告訴您」，如今結集成書，與想要知道密宗眞相的您分享。售價250元。

法華經講義：此書爲平實導師始從2009/7/21演述至2014/1/14之講經錄音整理所成。世尊一代時教，總分五時三教，即是華嚴時、聲聞緣覺教、般若教、種智唯識教、法華時；依此五時三教區分爲藏、通、別、圓四教。本經是最後一時的圓教經典，圓滿收攝一切法教於本經中，是故最後的圓教聖訓中，特地指出無有三乘菩提，其實唯有一佛乘；皆因衆生愚迷故，方便區分爲三乘菩提以助衆生證道。世尊於此經中特地說明如來示現於人間的唯一大事因緣，便是爲有緣衆生「開、示、悟、入」諸佛的所知所見——第八識如來藏妙眞如心，並於諸品中隱說「妙法蓮花」如來藏心的密意。然因此經所說甚深難解，眞義隱晦，古來難得有人能窺堂奧；平實導師以知如是密意故，特爲末法佛門四衆演述《妙法蓮華經》中各品蘊含之密意，使古來未曾被古德註解出來的「此經」密意，如實顯示於當代學人眼前。乃至〈藥王菩薩本事品〉、〈妙音菩薩品〉、〈觀世音菩薩普門品〉、〈普賢菩薩勸發品〉中的微細密意，亦皆一併詳述之，開前人所未曾言之密意，示前人所未見之妙法。最後乃至以〈法華大意〉而總其成，全經妙旨貫通始終，而依佛旨圓攝於一心如來藏妙心，厥爲曠古未有之大說也。平實導師述　已於2015/5/31起開始出版，每二個月出版一輯，共25輯。每輯300元。

西藏「活佛轉世」制度——附佛、造神、世俗法：歷來關於喇嘛教活佛轉世的研究，多針對歷史及文化兩部分，於其所以成立的理論基礎，較少系統化的探討。尤其是此制度是否依據「佛法」而施設？是否合乎佛法眞實義？現有的文獻大多含糊其詞，或人云亦云，不曾有明確的闡釋與如實的見解。因此本文先從活佛轉世的由來，探索此制度的起源、背景與功能，並進而從活佛的尋訪與認證之過程，發掘活佛轉世的特徵，以確認「活佛轉世」在佛法中應具足何種果德。定價150元。

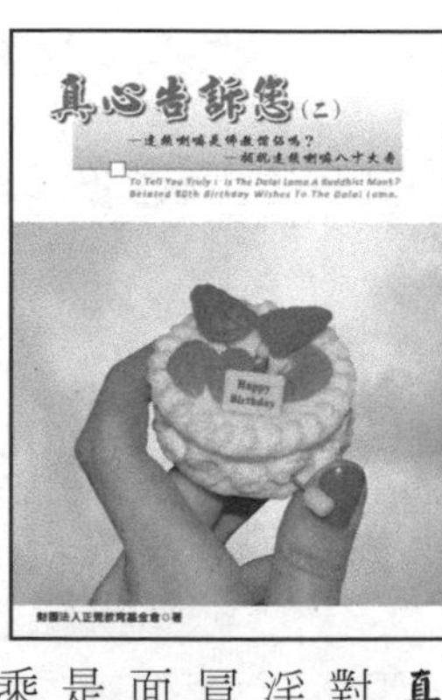

真心告訴您(二)——達賴喇嘛是佛教僧侶嗎？補祝達賴喇嘛八十大壽：這是一本針對當今達賴喇嘛所領導的喇嘛教，冒用佛教名相、於師徒間或師兄姊間，實修男女邪淫，而從佛法三乘菩提的現量與聖教量，揭發其謊言與邪術，證明達賴及其喇嘛教是仿冒佛教的外道，是「假藏傳佛教」。藏密四大派教義雖有「八識論」與「六識論」的表面差異，然其實修之內容，皆共許「無上瑜伽」四部灌頂爲究竟「成佛」之法門，也就是共以男女雙修之邪淫法爲「即身成佛」之密要，雖美其名曰「欲貪爲道」之「金剛乘」，並誇稱其成就超越於（應身佛）釋迦牟尼佛所傳之顯教般若乘之上；然詳考其理論，則或以意識離念時之粗細心爲第八識如來藏，或以中脈裡的明點爲第八識如來藏，或如宗喀巴與達賴堅決主張第六意識爲常恆不變之眞心者，分別墮於外道之常見與斷見中；全然違背 佛說能生五蘊之如來藏的實質。售價300元。

佛法入門：學佛人往往修學二十年後仍不知如何入門，茫無所入漫無方向，不知如何實證佛法；更因不知三乘菩提的互異互同之處，導致越是久學者越覺茫然，都是肇因於尚未瞭解佛法的全貌所致。本書對於佛法的全貌提出明確的輪廓，並說明三乘菩提的異同處，讀後即可輕易瞭解佛法全貌，數日內即可明瞭三乘菩提入門方向與下手處。〇〇菩薩著 出版日期未定。

修習止觀坐禪法要講記：修學四禪八定之人，往往錯會禪定之修學知見，欲以無止盡之坐禪而證禪定境界，卻不知修除性障之行門才是修證四禪八定不可或缺之要素，故智者大師云「性障初禪」；性障不除，初禪永不現前，云何修證二禪等？又：行者學定，若唯知數息，而不解六妙門之方便善巧者，欲求一心入定，未到地定極難可得，智者大師名之爲「事障未來」：障礙未到地定之修證。又禪定之修證，不可違背二乘菩提及第一義法，否則縱使具足四禪八定，亦不能實證涅槃而出三界。此諸知見，智者大師於《修習止觀坐禪法要》中皆有闡釋。作者平實導師以其第一義之見地及禪定之實證證量，曾加以詳細解析。將俟正覺寺竣工啓用後重講，不限制聽講者資格；講後將以語體文整理出版。欲修習世間定及增上定之學者，宜細讀之。平實導師述著。

解深密經講記：本經係　世尊晚年第三轉法輪，宣說地上菩薩所應熏修之唯識正義經典，經中所說義理乃是大乘一切種智增上慧學，以阿陀那識—如來藏—阿賴耶識爲主體。禪宗之證悟者，若欲修證初地無生法忍乃至八地無生法忍者，必須修學《楞伽經、解深密經》所說之八識心王一切種智；此二經所說正法，方是眞正成佛之道；印順法師否定第八識如來藏之後所說萬法緣起性空之法，是以誤會後之二乘解脫道取代大乘眞正成佛之道，尚且不符二乘解脫道正理，亦已墮於斷滅見中，不可謂爲成佛之道也。平實導師曾於本會郭故理事長往生時，於喪宅中從首七開始宣講，於每一七各宣講三小時，至第十七而快速略講圓滿，作爲郭老之往生佛事功德，迴向郭老早證八地、速返娑婆住持正法。茲爲今時後世學人故，將擇期重講《解深密經》，以淺顯之語句講畢後，將會整理成文，用供證悟者進道；亦令諸方未悟者，據此經中佛語正義，修正邪見，依之速能入道。平實導師述著，全書輯數未定，每輯三百餘頁，將於未來重講完畢後逐輯出版。

阿含經講記—小乘解脫道之修證：數百年來，南傳佛法所說證果之不實，所說解脫道之虛妄，所弘解脫道法義之世俗化，皆已少人知之；從南洋傳入台灣與大陸之後，所說法義虛謬之事，亦復少人知之；今時台灣全島印順系統之法師居士，多不知南傳佛法數百年來所說解脫道之義理已然偏斜、已然世俗化、已非眞正之二乘解脫正道，猶極力推崇與弘揚。彼等南傳佛法近代所謂之證果者多非眞實證果者，譬如阿迦曼、葛印卡、帕奧禪師、一行禪師……等人，悉皆未斷我見故。近年更有台灣南部大願法師，高抬南傳佛法之二乘修證行門爲「捷徑究竟解脫之道」者，然而南傳佛法縱使眞修實證，得成阿羅漢，至高唯是二乘菩提解脫之道，絕非究竟解脫，無餘涅槃中之實際尚未得證故，法界之實相尚未了知故，習氣種子待除故，一切種智未實證故，焉得謂爲「究竟解脫」？即使南傳佛法近代眞有實證之阿羅漢，尚且不及三賢位中之七住明心菩薩本來自性清淨涅槃智慧境界，則不能知此賢位菩薩所證之無餘涅槃實際，仍非大乘佛法中之見道者，何況普未實證聲聞果乃至未斷我見之人？謬充證果已屬逾越，更何況是誤會二乘菩提之後，以未斷我見之凡夫知見所說之二乘菩提解脫偏斜法道，焉可高抬為「究竟解脫」？而且自稱「捷徑之道」？又妄言解脫之道即是成佛之道，完全否定般若實智、否定三乘菩提所依之如來藏心體，此理大大不通也！平實導師為令修學二乘菩提欲證解脫果者，普得迴入二乘菩提正見、正道中，是故選錄四阿含諸經中，對於二乘解脫道法義有具足圓滿說明之經典，預定未來十年內將會加以詳細講解，令學佛人得以了知二乘解脫道之修證理路與行門，庶免被人誤導之後，未證言證，干犯道禁，成大妄語，欲升反墮。本書首重斷除我見，以助行者斷除我見而實證初果為著眼之目標，若能根據此書內容，配合平實導師所著《識蘊眞義》《阿含正義》內涵而作實地觀行，實證初果非為難事，行者可以藉此三書自行確認聲聞初果為實際可得現觀成就之事。此書中除依二乘經典所說加以宣示外，亦依斷除我見等之證量，及大乘法中道種智之證量，對於意識心之體性加以細述，令諸二乘學人必定得斷我見、常見，免除三縛結之繫縛。次則宣示斷除我執之理，欲令升進而得薄貪瞋痴，乃至斷五下分結……等。平實導師述，共二冊，每冊三百餘頁。每輯300元。

＊喇嘛教修外道雙身法，墮識陰境界，非佛教＊

＊弘揚如來藏他空見的覺囊派才是真正藏傳佛教＊

總經銷： 飛鴻 國際行銷股份有限公司

231 新北市新店市中正路 501 之 9 號 2 樓

Tel.02－82186688（五線代表號） Fax.02-82186458、82186459

零售：1.**全台連鎖經銷書局：**

三民書局、誠品書局、何嘉仁書店

敦煌書店、紀伊國屋、金石堂書局、建宏書局

2.**台北市：**佛化人生 羅斯福路 3 段 325 號 6 樓之 4 台電大樓對面

3.**新北市：**春大地書店 **蘆洲**中正路 117 號

4.**桃園市縣：**誠品書局 **桃園市**中正路 20 號遠東百貨地下室一樓

金石堂 **桃園市**大同路 24 號 金石堂 **桃園**八德市介壽路 1 段 987 號

諾貝爾圖書城 **桃園市**中正路 56 號地下室 御書堂 **龍潭**中正路 123 號

墊腳石文化書店 **中壢市**中正路 89 號

5.**新竹市縣：**大學書局 **新竹**建功路 10 號 誠品書局 **新竹**東區信義街 68 號

誠品書局 新竹東區中央路 229 號 5 樓 誠品書局 **新竹**東區力行二路 3 號

墊腳石文化書店 **新竹**中正路 38 號

6.**台中市：** **瑞成**書局、各大連鎖書店。

詠春書局 **台中市**永春東路 884 號 文春書局 **霧峰**中正路 1087 號

7.**彰化市縣：**心泉佛教流通處 **彰化市**南瑤路 286 號

員林鎮：墊腳石圖書文化廣場 中山路 2 段 49 號（04-8338485）

8.**台南市：**博大書局 **新營**三民路 128 號

藝美書局 **善化**中山路 436 號 宏欣書局 **佳里**光復路 214 號

9.**高雄市：**各大連鎖書店、**瑞成**書局

政大書城 **三民區**明仁路 161 號 政大書城 **苓雅區**光華路 148-83 號

明儀書局 **三民區**明福街 2 號 明儀書局 三多四路 63 號

青年書局 青年一路 141 號

10.**宜蘭縣市：**金隆書局 宜蘭市中山路 3 段 43 號

宋太太梅鋪 羅東鎮中正北路 101 號（039-534909）

11.**台東市：**東普佛教文物流通處 台東市博愛路 282 號

12.**其餘鄉鎮市經銷書局：**請電詢總經銷**飛鴻**公司。

13.**大陸地區請洽：**

香港：樂文書店

旺角店 :香港九龍旺角西洋菜街 62 號 3 樓

電話 :(852) 2390 3723 email: luckwinbooks@gmail.com

銅鑼灣店 :香港銅鑼灣駱克道 506 號 2 樓

電話 :(852) 2881 1150 email: luckwinbs@gmail.com

廈門：廈門外圖臺灣書店有限公司

地址:廈門市思明區湖濱南路809 號 廈門外圖書城3 樓 郵編：361004

電話：0592-5061658（臺灣地區請撥打 86-592-5061658）

E-mail：JKB118＠188.COM

14.**美國：世界日報圖書部：**紐約圖書部　電話 7187468889#6262
洛杉磯圖書部　電話 3232616972#202

15.**國內外地區網路購書：**

正智出版社 書香園地　http://books.enlighten.org.tw/
（書籍簡介、直接聯結下列網路書局購書）

三民 網路書局　http://www.Sanmin.com.tw

誠品 網路書局　http://www.eslitebooks.com

博客來 網路書局　http://www.books.com.tw

金石堂 網路書局　http://www.kingstone.com.tw

飛鴻 網路書局　http://fh6688.com.tw

附註：1.請儘量向各經銷書局購買：郵政劃撥需要十天才能寄到（本公司在您劃撥後第四天才能接到劃撥單，次日寄出後第四天您才能收到書籍，此八天中一定會遇到週休二日，是故共需十天才能收到書籍）若想要早日收到書籍者，請劃撥完畢後，將劃撥收據貼在紙上，旁邊寫上您的姓名、住址、郵區、電話、買書詳細內容，直接傳真到本公司 02-28344822，並來電 02-28316727、28327495 確認是否已收到您的傳真，即可提前收到書籍。 2.因台灣每月皆有五十餘種宗教類書籍上架，書局書架空間有限，故唯有新書方有機會上架，通常每次只能有一本新書上架；本公司出版新書，大多上架不久便已售出，若書局未再叫貨補充者，書架上即無新書陳列，則請直接向書局櫃台訂購。 3.若書局不便代購時，可於晚上共修時間向正覺同修會各共修處請購（共修時間及地點，詳閱**共修現況表**。每年例行年假期間請勿前往請書，年假期間請見共修現況表）。 4.郵購：郵政劃撥帳號 19068241。 5.正覺同修會會員購書都以八折計價（戶籍台北市者為一般會員，外縣市為護持會員）都可獲得優待，欲一次購買全部書籍者，可以考慮入會，節省書費。入會費一千元（第一年初加入時才需要繳），年費二千元。**6.尚未出版之書籍，請勿預先郵寄書款與本公司，謝謝您！** 7.若欲一次購齊本公司書籍，或同時取得正覺同修會贈閱之全部書籍者，請於正覺同修會共修時間，親到各共修處請購及索取；**台北市讀者**請洽：103 台北市承德路三段 267 號 10 樓（捷運淡水線 圓山站旁）請書時間：週一至週五為 18.00~21.00，第一、三、五週週六為 10.00~21.00，雙週之週六為 10.00~18.00 請購處專線電話：25957295-分機 14（於請書時間方有人接聽）。

敬告大陸讀者：

大陸讀者購書、索書捷徑（尚未在大陸出版的書籍，以下二個途徑都可以購得，電子書另包括結緣書籍）：

1.廈門外國圖書公司：廈門市思明區湖濱南路 809 號 廈門外圖書城 3F
郵編：361004　電話：0592-5061658　網址：JKB118@188.COM

2.電子書：正智出版社有限公司及正覺同修會在台灣印行的各種局版書、結緣書，已有『**正覺電子書**』陸續上線中，提供讀者於手機、平板電腦上購書、下載、閱讀正智出版社、正覺同修會及正覺教育基金會所出版之電子書，詳細訊息敬請參閱『正覺電子書』專頁：http://books.enlighten.org.tw/ebook

關於平實導師的書訊，請上網查閱：

成佛之道　http://www.a202.idv.tw

正智出版社 書香園地　http://books.enlighten.org.tw/

中國網採訪佛教正覺同修會、正覺教育基金會訊息：

http://big5.china.com.cn/gate/big5/fangtan.china.com.cn/2014-06/19/content_32714638.htm

http://pinpai.china.com.cn/

★ 正智出版社有限公司售書之稅後盈餘，全部捐助財團法人正覺寺籌備處、佛教正覺同修會、正覺教育基金會，供作弘法及購建道場之用；懇請諸方大德支持，功德無量。

★ 聲　明 ★

本社於 2015/01/01 開始調整本目錄中部分書籍之售價，以因應各項成本的持續增加。

＊ 喇嘛教修外道雙身法、墮識陰境界，非佛教 ＊

＊ 弘揚如來藏他空見的覺囊派才是真正藏傳佛教 ＊

售後服務—換書啓事(免附回郵)　　2012/09/24

《楞嚴經講記》第 14 輯初版首刷本免費調換新書啓事：本講記第 14 輯出版前因 平實導師諸事繁忙，未將之重新閱讀而只改正校對時發現的錯別字，故未能發覺十年前所說法義有部分錯誤，於第 15 輯付印前重閱時才發覺第 14 輯中有部分錯誤尚未改正。今已重新審閱修改並已重印完成，煩請所有讀者將以前所購第 14 輯初版首刷本，寄回本社免費換新(初版二刷本無錯誤)，本社將於寄回新書時同時附上您寄書回來換新時所付的郵資，並在此向所有讀者致上最誠懇的歉意。

《心經密意》初版書免費調換二版新書啓事：本書係演講錄音整理成書，講時因時間所限，省略部分段落未講。後於再版時補寫增加 13 頁，維持原價流通之。茲爲顧及初版讀者權益，自 2003/9/30 開始免費調換新書，原有初版一刷、二刷書籍，皆可寄來本來公司換書。

《宗門法眼》已經增寫改版爲 464 頁新書，2008 年 6 月中旬出版。讀者原有初版之第一刷、第二刷書本，都可以寄回本社免費調換改版新書。改版後之公案及錯悟事例維持不變，但將內容加以增說，較改版前更具有廣度與深度，將更能助益讀者參究實相。

換書者**免附回郵**，亦無截止期限；舊書請寄：111 台北郵政 73-151 號信箱 或 103 台北市承德路三段 267 號 10 樓 正智出版社有限公司。舊書若有塗鴨、殘缺、破損者，仍可換取新書；但缺頁之舊書至少應仍有五分之三頁數，方可換書。所有讀者不必顧念本公司是否有盈餘之問題，都請踴躍寄來換書；本公司成立之目的不是營利，只要能眞實利益學人，即已達到成立及運作之目的。若以郵寄方式換書者，免附回郵；並於寄回新書時，由本社附上您寄來書籍時耗用的郵資。造成您不便之處，再次致上萬分的歉意。

正智出版社有限公司 啓

國家圖書館出版品預行編目資料

楞伽經詳解／蕭平實著. 初版
台北市：正智，1999- 〔民 88- 〕
冊； 公分
第六輯後作者改為平實居士
ISBN 957-98597-7-9（第一輯：平裝）
ISBN 957-97840-2-7（第二輯：平裝）
ISBN 957-97840-4-3（第三輯：平裝）
ISBN 957-97840-6-X（第四輯：平裝）
ISBN 957-97840-8-6（第五輯：平裝）
ISBN 957-30019-0-X（第六輯：平裝）
ISBN 957-30019-3-4（第七輯：平裝）
ISBN 957-30019-7-7（第八輯：平裝）
ISBN 957-28743-0-1（第九輯：平裝）
ISBN 957-28743-4-9（第十輯：平裝）
1. 經集部
221.75 88004768

楞伽經詳解

——第六輯

作　者：平實導師
校　對：游世光　孫淑貞
義務打字：簡雅慧
出版者：正智出版社有限公司
電話：○二 28327495　28316727（白天）
傳眞：○二 28344822
111 台北郵政 73-151 號信箱
郵政劃撥帳號：一九○六八二四一
正覺講堂：總機○二 25957295（夜間）
總經銷：飛鴻國際行銷股份有限公司
231 新北市新店區中正路 501-9 號 2 樓
電話：○二 82186688（五線代表號）
傳眞：○二 82186458　82186459
初　版：公元二○○一年十一月　二千冊
初版六刷：公元二○一七年四月　二千冊
定　價：二五○元